新时代中国特色职业体育建设研究

张兵 著

中国财经出版传媒集团
中国财政经济出版社

图书在版编目（CIP）数据

新时代中国特色职业体育建设研究 / 张兵著 . -- 北京：中国财政经济出版社，2022.10

ISBN 978-7-5223-1517-1

Ⅰ.①新… Ⅱ.①张… Ⅲ.①职业体育－研究－中国 Ⅳ.①G812

中国版本图书馆 CIP 数据核字（2022）第 110534 号

责任编辑：刘五书　　　　　责任校对：张　凡
封面设计：楠竹文化　　　　责任印制：张　健

新时代中国特色职业体育建设研究
XINSHIDAI ZHONGGUO TESE ZHIYE TIYU JIANSHE YANJIU

中国财政经济出版社 出版

URL: http://www.cfeph.cn
E—mail: cfeph@cfeph.cn

（版权所有　翻印必究）

社址：北京市海淀区阜成路甲 28 号　邮政编码：100142
营销中心电话：010－88191522
天猫网店：中国财政经济出版社旗舰店
网址：https://zgczjjcbs.tmall.com
北京财经印刷厂印刷　各地新华书店经销
成品尺寸：170mm×240mm　16 开　16.25 印张　235 000 字
2022 年 10 月第 1 版　2022 年 10 月北京第 1 次印刷
定价：85.00 元
ISBN 978-7-5223-1517-1
（图书出现印装问题，本社负责调换，电话：010－88190548）
本社质量投诉电话：010－88190744
打击盗版举报热线：010－88191661　QQ：2242791300

目 录

第一章 导论 / 1
  第一节　研究缘起与研究意义 / 1
  第二节　核心概念界定与理论切入点选择 / 8
  第三节　研究思路设计与方法选取 / 15

第二章 中国特色职业体育理论探索：脉络与视点 / 19
  第一节　职业化改革实践前的我国职业体育理论演进 / 20
  第二节　职业化改革探索实践中的我国职业体育理论演进 / 24
  第三节　新时代发展背景下的我国职业体育理论演进 / 34

第三章 中国特色职业体育实践探索：历程与经验 / 43
  第一节　中国特色职业体育实践历程 / 44
  第二节　中国职业体育发展成就审视 / 59
  第三节　中国特色职业体育实践经验总结 / 70

第四章 新时代中国特色职业体育建设：语境与内涵 / 81
  第一节　新时代中国特色职业体育建设语境 / 83
  第二节　新时代中国特色职业体育建设内涵 / 111
  第三节　新时代中国特色职业体育建设特征的社会认同度分析 / 127

第五章 新时代中国特色职业体育建设：基点与目标 / 135
  第一节　新时代中国特色职业体育建设基点 / 136

目录

　　第二节　新时代中国特色职业体育建设目标 / 168

第六章　新时代中国特色职业体育建设：路径与机制 / 181

　　第一节　新时代中国特色职业体育建设路径 / 181

　　第二节　新时代中国特色职业体育建设机制 / 199

第七章　余论——关于当前中国职业体育发展困局的思考 / 225

参考文献 / 236

后记 / 253

第一章

导　论

2021年10月9日，习近平总书记在纪念辛亥革命110周年大会上的讲话中指出："中国特色社会主义道路是实现中华民族伟大复兴的唯一正确道路。这条道路符合中国实际、反映中国人民意愿、适应时代发展要求，不仅走得对、走得通，而且也一定能够走得稳、走得好。"以史为鉴，开创未来，习近平总书记强调："实现中华民族伟大复兴，道路是最根本的问题。"坚持中国特色社会主义道路是辛亥革命110年来的历史启示，也是新时代新征程上将中华民族伟大复兴的历史伟业推向前进的道路选择。

内嵌于这一历史进程，竞技体育职业化改革是中国体育体制改革的重要问题，经过20余年模仿建构的中国职业体育进入改革2.0时代：需要在新时代背景下进行本土化、特色化再造——建设中国特色职业体育。与之对应，需要加强中国特色职业体育相关研究，梳理建设必要性，给出理论关切与建设思路。

第一节　研究缘起与研究意义

职业体育起源于西方社会，是伴随西方工业文明孕育而生的，已有100余年发展历程。产生时间上，我国职业体育远远落后于西方，是一个典型的后发者。基于后发理性，始于20世纪90年代的中国职业体育策略性地选择了"跟随跑"战略，在过去近30年发展中"节省"了"体力"，取得了应有

第一章 导 论

成效。联赛体系、组织架构等基础性"设施"已基本完备；同时中超联赛（即中国足球协会超级联赛）、CBA 等已然具备一定的国际影响力，如中超的上座率、俱乐部投入等指标已经走在了世界前列。可以说，中国职业体育的"舞台"已经搭起来了，接下来如何"唱好戏"成为关键。一般来说，"唱戏"是一个特别专业的事情，而"搭台子"则是"唱戏"的副业。前者需要专业化的训练，讲究"台上十分钟台下几年功"的磨砺；而后者则相对容易得多，而且其规格还往往受前者的影响。从流程上讲，"搭台子"是"唱戏"的基础，因为一般的"唱戏"逻辑是台子搭好了，才能唱戏。当然，台子搭好了，戏唱得好不好，是需要遵循另外一套逻辑，而且这才是关键。从这个意义上讲，中国职业体育刚刚走完了前半程，最紧要的后半场才是重点。那么中国职业体育发展的下半场是什么呢？又需要如何更好地迈过去呢？显然尤为重要。

近年来，在国家相关政策支持下，中国体育产业迎来了快速发展阶段，产业规模不断扩大，发展质量不断提升，发展空间不断延伸。与之不协调的是，作为体育产业主要组成部分的我国职业体育发展呈现了一系列不同寻常的现象，值得深思。先是 2020 赛季中超冠军江苏足球俱乐部夺冠后即解散，后有中超"八冠王"广州恒大足球俱乐部解散风险；先有周琦与新疆男篮合同闹剧，后有周琦加入澳大利亚联赛……。为何上述问题会反复出现呢？一个问题是不容忽视的，即我国职业体育内涵建设不足，或者说缺乏原创性。事实上，西方职业体育，不论是欧洲足球联赛，还是北美职业体育联盟，它们成功的关键即在于它们有适合自身的运营模式——竞技上的高水平和商业模式的成熟性相得益彰。反观我国职业体育，中超学习英超、CBA 学习 NBA 等，说白了，我国职业体育在商业模式上更多的是在试图复制欧美先发国家所走过的路，在按照西方的逻辑进行中国职业体育运营模式建设。虽然不可否认在一定限定内，跟随的模仿学习是有效的，但是后续发展的低效，早已被经济学证实。跳出西方牵引和发展低效，则意味着中国职业体育需要立足中国实际，在竞赛赛制、赛事运营方式、商业发展模式等方面进行必要的原创性尝试与实践，找到适合中国的发展道路和运行模式。事实上，近年随着中国体育领域围绕体育强国目标推进体制改革和治理现代化建设的深入，特别是职业联赛管办分离改革方案和中国足球协会（中国篮球协会）去行政化的实施，中国职业体育改革发展也进入一个新时代，即职业体育改

第一章 导 论

革 2.0 时代。这一阶段的核心工作也从模仿建设变为本土化、特色化再造，以更好适应新时代发展需要，满足人民日益增长的体育需要和体育强国建设需求。

2017 年 10 月，党的十九大明确提出，中国特色社会主义建设进入新时代。新时代，作为我国发展新的历史方位，是对改革开放以来中国特色社会主义建设的承继与开拓，是"从站起来、富起来到强起来的伟大飞跃"，从模仿、跟随发展到创新、超越发展的根本性变革；强调中国特色、解决中国社会主要矛盾、全面建设社会主义现代化强国、"贡献中国智慧和中国方案"是这一阶段的根本任务。紧扣新时代命题，进一步深化改革，成为当前贯彻中央精神、落实强国战略的根本要求。体育领域，2019 年国务院办公厅下发的《体育强国建设纲要》，站在中国民族伟大复兴的立场上，强调要推进包括职业体育在内的中国体育发展，积极探索中国特色发展道理，最终建成符合中国国情和中国实践、与中国国际地位相匹配的现代化体育强国，全面拉响了从"跟随跑"向"并跑领跑"进发的号角。新时代体育强国建设的推进，为中国特色职业体育建设创设了极好的社会背景。

改革开放后，我国经济社会发展迅猛，取得了举世瞩目的成就。人均 GDP、人均可支配收入持续增长，全面建成小康社会；人民生活水平显著提高，社会大众休闲娱乐时间显著增加。一个有利于体育产业和体育消费快速发展的机遇正在来临。我国人均体育消费增长迅速，从 2014 年不到 1000 元增长到 2018 年 2264 元[①]。京东大数据研究院发布的大数据显示，2017 年到 2020 年我国人均体育消费金额持续提升，2020 年同比增长超三成[②]。而据 Nielsensports 发布的 2018 年世界足球报告显示，中国球迷人数达到 1.87 亿人，对足球感兴趣的人口方面，中国从 2013 年的 27% 增加到 2017 年的 32%[③]。另外，据科尔尼全球体育运动统计，中国体育赛事观众基数庞大，其中足球 1.24 亿人，居首位；2—4 位的分别是：乒乓球（8700 万人）、羽

---

① 唐天奕. 体育消费融入大众生活［N］. 人民日报，2019-11-16.
② 全民健身潮兴起，我国人均体育消费金额同比增三成［EB/OL］. https://new.qq.com/omn/20210809/20210809A0CA9000.html，2021-9-16.
③ 中国球迷总数达 1.87 亿占总人口比例未进世界前 20［EB/OL］. https://sports.qq.com/a/20180719/043325.htm，2021-9-16.

第一章 导 论

毛球（8400万人）和篮球（8200万人）[①]。同时，我国职业体育赛事体系已经基本形成——以足球、篮球、排球等受关注度高的项目为主体，辅助以乒乓球、羽毛球、围棋、自行车等群众基础较好的运动项目，并在赛事组织、商业开放等方面积累了卓有成效的经验。而且诚如鲍明晓教授所指出的那样，未来一段时间，"我国体育发展面临的国内环境整体上呈现政治有保证，经济有支撑，社会有协同，文化有引领，生态环境有要求，与教育、科技、医疗、养老等相关领域发展有互动的格局"[②]。总体上，不论宏观的政策环境，还是微观的体育消费需求，都有力支撑中国体育产业的快速发展，并为中国特色职业体育建设创设了良好的内外部环境。

明确了中国特色职业体育建设具有强劲的内外部支撑力后，还有一个问题需要把握，即职业体育现实中是否存在差异性，或者说职业体育作为一种社会构建物是否容忍中国特色存在。诚然，职业体育不是与生俱来的。跳出贵族体育俱乐部、学校体育俱乐部样态，职业体育的真正兴起得益于西方工业革命，归功于人们生活水平的提高所导致的闲暇时间的增加。在资本主义经济社会环境中，业余体育竞赛的产业化组织实践，是催生西方职业体育产生的关键所在。而且西方职业体育的演化经历了漫长的发展阶段，具有明显的阶段特征，其间，职业体育市场主客体基于各自所处的政治、经济、文化背景不同，产生差异化的治理目的和治理行为，并导致诸多各具特色的治理结构。关于职业体育治理结构差异性的分析，是职业体育相关研究无法绕开的议题，传统研究往往基于本体的展开。如斯隆（Sloane, Peter J., 1976）[③]的经典研究就揭示了美国职业体育的联盟利润最大化和英国职业体育的俱乐部效用最大化之间差异，认为是两者之所以选择开放与封闭联盟结构是由目标取向的不同所造成的。罗德尼·福特（R. Fort, 2000）[④]从管理

[①] 中国篮球数据，观众量和参与者均列全国第四，参与率却是20%[EB/OL]. https://www.sohu.com/a/343887230_677975, 2021-9-16.

[②] 鲍明晓. "十四五"时期我国体育发展内外部环境分析与应对[J]. 体育科学, 2020, 40（6）: 3—8.

[③] Sloane, P J. Restriction of Competition in Professional Team Sports[J]. *Bulletin of Economic Research*, 1976, 28（1）: 3—22.

[④] Rodney Fort. European and North American Sports Differences[J]. *Scottish Journal of Political Economy*. 2000, 47（4）: 431—434.

第一章 导 论

体制、球队目标及球迷偏好三个维度对欧美职业体育进行比较分析。郑芳（2010）[①]在《基于要素分析的职业体育治理结构研究》中从联盟结构、联盟结构模式、俱乐部进入、俱乐部之间的竞争、产品市场、资源配置等14个方面进行了较为细致的分析。而董红刚（2015）[②]从治理模式入手研究认为，美国职业体育联赛强调均衡的竞争格局，采用横向一体化的联盟结构治理模式，英国职业体育联赛则倡导自由竞争，采用纵向分层的俱乐部为主体治理模式。

当然，即便是同一种项目的职业体育也会存在运行结构和治理模式上的差异。瑞士的卡米尔·博利亚特和拉法莱·波利（2017，中译本）[③]对65个职业足球联赛进行调查分析发现：当今世界职业足球联赛存在两类治理结构模式，即协会模式和独立实体模式。其中前者以协会为联赛的办赛主体，根据管理主体与协会之间关系又可以分为足协管理、财务不独立的自我管理、财务独立的自我管理3类；而独立实体模式，也存在足协是大股东、足协是小股东及足协没有股份3种类型（如表1-1所示）。由是观之，职业体育运行体制机制、结构模式是存在现实差异的，而且这种差异不仅广泛存在于不同国家的不同项目联赛之间，还存在于同一项目的不同国家之间。这也提示中国特色职业体育建设的可行性。

表1-1　世界各国职业足球联赛治理结构统计（N=65）

结构模式	协会模式			独立实体模式		
	足协管理	财务不独立的自我管理	财务独立的自我管理	足协是大股东	足协是小股东	足协无股份
数量（个）	28	4	22	1	4	6
占比（%）	43.1	6.2	33.8	1.5	6.2	9.2

作者整理自：卡米尔·博利亚特，拉法莱·波利. 世界各国足球协会与职业联赛治理模式研究报告[M]. 刘驰译. 天津：天津人民出版社，2017.

现实中，中国职业体育是具有特殊性的。一是中国现实国情的特殊性，

[①] 郑芳. 基于要素分析的职业体育治理结构研究[M]. 杭州：浙江大学出版社，2010：32—33.

[②] 董红刚. 职业体育联赛治理模式：域外经验和中国思路[J]. 上海体育学院学报，2015，39（6）：1—5.

[③] [瑞士]卡米尔·博利亚特，[瑞士]拉法莱·波利. 世界各国足球协会与职业联赛治理模式研究报告[M]. 刘驰译. 天津：天津人民出版社，2017：135—137.

第一章 导 论

中国是一个人口大国，是一个社会主义大国，是一个处于改革开放这一巨大转型过程的大国。二是中国职业体育当时产生缘由上的特殊性。区别于西方体育商业和体育消费需求推动的自序演化，中国职业体育是"建立社会主义市场经济体制过程中各种内外因素变化与作用的结果，是我国竞技体育发展中的制度创新"[①]。这一"既有上层政府的重视，又有下层社会结构变迁的动力"的源起判断，基本得到学界的认同[②]。当然，伴随中国职业体育的产生与发展，国内学术界展开了关于职业体育是什么的广泛研究，厘清了职业体育组织样态、市场运行特征、法规制度体系等体制机制问题，也形成了诸如"职业体育是按照市场规律运行的体育商业化、市场化运行模式与制度体系""以体育竞赛为内容、以满足观众观赏需求为出发点"等关于职业体育"是什么""是怎么样运作"的相关界定。

作为转轨而来的我国职业体育运行中不可避免地存在众多问题，制约其有序健康发展，需要加以解决。这一点得到学术界的广泛关注，他们提出了许多建设性的对策建议。当然，这其中涉及一个问题，即作为后发者，如何看待先发者首先值得考虑，接下来才有如何顺应地发展以及在此过程中如何评判自身发展。由于西方职业体育的先发性和成熟性，选择西方标准、推崇"类西方化"构造是其基本表现。有关职业体育理论研究大多借用西方路径，特别重视对西方职业体育理论体系的挖掘与梳理，则极易影响中国职业体育问题解决，引致相关研究遵循已有的西方职业体育原则、理论进行中国化演绎推理和论证。如西方采用联盟组织模式我们也要采用，西方追求竞争平衡中国理应如此，西方重视市场作用而规避政府参与我们就需要捆绑政府、社会化协会等。更为关键的是这一后果会直接影响到中国职业体育现实发展，落入西方圈套，成为国际职业体育的"簇拥者"，而非主角。

当然，在全球化浪潮中，我们还不可以不向外看，因为我国过去40余年的历史经验已经证明改革开放接轨世界的意义。这就需要我们把握一个基本的研究视角，找到一个认知理论。在相当长的时间内，我们认同结构功能主义理论，认为什么样的结构产生什么样的功能，发挥特定的功能就需架构

---

① 张林，李明．国外职业体育俱乐部运行机制的特点［J］．上海体育学院学报，2001，25(1)：1—5．

② 于永慧．中国职业体育制度改革的动力与路径［J］．体育与科学，2013，34(1)：42—45．

第一章 导 论

与之配套的组织。实践中问题的产生，在于任何的结构与功能都不能单独存在的，而是包裹在一定制度体系之中。于是，制度经济学的范式开始流行，不仅因为制度太重要了，而且这一学派理论来源上吸收了包括东欧体制转型和东亚快速崛起的经验教训。当然，制度经济学的基本立足点是把规则当作是组织运作的结果而不是原因，社会状态也就成为规则整合的效果状态。因此，制度经济学的职业体育研究往往将西方职业体育运行规则作为我国改革的原因来看待，而忽视了这些规则是与西方特定的社会背景、经济文化氛围融为一体的。事实上，剥离其依存的社会结构和制度体系，即便在西方，职业体育也是无法运营的，更谈不上迁移了。同样的问题，在经济学分析中大体也是如此，中国职业体育的投资、消费显然是不同于西方的，甚至在一定程度上是经济学理论无法解释的，如中国职业体育的盲目投资等问题。这说明，要回归中国话语来解释中国职业体育问题。

事实上，在新时代体育强国建设进程中，推进中国职业体育建设，必然涉及一个重要内容，即需要在把握职业体育运行规律和洞悉世界职业体育发展趋向的基础上，找到真正适合中国国情、社情、体情的职业体育运行体制机制，形成中国特色职业体育发展模式。首先，进入新时代以后，社会主要矛盾发生了变化，娱乐休闲成为人民群众对美好生活需要的重要内容，体育赛事观赏等相关需求顺应性提高，迫切需要生产环节进行必要的变革，以适应时代诉求。其次，在全球化大潮之中，任何国家都无法置身之事外；而且在这样一个繁杂的世界格局中，积极应对竞争并保障自身的优势、形成自身特色，显然是必要的。因为唯有如此方能实现和而不同，并力争实现在激烈竞争中立于不败之地。再次，职业体育作为我国体育市场化、社会化改革的重要内容，在一定程度上具有引领和推动体育体制改革的意义，从早期的竞赛体系改革，到后来的运动员培养、管理体制改革，都很好地发挥了"试验田"的作用。进入新时代，伴随体育体制改革的深入，职业体育串联群众体育、竞技体育、体育产业的价值进一步提升，成为推动体育强国建设的重要力量。此外，中国特色职业体育发展是实存的，是可以梳理和总结出带有共识性的内涵与外延以及显著性特征，并很好地服务于实践。由此来看，新时代推进中国特色职业体育相关研究，不仅具有创新职业体育研究的理论价值，还具有促进中国职业体育发展的实用价值。具体显现为：

（1）关于职业体育的中国特色、中国道路、中国经验，过去更多是在

第一章 导 论

做，总结得不够——道路和规律梳理不深入，远未达到讲好中国故事的期望与要求。于是，系统分析职业体育运行机制，剖析职业体育内外部复杂关系，可以更准确认清职业体育运行实质，把握中国特色职业体育运行和发展规律，完善职业体育相关理论体系。

（2）中国的事，有中国的特殊性，需要用中国理论与方法加以解决。深入我国职业体育发展实践，探解中国特色职业体育建设困境，对此进行归因分析，并在此基础上提出中国特色职业体育建设维度和路径，即提出具体的、执行力强的中国职业体育综合改革方案，这对科学制定促进我国职业体育规范健康发展的政策，指导建设实践具有重要的现实意义。

（3）职业体育作为我国竞技体育改革的先行先试者，其成功的理论与实践探讨，将为我国体育的转型发展和体制创新提供理论源泉，也为我国体育强国建设提供有效参考。

第二节 核心概念界定与理论切入点选择

一、职业体育概念

关于职业体育概念，不同学者从不同层面给出了不同的界定。综合来看，学术界大体从狭义和广义两个层面界定职业体育。狭义的职业体育，主要从运作要素角度入手，强调体育运动作为谋生手段，或者是说体育运动技能可以作为获取经济报酬以及社会地位的工具，此时体育即可称为职业体育。广义的职业体育，主要指一种形态，即商业化的体育活动，其核心部分是竞技体育赛事的运营和推广，它通过门票、广告、电视转播、体育赞助等形式来获得市场投资和商业收入[①]。职业体育的构成包括职业俱乐部、职业球队、体育管理人员、运动员和各种体育消费者（广告赞助商、媒体和观众）等。

当然，不论是如何界定，职业体育有如下几个特征是不容怀疑的。（1）商业化、市场化是职业体育的基本特征，市场机制是职业体育运营的基本制度保障。（2）体育竞赛是职业体育的核心内容要素。离开运动项目竞赛，职业

---

① 参考中国大百科全书·体育卷（第三版）（待版）.

第一章 导论

体育失去依存和独特性保障，但职业体育的目的又不仅限于体育竞赛，而是要通过体育竞赛来赚钱。（3）职业体育是一个自组织的再生产系统，从后备人才培养、到内部运动员市场、再到职业体育联盟结构与市场运营体系，互相关联、共生发展是保障职业体育可持续发展的基础。当然，在不同的发展时期，体育竞赛和市场竞争之间的侧重会不同，或者优先保障体育竞赛，或者更多偏向市场运营。

另外，本书所关注的职业体育还有一个倾向，即重点聚焦团体性职业体育。在具体研究对象选取上又会根据实际，偏向于诸如中超联赛、CBA 等较为有代表性的中国联赛；与此相对，西方职业体育则更多选择列举欧洲职业足球联赛、北美职业体育联盟等具有典型性的样式。

二、中国特色职业体育

工业革命后，西方所谓的普世价值观催生了帝国主义的兴起。第二次世界大战，给包括中国在内的世界各国人民带来巨大苦痛。建立富强文明的现代化国家，成为一代又一代中国人为之奋斗的目标。从旧民主主义革命到新民主主义革命、再到社会主义国家建设，贯穿始终的中国特色，成为中国人最为熟悉的话语。今天，我们感受到富强、民主、文明的中国，即是来自中国共产党领导的中国特色社会主义建设。

关于中国特色社会主义建设的官方表述，始于1982年9月党的十二大。邓小平在大会开幕词中，第一次提出了"把马克思主义普遍真理同我国的具体实际结合起来，走自己的道路，建设有中国特色的社会主义"的命题。党的十八大报告强调指出："中国特色社会主义道路是实现途径，中国特色社会主义理论体系是行动指南，中国特色社会主义制度是根本保障，三者统一于中国特色社会主义伟大实践。"中国特色社会主义之"特"，特就特在道路上，特就特在理论体系上，特就特在制度上，特就特在实现途径、行动指南、根本保障的内在而有机的联系上，特就特在这三者统一于中国特色社会主义伟大实践上[1]。当然，需要指出的是，中国特色社会主义的概念、内涵内置于中国与时俱进的发展实践之中，经历了一个随实践发展、认识深化、

---

[1] 中国特色社会主义道路、理论体系、制度统一于中国特色社会主义实践.人民网－理论频道. http://theory.people.com.cn/n/2012/1206/c352852-19816402.html，2012-12-06.

第一章 导 论

时代变迁而不断演变、拓展与升华的过程，如表1-2所示。

表1-2　　　党代会中国特色社会主义表述统计

序号	会议（时间）	相关标题
1	党的十二大（1982年9月）	全面开创社会主义现代化建设的新局面
2	党的十三大（1987年10月）	沿着有中国特色的社会主义道路前进
3	党的十四大（1992年9月）	加快改革开放和现代化建设步伐，夺取有中国特色社会主义事业的更大胜利
4	党的十五大（1997年9月）	高举邓小平理论伟大旗帜，把建设有中国特色社会主义事业全面推向二十一世纪
5	党的十六大（2002年11月）	全面建设小康社会，开创中国特色社会主义事业新局面
6	党的十七大（2007年10月）	高举中国特色社会主义伟大旗帜　为夺取全面建设小康社会新胜利而奋斗
7	党的十八大（2012年11月）	坚定不移沿着中国特色社会主义道路前进　为全面建成小康社会而奋斗
8	党的十九大（2017年10月）	决胜全面建成小康社会　夺取新时代中国特色社会主义伟大胜利

由是，中国特色不仅是一个稳定形态，还是一个重构发展过程，或者说是一个特色"化"的实践。从"化"的内容来看，学理上大致涉及两个方面：一是传统的转变成现代的；二是西方的转变成中国的。对于前者而言，要处理的是中国已经有了的东西，不过这个东西具有某种程度上的时代不适应性，需要顺应时代要求，进行现代化改造，其核心是现代化问题。对于后者而言，要处理的是西方先发国家已经有了但中国却没有的东西，涉及全球化的时代背景，其核心是中国化问题。当然，在当今社会，现代化可能也无法孤立的进行。或者说，不单单是解决新与旧的问题，可能还要处理若干扬弃与接受、引进与内化的抉择与创新，也即"要在新、旧、中、西的四个次元中，抉择其可能（而不仅是应当）抉择的文化素质，以创造一'运作的、功能的综合'"①。同样，中国化作为外来事物融入中国文化的实践，其复杂性更甚，至少涉及全球化—现代性—本土化、外来文化—文化认同—本土运动以及衍生出的文化竞争与融合。综合来看，当今社会的中国特色建设，是

---

① 金耀基. 中国文明的现代转型［M］. 广州：广东人民出版社，2016：59.

第一章 导 论

一个极其复杂的过程，是融合现代化和中国化的综合实践。

沿此思路，中国特色职业体育，可以认为是中国特色"化"的职业体育。强调职业体育的一般规律与中国实践相结合，中国国情、体情与职业体育的市情、赛情相结合是中国特色职业体育建设的题内之义。同时，中国特色职业体育是一个发展演化的实践，内嵌于中国体育改革发展实践，且与当代体育全球化有着千丝万缕的关系。当然，作为一个后发的职业体育，我们既要认识到当前发展的不完善性，又要对其发展充满信心。

三、研究理论切入点：经济社会学的演化视角

事物演化发展的论证，事关"从哪里来、到哪里去"这一哲学核心议题，一直是学术研探的重心。达尔文的经典研究给出了生物进化的一般脉络，自然选择（变异、遗传、选择）的进步进化解释了生命演化的规律，特别是人类的产生与发展。进入了人类社会以后，则文化演化开始显耀出来，而且"它是自然界中最惊人的创生。基因超越了他们自身。"[①] 因为按照生物进化的规律，基因这种生物规律的发现为人类揭开适应性变迁与选择提供了可能，然而文化演化超越了基因选择，也即自然选择的范畴。正是在此意义上，雅斯贝斯（2019，中译本）[②] 指出，"生物学上的发展带来了可以遗传的特征，而历史的发展则只带来了传承。可以遗传的特征是稳定的；传承则可能在短时间内遭到破坏和遗忘"。于是，跳出自然选择的达尔文主义，Geoffrey 等（2013，中译本）[③] 将信息引入社会（文化）演化的变异、选择与复制（保留）分析之中，创新、竞争、学习、模仿等，这些社会学概念类同基因成为解释文化演化的名词。当然，不论是生物演化，还是文化演化，一个基本的要素是不会变的，也即演化所处环境的决定性作用。按照库利的观点，这种作用就是"一种适应性过程，同时它也是一种组织过程。因为它会

---

① [美] Holmes Rolston, Ⅲ. 基因、创世纪和上帝价值及其在自然史和人类史中的起源 [M]. 范岱年，陈养惠译. 长沙：湖南科学技术出版社，2003：124.

② [德] 卡尔·雅斯贝斯. 历史的起源于目标 [M]. 李夏菲译. 桂林：漓江出版社，2019：52.

③ [英] Geoffrey, [丹麦] Thorbjørn Kundsen. 达尔文猜想对社会与经济演化的一般原理 [M]. 王焕祥等译，北京：科学出版社，2013.

第一章 导 论

产生一个由相互协调的活动构成的、与环境相适应的系统"①。循此意思，人类社会曾经依存或者现在仍在重视的宗教、政治、经济、艺术等都是充当了助推文化演化的工具，同时也都服从这一规律。

当然，与生物演化依托基因不同，文化演化的选择单位则是虚化的、人造的，习俗、惯例、制度、人工制品、精神产品、行为等都充当着适应性需要的载体作用。如"经济演化的选择单位是个体、组织管理、制度、组织、产业和以民族国家为单位的经济体，以及国家间的经济联合体"②。这些选择单位，在适应环境的过程中，或者是复制和继承，或者是应环境变化而改变自身，源源不断地塑造着演化进程。事实上，演化中适应性的最关键机制即是变异。正是有了变异的存在，选择和演化才有意义。同样，也正是有了变异机制，多样性生成才有可能，丰富多彩的世界才会出现。也正是在此意义上，文化多样性、中国特色才被赋予意义。

学理上看，一个完全同质化和对称的世界是不会发生演化的，多样性和差异化才是演化之所以产生的前提。而实践中，演化也是有条件的，经济社会背景作为环境因素嵌入于文化演化之中。相关研究分析，作为一个研究领域，催生了经济社会学的产生。从学术历程看，马克思·韦伯强调将社会作为一个场域看待，开创了相关研究的源起脉络；波兰尼研究的是政治经济发展的社会文化变迁嵌入性问题；齐美尔讨论货币的媒介价值和生成演化方式；康芒斯则谈制度的演化机理；怀特强调关系在演化发展中的价值。当然，自从格兰诺维特1984年的经典研究发表后，新经济社会学在研究思路上切实发生着变化，社会结构的网络化看待，出现了众多新的研究领域。比如，格兰诺维特和斯梅尔塞重视（社会、经济）制度的社会构建性，生成社会结构、网络分析；威廉姆森强调组织关系的经济社会生成性，交易成本节约化选择的结果等。而一个特别值得重视的是，卢曼（《经济的社会》）所强调的自我生成系统，提出了经济社会系统之所以可以存续的关键在于自身内在的自洽性。同时，从经济社会现象出发的学理关注，重视经验事实的意义，强化媒介在社会、经济、制度等各层面的建构性，强调关系和联系实实在在的引导着文化演化，构筑了经济社会学研究的基本特质——不论是传统

---

① [美]查尔斯·霍顿·库利. 社会过程[M]. 洪小良等译. 北京：华夏出版社，2000：15.
② 刘业进. 经济演化：探索一般演化范式[M]. 北京：中国社会科学出版社，2015：81.

第一章 导 论

的经济社会学，还是新经济社会学。

首先，认同经济的社会嵌入性，强调某一经济体制机制离不开其依存的社会背景，是（新）经济社会学的基本立场。波兰尼的经典研究也已证明政治经济制度的社会嵌入性，制度的变迁源于社会的变迁，而我们能够面对社会现实的条件是需要抛弃市场的乌托邦①。后续，道格拉斯·诺思（《西方世界的兴起》）、米格代尔（《社会中的国家：国家与社会如何相互改变与相互构成》）、弗雷格斯坦（《市场的结构：21世纪资本主义社会的经济社会学》）、海尔布洛纳和米尔博格（《经济社会的起源》）等，或者从主体，或者从某一个细分领域，都揭示了孤立演化的不可能性。循此，则意味着，我们要基于互为关系、相互套嵌的事物现实存在展开分析讨论，方能清晰把握经济现象。具体来说，分析某一机制重要性时，不可以将这一机制作为已存的事实带入实践中，而应尊重事物发展的现实状况。比如，运动员转会市场，这是一个职业体育内部资源分配调节的二级市场，它的产生和后备人才培养体系复杂化、专业化以及职业体育劳动力市场的开放性有关；而后备人才培养体系的复杂化、专业化实践是一个过程，是一个不断发展演化出来的，不是一蹴而就的，如此则运动员转会市场也是一个需要演化发展的。从这个意义上讲，对于后发的职业体育而言，我们过分责难中国职业体育劳动力市场的不完善、运动员薪资过高、外援溢价过甚等，可能也就背离了事实。事实上，对于中国职业体育而言，我们不可以离开中国转型社会和快速崛起的社会背景，也不可以脱离国际体育产业全球化扩张的脉络及其所依托的宏观国际贸易的起起伏伏，因为离开这些，研究关注的可能也就不再是事实的中国职业体育存在，而更多停留在学理推演上或者发展理念上，且往往难以落地，或者说无现实意义。

其次，在（新）经济社会学的研究假设中，经济行为的产生不仅受限于市场因素（资源稀缺性、交易成本等），还与社会运行结构、社会意义结构等非市场因素有关。人的理性和经济最优化是（新）古典经济的基本假设，并支撑着亚当·斯密的"无形之手"原理。具体来说，就是理念上认为人都是自利的，秉承着强烈的个人利益动机，市场有效的实践就是将个人利益追

---

① 卡尔·波兰尼. 巨变：当代政治与经济的起源［M］. 黄树民译. 北京：社会科学文献出版社，2013：424.

第一章 导 论

求扩展成为普遍利益，即实现"主观为己客观为他人"的社会福利。当然，阿罗的有限理性理论打破了这一貌似严密的逻辑体系。或者因为人对外在环境的认识能力是有限的，或者因为外在环境的复杂性是无限的，都会带来人认识上的不充分和行为上的不理性。修正抽象的经济人假设，既要考虑个人的动机特性，又要将其放入变动的情境之中考量人行为的可塑性和或然性。如此，社会—经济环境、组织结构—市场关系等就不再是一个稳定的不需考虑的外在因素，而变为现实的制约力量。当然，比学理上的变迁更重要的是，探索演绎方式上的转变。传统理论体系中，演化推导的前提是人的行为是已知的、确定的，而一旦认同理性相对化以后，则意味着相关行为是不具有完全偏好表达的；于是，分析方式也需应然地从原有单向度的目标追寻，变为双向度的目标探索：程序理性和选择理性一样成为关系现实行为的重要内容；同时组织环境开始变得重要，需要融入演化分析之中。

此外，（新）经济社会学秉持事物发展的开放性、发展性理念，同时强调演化发展的自洽性。对于任何事物而言，维系自身有序发展和现存秩序的关键在于可以形成一个自洽体系，在不断与外界进行物质与资源交换中，保持自身的发展性。内嵌于经济社会实践之中，职业体育是竞技体育专业化发展的结果，从运动员专业化到竞赛组织的专门化、再到市场运营的专业化，形成了一个相互融合、密切配合、互为制约的运行体系，实现了内部自洽，形成了卢曼语境中自我生成系统。而为了达成这种自洽，职业体育进行了必要的组织、制度、机制适应性变迁。比如后备人才培养体系建设与球员交易市场及球员经纪人制度；再如欧美职业体育组织结构差异、工资帽制度、维持竞争平衡的举措等。如此，则意味着看待中国特色职业体育，需要尊重职业体育演化的内在特性，以开放、发展的理念去研究维系中国特色职业体育自洽性的机制，查摆问题，揭示规律，以促进其适应性完善。

总体来说，（新）经济社会学作为以经济现象的社会演化与变迁规律为主要研究对象的社会学分支，强调经济社会嵌入性，注重深耕于经济社会变迁实践，找出市场及其相关构件生成、发展、变迁的规律；同时，重视经济与社会的关系，强调探究经济现象背后的社会机理，挖掘经济现象差异化运行的社会要素。诚如前文所述，中国特色职业体育存在于两个网络体系中，存在着极其复杂的社会背景，不仅需要探解职业体育作为一种特殊形态本身的运行机制，还需要挖掘其背后的竞技体育专业化转型的机理，甚至还要把

第一章 导 论

握西方职业体育全球化所衍生出的运行机制。从这个意义上讲，（新）经济社会学的研究视角是可取的，它有助于解决上述问题，把握中国特色职业体育型塑的关键环节，找出推进其高质量发展的"钥匙"。

第三节 研究思路设计与方法选取

一、研究思路设计

本书站在新时代社会背景下，探讨中国特色职业体育是什么以及何以可能问题。本书总体上遵循提出问题、分析问题、解决问题的思路。首先，从现实出发，提出新时代背景下建设中国特色职业体育的必然性，即经过20余年模仿建构的中国职业体育，在新时代背景下需要进行本土化、特色化再造，建设中国特色职业体育。接着，从理论和实践两个层次回顾中国职业体育改革发展历程，顺理经验教训，引出发展方向，即中国特色职业体育建设。其次，结合时代背景兼顾成熟模式和中国特色，从理论和实践层面展开中国特色职业体育建设探寻：理论方面，系统解析中国特色职业体育内在机理，厘清其内涵与特征，初步建构中国特色职业体育理论逻辑；实践方面，系统分析中国特色职业体育建设基点，充分挖掘当前我国职业体育存在的现实问题及其根源，架构中国特色职业体育建设目标。最后，给出推进中国特色职业体育建设的路径与机制，以解决问题，服务中国特色职业体育形成与发展。具体如图1-1所示。

二、研究方法

一是文献资料梳理法。即对相关文献资料进行收集、整理、分析，以期梳理出前人有建设性的研究成果为我所用。同时，本书还对近30年来国家有关职业体育发展的政策文件进行了梳理，以为后续研究做好铺垫。

二是历史比较研究法。这是一种较为常见的历史学研究方法，即将历史上同类事件、现象和人物进行比较和对照，分析其异同，以探寻规律，找出有说服力的解释。本书用之主要是将中国职业体育放在特定历史背景中考察，以找寻职业体育演进和发展特征，为分析中国特色职业体育必然性、建设目标及其现实问题提供服务；同时，本书还涉及对西方职业体育的比较分

第一章 导 论

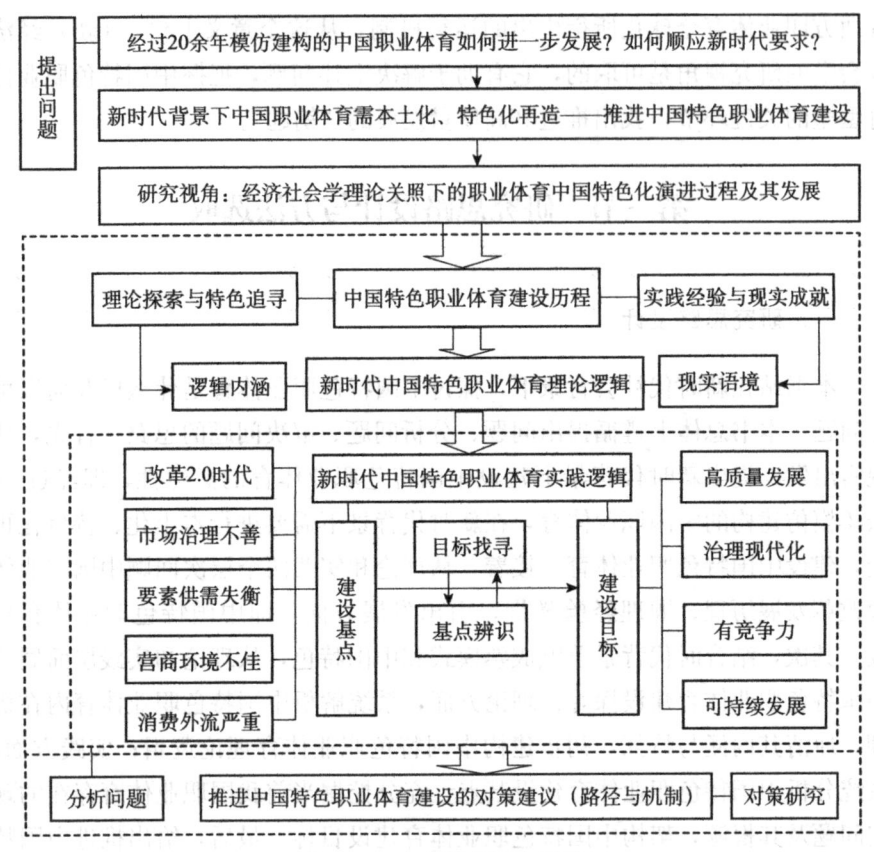

图 1-1 本书研究基本思路

析,以明晰中国特色职业体育之特色所在。

三是网络结构分析法。该方法是源于结构功能主义的系统论分析工具。本书应用该方法解决两个问题:其一,探析新时代中国特色职业体育建设基地与目标导向;其二,对中国特色职业体育建设维度的系统找寻。

四是深度访谈法。对职业体育相关从业人员及专家学者进行深度访谈,为把握新时代中国特色职业体育要义及其建构策略服务。

五是逻辑分析法。本书在经济社会学视域下,对与研究相关的政策文件、文献资料等进行整合分析,综合运用归纳、演绎等方法进行分析,重点解决以下两个问题:其一,架构中国特色职业体育建设语境与内涵;其二,对中国特色职业体育建设路径与机制的系统找寻。

六是案例分析法。以具有显著价值的职业体育运行案例,为研究主题提

第一章 导 论

供佐证。

三、本书整体框架

本书以中国特色职业体育建设为核心议题，结合新时代社会背景探解中国特色职业体育发展模式，找寻其可行性建设路径。研究内容主要围绕以下三个问题展开：第一，建设中国特色职业体育，前期已经做了哪些有意义的理论与实践探索？第二，新时代中国特色职业体育是什么样的？第三，如何推进新时代中国特色职业体育建设？具体该如何进行针对性调整与优化？

第一章为导论，主要就研究缘起与意义、核心概念与理论视角及研究思路进行必要交代。顺应新时代背景，全面深化职业体育改革，需要强化中国特色型塑；中国特色职业体育即是职业体育一般规律与中国实践的结合样态。作为一个建构图景，基于经济社会学的演化视角展开，有利于把握中国国情、体情与职业体育赛情、市情结合及其适应性变迁演化特征。

第二章为中国特色职业体育理论探索分析。主要围绕历程、视点、特征三个方面展开，分阶段系统回顾中国职业体育理论研究历程，从学理上厘清中国特色职业体育认识变迁和形成规律。

第三章为中国特色职业体育实践脉络与经验分析。主要涉及三个方面内容：一是分阶段解析中国职业体育实践历程，以把握其发展变迁规律；二是中国职业体育发展成就回顾分析；三是中国特色职业体育实践探索的经验总结。

第四章从语境与内涵层面对新时代中国特色职业体育进行认识与解读。其中，从内外两个层面揭示新时代中国特色职业体育建设语境，并涉及体育强国建设、经济全球化和数字经济时代职业体育运营变迁三个方面；同时，解构新时代中国特色职业体育建设内容，并从遵循通用范式、建构中国模式、谋求高质量发展三个方面进行刻画。

第五章从基点与目标对新时代中国特色职业体育建设进行分析。其中，建设基点重点分析了时代背景（改革 2.0 时代阶段特征）和现实问题（市场治理复杂性、营商环境不佳、消费外流、要素供需失衡），旨在揭示当前中国特色职业体育建设现状；而建设目标主要从高质量发展、治理现代化、有竞争力、可持续发展等方面展开，以勾画可资操作的建设重点。

第六章是解决问题部分，主要从路径与机制两个层面对新时代中国特色

第一章 导 论

职业体育建设提出相应策略。路径选择上涉及：融入体育强国建设进程推进高质量发展，借力全面深化改革实践推进治理现代化建设，嵌入双循环实践推进竞争力提升；建设机制则强调以创新为抓手提升核心竞争力、以开放为支撑引领向纵深发展、以法治为重点助推治理现代化。

第七章为余论部分，就当前中国职业体育发展困局展开讨论，并且对研究的不足与展望进行交代。

第二章

中国特色职业体育理论探索：脉络与视点

"在对立中，各文化和民族在相互吸引的同时也相互排斥。欧洲时刻都在对立中构建着自身，而东方则是从欧洲那里才将这种对立吸纳过来，并从它的角度出发，以欧洲的方式理解这种对立。"[①] 雅氏的观点对社会理论探索具有极其重要的指导意义，因为视角选取是理论关注的基本问题。循此，站在推进中国特色职业体育建设立场上，学术界看待职业体育的态度是怎么样的，对中国特色职业体育发展期望如何，有何特征又有何需要改进之处，成为需要探解的问题。本部分即秉持解答上述问题的目的，对中国职业体育相关理论探索进行梳理与回顾，以厘清中国特色职业体育学理演进脉络，把握特征，探究趋向，以服务于实践。

现实中，职业体育作为一个相对热门的领域，近年来引起了学术界的广泛关注，仅以"职业体育"为主题词，中国知网检索发现就有 11393 篇文献[②]。鉴于此，学理探索主要围绕历程、视点、特征展开，同时分阶段呈现，以更好揭示和呈现问题。其中，阶段划分，围绕职业体育、新时代这两个核心议题展开，分为职业化改革实践前（1994 年前）、职业化改革实践、新时

[①] [德] 卡尔·雅斯贝斯. 历史的起源与目标 [M]. 李夏菲译. 桂林：漓江出版社，2019：5.

[②] 检索时间为 2021 年 11 月 1 日。

第二章 中国特色职业体育理论探索：脉络与视点

代职业体育建设实践（2012年起）① 三个阶段。

第一节 职业化改革实践前的我国职业体育理论演进

一、研究脉络梳理

关于职业体育的研究，国内往往认为从罗森博格1956年的经典研究开始。事实上，这是一个经济学视角下的研究，放到社会学、管理学等学科视角下，相关研究要早得多，福柯、米德等学者的经典研究中经常包含着体育及体育俱乐部活动的表述。我国职业体育的研究也即如此，首先展开的是社会学视角研究，然后才是经济学等其他领域的研究。

职业体育源起于西方，在国外有100余年发展历程。我国关于职业体育的早期认识，也是起始于对国外体育发展动态的关注上。知网系统中可以查阅到的最早文献，即是跬禹（1986）② 对运动员职业化趋势的分析。该文关注到一个现象，即"随着国际比赛的竞争日益激烈以及需要超水平的运动员""职业运动员的优势"开始显现出来，职业运动员参加奥运会以及诸如世界锦标赛等国际大赛正成为事实。陈宝祥（1988）③ 则关注到一向以"业余体育"自称的体育强国苏联竞技体育出现了职业化趋势，"体育协会将一改以往以国家拨款为协会筹集资金来承担运动员的薪酬的其他费用的政策"，明星运动员"获准进入西方国家继续其体育职业生涯"，而且"为西方体育用品公司做广告早已成为苏联运动员所欢迎的收入来源"。当然，上述两个早期的关于职业体育（运动员）的文章，更多是对一种现象的把握。国内有较为深入论述的文献，可以追溯到1988年，即张原耕《论奥运会职业化问题》一文。该文指出，奥运会所坚持的业余性立场与体育竞赛的精神是相冲突，本着利于体育运动发展的原则，"奥运会职业化不但应该而且是大势所

---

① 诚然，党的十九大提出了"新时代"的概念，新时代作为中国社会发展矛盾发生变迁后，中国发展导向、发展方式等发生明显变化的阶段。从时间上看，新时代正式提出于2017年党的十九大，但是其理念需要一个积淀过程，鉴于此，可以从2012年党的十八大开始。之所以如此，因为新时代从体现的新理念，是在党的十八大以后逐渐形成的。故此选择2012年作为时间节点。

② 跬禹. 运动员职业化趋势 [J]. 体育博览，1986（11）.

③ 陈宝祥. 苏联竞技体育出现职业化趋势 [J]. 体育科研，1988（1）：54.

第二章 中国特色职业体育理论探索：脉络与视点

趋"。之所以得出这一结论，因为作者研究发现，体育与文学、艺术等其他社会职业一样，是一种创造性劳动，于是"获得相应的报酬是天经地义的"，而且他还认为：奥运会的职业化，不会消灭群众体育活动，"相反，会给这些活动以指导、以刺激、以动力"[①]。诚然，在特定的社会氛围下，我国选择了以奥运争光为导向的举国体制，有效促进了我国体育事业发展，但是如何学习国外成功经验，对于一个旨在实现体育强国的后发国家来说尤为重要。当然，这过程中一个无法绕开的话题便是，运动员一旦可以赚取额外报酬，则意味着体育的性质发生了改变。在当时背景下，这不仅仅是经济或者管理方面的问题，而是政治问题。化解这一矛盾的关键在于，分析把握体育从业人员的本真性质，如果是一个职业则意味着该问题可以跳出政治的立场，我国进行运动员职业化也就变得可行起来。从这个意义上讲，张原耕先生的判断对于当时处于举国体制下的我国体育而言，是有先见性的。

后续，钟集均等（1988）[②] 即通过大量的资料分析把握了世界范围内的运动员职业化的趋向，并对我国是否可以进行运动员职业化展开分析论证。他们研究指出，"运动员职业化应是我国体育改革的发展方向"，认为"改革开放是运动职业化的大前提，体育社会化是运动员职业化的基础"，虽然我国全面实行欧美式的职业化道路条件可能尚未成熟，但是也具备了一些条件，试行运动员职业化却是可行的。特别值得指出的是，该文还提出了："必须根据中国经济、体育发展的现实状况，走中国式的运动员职业化道路"。这是文献中关于中国特色职业化的最早论述。而张子沙等（1989）[③] 则关注竞技体育职业化是什么及其在我国实施的可能性，认为："高度的商业性与文化性是竞技体育职业化的本质特征"，而且"在一定条件下，职业体育的商品价值与文化价值在向社会进行价值交换与转移的同时相互间也进行价值的转换"。这是可以追溯到的关于职业体育内涵的最早、也是较为准确的判断——职业体育即是经济商业性和体育文化性的结合，两者缺其一都会偏离职业体育之本质，走向异化。另外，他们还强调：我国实施竞技体育职

[①] 张原耕. 论奥运会职业化问题 [J]. 体育文史，1988（6）：73-76.
[②] 钟集均，杨国庆. 对我国试行运动员职业化的一些思考 [J]. 武汉体育学院学报，1988（6）：1-6.
[③] 张子沙，冯德源. 正确认识竞技体育职业化及其在我国实施的可能性 [J]. 体育论坛，1989（2）：1-4.

第二章 中国特色职业体育理论探索：脉络与视点

业化可以释放出"激发效应、促进效应、调节效应、整合效应"，而这对于当时的我国竞技体育而言是具有价值的。当然，与其他新生事物一样，对竞技体育职业化当时也存在两种意见，即支持与反对。持反对意见大多基于这样的立场，一是职业化是资本主义的东西，虽然好，但是社会主义的体育不能走；二是我国职业化尚不成熟，待时机成熟以后才能实施。张子沙等（1989）[①] 的另一篇论文，即就我国竞技体育群体对实施职业体育的社会心理态势进行研究，发现"从整体上，对职业体育的社会态度以支持型代表主要倾向，但心理承受力尚不充分"。这也大体反映了当时我国竞技体育职业化改革思想萌芽状况下，社会心态的基本特征。

当学术界搞清楚职业化改革的必要性和可行性后，研究焦点开始转换，如何进行改革成为热点。如程云峰（1990）[②] 强调我国竞技体育职业化，"要解决好竞技体育职业化领导体制""要有中国特色"。李守堂等（1992）[③] 则针对足球职业化问题，强调要坚持邓小平同志在南方谈话中指出的"三个有利于"标准，即"是否有利于发展我国足球事业，有利于提高我国足球竞技水平，有利于为我国体育体制改革积累经验"。杜利军（1993）[④] 则针对当时我国竞技体育发展实际，建议"在我国局部社会经济和体育文化较发达的地区进行开展职业体育的试点"。而黄永良（1993）[⑤] 强调职业化改革的关键是体制改革与机制转换的问题，足球职业化需要处理好球星市场、训练市场、经营市场、观赏市场、广告市场、竞赛制度以及立法等问题，摸索出一条具有"中国特色"的职业化道路。

二、研究视点分析

回溯早期的职业体育研究（准确来讲应该是竞技体育职业化研究），大概回答以下两个基本问题：

---

① 张子沙, 张外安, 郑法霞. 我国竞技体育群体对实施职业化体育的社会心理态势取向及影响因素调查 [J]. 浙江体育科学, 1989（2）：4—9.
② 程云峰. 对我国竞技体育职业化的有关思考 [J]. 西安体育学院学报, 1990, 7（1）：1—5.
③ 李守堂, 卢格元, 徐秀英. 足球职业化当议 [J]. 山东体育科技, 1992, 4（9）.
④ 杜利军. 职业体育与现代奥运会 [J]. 中国体育科技, 1993, 29（2）：42—48.
⑤ 黄永良. 试谈我国足球职业化 [J]. 浙江体育科学, 1993, 15（5）：51—54.

第二章 中国特色职业体育理论探索：脉络与视点

（1）对职业体育是什么有了一个基本的认识。从关注奥运会业余性原则改革和世界范围职业化走向开始，逐级认识到职业体育是现代竞技体育适应时代要求，摆脱业余原则，走向专业化的结果。第一，社会发展规律所决定，具体来说就是社会发展带动了体育参与的社会化加速。在职业体育出现前，体育活动是有闲阶层的专利，而伴随城镇化集聚的工人阶级体育运动兴起，主张和坚持"业余原则"成为达成排外性的有效手段。当然，随着社会的发展，放开参与权，赋予工人阶级体育竞赛权力成为体育运动追求更高更快更强的应然选择。第二，体育功能多元化发展。19世纪以后，体育运动的功能逐渐发生变化，向着多元化方向扩展，个人动机、团体利益，政治目标、经济利益，各色关系交织在体育运动之中，顺应社会发展打破业余规范的约束，引导体育运动多元化发展成为应然。第三，体育竞赛的竞争本性带有催生专业化、职业化的倾向。体育运动作为一种特殊的社会现象，竞争是其本质特征，不断扩大范围、增加难度也就成为体育竞争的根本追求所在。于是，消解业余性，追求职业性、专业性成为提升体育运动发展水准的关键所在。第四，伴随经济社会发展，体育与其他社会现象关系更加密切和复杂。在职业体育发展之前，体育是单纯的，仅仅关系个人，基本上与政治、经济无关。随着社会发展，体育开始逐渐为贵族、资本家等所选择，成为彰显自我、提升形象等衍生追求的手段。而此时，转变业余性，强调职业性成为重要的内容。正是在此意义上，蔡宝忠（1989）[①]指出，原始的"业余"与现代的"业余"有本质的区别，原始的"职业"就是现代的"业余"，现代的"业余"就是"国家业余"，也就是不公开的职业化。而职业体育与业余体育从排斥，到共存，再到融合，这是商品经济力量与体育结合的结果，是由客观规律决定的[②]。在此意义上推进我国竞技体育职业化，具有顺应体育发展规律，助推竞技体育发展的价值。

（2）客观分析了我国进行竞技体育职业化的条件。张子沙等（1989）[③]即认为，"竞技体育职业化指的是，在商品经济充分发展与体育文化市场不

---

① 蔡宝忠．业余性、职业性、必然性：谈奥林匹克的业余原则与职业化问题［J］．沈阳体育学院学报，1989（4）：22—25.

② 张明．论职业体育的历史发展［J］．华中师范大学学报（自然科学版），1990（3）：6.

③ 张子沙，冯德源．正确认识竞技体育职业化及其在我国实施的可能性［J］．体育论坛，1989（2）：1—4.

第二章 中国特色职业体育理论探索：脉络与视点

断扩大的条件下，自觉地运用价值规律，利用高水平竞技体育的商品价值与文化价值，参与社会商业活动与社会文化活动，使竞技体育成为高级运动员赖以获取高额生活收入来源的工作，并为社会提供体育商业和体育文化服务的一种体育集团化社会活动。"也就是说，职业体育是竞技体育的一种独特组织形式，是伴随社会发展需要，特定的社会环境、社会制度、社会组织在竞技体育组织运行样态上的综合呈现。作为一种阶段发展产物，其产生具有一定的经济社会条件，具体表现在：第一，市场经济高度发展，市场运行规律深入到社会运行的方方面面，劳动的社会资本化成为一种习惯，同时市场运行的经济与法治氛围较为浓厚。第二，竞技体育的赚钱效应开始显现，社会有了体育赛事消费的需求。一方面，大众社会观赏需求较为浓厚，球迷关注行为成为社会热潮；另一方面，社会组织（特别是商业组织）投入体育赛事的需求开始出现，赞助、广告等行为较为普遍，同时体育赛事的赚钱效应呈现，投资体育赛事及其相关行业具有了一定的赚钱效应。当然，也涉及一定的政治条件，因为职业体育的发展可行性首先需要国家加以确认，同时组织架构规范、社会文化环境、法治保障等都需要政府行政力量的有效介入。我国该问题的解决，是以邓小平同志南方谈话为契机的。现实中，我国职业体育开始阶段的目的是围绕"三个有利于"标准展开的，而较少涉及职业体育本质上的经济性。

除此以外，职业体育的产生还需要竞技体育自身的有效发展，因为职业体育是高端的竞技体育，低端是没有市场的，无法发展的。其中，最为核心即是竞技体育具有一定水平，到了可以满足别人观赏需求的层次，具有了市场商业开发的可能性。这是特别重要的方面，因为竞技体育职业化的核心在于运动员的职业化，也即运动员可以依靠竞技体育训练、竞赛活动获取足够的维系自身生计的条件，只有这样体育才能作为一种职业而存在。西方职业体育自序产生的关键，就是以竞争选择的方式解决了运动员的职业化。我国具体实践中，也特别重视该问题，采取了设立准入门槛、推出测试赛等多种举措。

第二节　职业化改革探索实践中的我国职业体育理论演进

随着红山口会议的召开，我国竞技体育职业化正式开启，1994年的足

第二章 中国特色职业体育理论探索：脉络与视点

球、1995年的篮球、1996年的排球等实践的启幕，对理论研究的意义是巨大的。从相关研究数量上看，如表2-1所示，1994年具有明显拐点特征，从过去的几篇，迅速提升到20多篇、30多篇，职业体育研究作为一个较为稳定的研究领域开始出现。从内容上看，研究导向发生转向，从过去国外经验介绍和国内能不能进行职业化探讨，向着更深入、更全面领域拓展，研讨新生的职业体育该何去何从、该如何做转变等；同时，研究视角也开始转变，从国外经验研探与反思向着更加多元化方向迈进，解决现实职业体育问题开始成为热点。

表2-1　　　　　20世纪90年代职业体育相关主题
研究成果数量统计（基于知网的统计）

年份 关键词	1990	1991	1992	1993	1994	1995	1996	1997	1998	1999
职业体育	2	0	0	4	3	1	7	7	3	6
职业足球	1	2	2	2	8	10	9	13	18	23
职业篮球	1	4	1	0	13	10	5	14	10	10
总计	4	6	3	6	24	21	21	34	31	39

注：为了保持数据的统一性，数据以系统显示数据为准，统计核实时间为2021年11月1日。另外，表中相关数据单位为篇。

一、研究脉络梳理

诚然，职业体育在西方已有百余年发展历程，但是对我国而言，却是一个新议题。于是，早期学术界关注的一个焦点是职业体育是怎么演化而来的、又具有什么样的特征。如张宝华等（2000）[①] 认为，欧美职业体育萌芽于19世纪，"业余体育俱乐部的出现、体操运动的衰落与竞技运动的兴起、娱乐活动的阶级趋同、体育越出学校和贵族圈子、娱乐活动的商业化趋势是其兴起的历史背景。"而凌平等（2003）[②] 则认为，美国职业体育带有移植英国赛马俱乐部模式的特征，根源上是资本主义制度建立以及体育自身不断调整的结果。生成于特定政治、经济、文化氛围中，西方职业体育从无到有、

[①] 张宝华，陈革新. 试论世界职业体育俱乐部兴起的历史背景 [J]. 北京体育大学学报，2000，23（1）：5-7.

[②] 凌平，何正兵. 美国职业体育管理体制初探 [J]. 体育与科学，2003，24（1）：5-7.

第二章 中国特色职业体育理论探索：脉络与视点

从弱小到壮大，为我国学者所共识①。这种嵌入性，其中尤以制度建设最为关键。石磊等（2009）②关于职业体育与反垄断豁免制度关系的流变顺理，大体即证明了这一点。当然，欧美职业体育作为一种社会建构，不可能是保持一成不变的，适应性变迁时刻发生着，而且其间即穿插与折射出具有地域特色的内容来。郑芳（2007）③即关注到欧美职业体育的差异，认为"管理者的创新、各种促进联盟竞争均衡的制度安排以及市场需求导向是促使美国职业体育制度变迁的核心和关键。"

回到第二个议题，即职业体育到底是什么样的，国内也有较为丰硕的研究成果。首先，是对职业体育的特征认识更全面、更贴近本质。如杨铁黎等（2000）④认为，职业体育的经营活动是按照市场经济的规律进行运作；从事者以某项运动为主要谋生手段；职业俱乐部是经营的最基本单位和实体；核心产品是竞赛；职业俱乐部和职业运动员本身也可作为商品进行交换；职业俱乐部的目的是为获取最大的经济利益。而张林等（2001）⑤则将职业体育俱乐部的本质定义为向社会提供服务，并以企业性质的经济实体为特征进行个人物品供给和生产经营活动。这一实践中，门票收入、俱乐部无形资产的开发收入、运动员的转会收入和出售电视转播权的收入，是俱乐部的主要收入来源⑥。其次，在运作规律方面，学者对职业体育组织形式、管理体制、治理机制等方面进行了卓有成效的探讨。张文健（2006）⑦即指出，职业体育是以俱乐部为基础的，遵循市场化运作方式，通过职业俱乐部共同体（联盟或协会）来协调俱乐部间的合作与竞争关系。之所以如此，这是由职业体

---

① 钟秉枢，梁林，于立贤等．职业体育——理论与实证[M]．北京：北京体育大学出版社，2005；鲍明晓．中国职业体育评述[M]．北京：人民体育出版社，2010．

② 石磊，贾文彤．影响欧美职业体育法制的相关因素研究[J]．成都体育学院学报，2009，35（8）：9—12．

③ 郑芳．美国职业体育制度的起源、演化和创新——对中国职业体育制度创新的启示[J]．体育科学，2007，27（2）：79—85．

④ 杨铁黎，张建华．职业体育市场运作模式的理论探讨——兼谈中国职业体育市场存在的问题[J]．体育与科学，2000，21（3）：6—12．

⑤ 张林，徐昌豹．现代职业体育俱乐部的本质与特征[J]．上海体育学院学报，2001，25（3）：1—6．

⑥ 周进强．我国职业体育俱乐部经营中的若干法律问题——职业体育俱乐部法律问题研究之二[J]．天津体育学院学报，2001，16（1）：29—33．

⑦ 张文健．职业体育联盟的组织模式研究[J]．上海体育学院学报，2006，30（1）：56—58．

第二章 中国特色职业体育理论探索：脉络与视点

育生产特性所决定的，互相竞争、互相依存的联合生产是职业体育的产业独特性所在[①]。职业体育的生产过程中，需要相对稳定的、具有长期关系的契约组织[②]，从而实现节省运作成本、消减运营风险的目的。而在管理体制方面，国外大多采取三级管理的管理体系，即全国单项运动项目协会、职业俱乐部职赛（又称联合会、联盟）、职业体育俱乐部[③]。当然，职业体育的利益关涉较广，存在极其复杂的利益相关者群体，它们包括体育项目协会、职业体育俱乐部、运动员、教练员、裁判员、经纪人、媒体、赞助商、广告商、观众和政府等[④]。它们围绕职业体育价值创造，相互依存形成了合作伙伴关系或者利益共同体。实践中，职业体育在俱乐部层面具有以委托代理为基础的所有权结构和法人治理机构[⑤]，以保障内部运营效率；而在外部则基于资产专用性、不完善契约[⑥]，以及带有自然垄断性质的联盟、相互竞争与合作的俱乐部和深入参与生产的各种类型消费者的市场特征[⑦]，寻求各种特殊的治理机制来保护其投资成为明智选择，并在职业体育市场交易制度上体现出来。职业体育交易制度包括签约前、签约时和签约后三种制度。其中，签约前的制度包括市场准入和担保制度，契约谈判制度主要是劳资谈判，契约签订后还涉及监督制度（涉及联盟总裁监督、裁判监督和媒体监督三个层次）、激励制度、纠纷处理制度和保险制度等[⑧]。同时，职业体育在联盟层面上，基于交易成本考量，还形成了产业链组织模式，并以市场交易式、纵向一体

[①] 张保华，何文胜，方娅，赵灵峰. 职业体育联盟的生产与经营行为分析 [J]. 体育学刊，2009, 16 (11): 28—31.

[②] 杨年松，黄剑. 职业体育联盟垄断与竞争博弈分析 [J]. 上海体育学院学报，2008, 32 (4): 52—55.

[③] 张林，李明. 国外职业体育俱乐部运行机制的特点 [J]. 上海体育学院学报，2001, 25 (1): 1—5.

[④] 袁春梅. 我国职业体育利益相关者的利益冲突与协调 [J]. 成都体育学院学报，2008, 34 (6): 11—14.

[⑤] 杨年松. 论职业体育俱乐部产权结构与制度安排 [J]. 成都体育学院学报，2003, 29 (1): 26—29.

[⑥] 郑志强. 交易成本理论视角下职业体育的专用性投资分析 [J]. 北京体育大学学报，2007, 31 (11): 1464—1467.

[⑦] 郑志强. 论职业体育的市场特征 [J]. 西安体育学院学报，2008, 25 (6): 6—12.

[⑧] 郑志强. 职业体育市场交易制度研究 [J]. 西安体育学院学报，2010, 27 (1): 12—15.

第二章 中国特色职业体育理论探索：脉络与视点

化式和准市场交易式两种或三种于一体的混合式的模式存在①。

此外，职业体育具有较为特殊的内外部制度设计也为国内学者所广泛关注。郑芳等（2009）②即认为，比赛结果充满悬念和不确定性是职业赛事充满生机的源泉，揭示竞争平衡在职业体育运作中的特殊重要性。李江帆等（2010）③进一步分析指出，职业体育竞争的营胜性与营利性相伴而生，并衍生出体育竞争与经济收益之间关系：经济收益是以俱乐部间的体育竞争为基础；经济收益的大小是随着竞争平衡的变动而变动，当体育竞争达到最大值（竞争平衡）时，经济收益也达到最大值。这为职业体育联盟垄断式竞争合作关系及其相关运行机制提供了一个很好的解释。当然，职业体育之所以可以采取联盟模式，还与外部的制度有关，如西方国家的反垄断豁免制度（《谢尔曼法》《克莱顿法》《国家劳工关系法》《体育反垄断转播法案》等)④以及特殊的政府规制⑤等。

第二个学术聚焦点，则是关于我国职业体育的相关研究。研究大体集中在我国职业体育发展特征、存在问题以及该如何改进等领域，产生了较为丰硕的成果，得出了一系列有创见性的结论。

（1）关于我国职业体育性质判断和发展特征的研究。沿承传统竞技体育举国体制和奥运争光战略，早期学术界对我国职业体育发展定位更多还是落在作为原有体制补充上。2000 年，时任江苏省体育局局长的孔庆鹏⑥即发文

---

① 谭丽君，秦椿林，靳厚忠. 职业体育产业链的组织模式研究 [J]. 武汉体育学院学报，2010，44（1）：46—50.

② 郑芳，丛湖平. 职业体育俱乐部竞争实力均衡的基本假设及度量 [J]. 体育科学，2009，29（7）：29—36.

③ 李江帆，张保华，蔡永茂. 职业体育俱乐部体育竞争与经济收益关系研究 [J]. 体育科学，2010，30（4）：21—25.

④ 相关研究比较多，有代表性的甚少涉及：贾文彤，毛璞. 对美国职业体育反垄断豁免的再认识 [J]. 北京体育大学学报，2005，28（7）：885—886；向会英，谭小勇，姜熙. 反垄断法视野下职业体育电视转播权的营销 [J]. 天津体育学院学报，2011，26（1）：62—67；姜熙，谭小勇. 反垄断法视野下职业体育联盟的性质考察——基于《谢尔曼法》的司法实践 [J]. 体育科学，2011，31（6）：20—26.

⑤ 周武（2008）研究认为，在美国，政府主要基于立法、司法、执法 3 个系统对职业体育产业实施分权、分级管理。详见周武. 美国职业体育产业政府规制体制探析 [J]. 中国体育科技，2008，44（3）：52—57.

⑥ 孔庆鹏，殷宝林. "潮头"思考——关于我国职业体育俱乐部制改革的几点认识 [J]. 体育与科学，2000.21（1）：1—6.

第二章 中国特色职业体育理论探索：脉络与视点

指出，"体育俱乐部是在我国建立社会主义市场经济体制、进行体育体制改革中涌现出来的一种新的体育组织形式，代表了体育改革的方向。"但是，"改革方向并不等于是近期目标，方向正确不能代替步骤、方法的可操作性。"而我国职业体育俱乐部制改革的"成功与否要以是否有利于提高运动技术水平；是否有利于职业俱乐部形成自我积累、自我发展、自我约束的市场主体；是否有利于促进我国两个文明建设作为判断的标准。"并认为，"职业俱乐部制的改革必须从我国社会主义初级阶段的国情出发；必须与整个竞技体育的发展相互协调、综合考虑；必须与它所赖以生存的社会环境相融合。"

丛湖平等（2004）[①]则基于制度经济学立场，认为我国职业体育制度变迁以渐进方式展开，且呈现三个阶段特征。初始阶段的职业体育制度调整以政府主导型形式展开；当创新主体的利益和权利格局发生调整后，制度变迁过渡为混合型形式；当职业体育俱乐部认同市场机制成为资源配置主要动能所能带来预期增量收益时，需求诱致型形式将主导我国职业体育的制度变迁。胡利军等（2010）[②]则从内外部环境角度出发，认为我国职业体育发展具有自上而下的特征，而非市场竞争自然形成的，是"政策推导型"或"政府推导型"的，并表现为：运动员层面的专业运动员型准职业运动员，俱乐部层面的准职业体育俱乐部普遍存在、多种性质并存，竞赛产品从公共产品、向准公共产品、私人产品生产过渡，且受制于"金牌战略"。而张兵（2011）[③]基于转型经济学立场，认为我国职业化改革和中国特色职业体育建构是利益取向变更的结果，是谋求超越实现我国体育事业社会价值显现的过程。

（2）转轨而来的我国职业体育，必然面临各色各样的问题，并吸引了国内众多学者的关注。张林等（2001）[④]即认为，处于新旧体制并存阶段的我国职业体育，在俱乐部层面存在产权关系模糊、市场主体地位未确立、经营

---

① 丛湖平，郑芳. 我国职业体育制度变迁的方式、路径及相关问题研究［J］. 体育科学，2004，24（3）：1-4.
② 胡利军，杨远波. 中国职业体育发展研究［J］. 体育科学，2010，30（2）：28-40.
③ 张兵. 转型经济学视角下中国特色职业体育建构理念分析［J］. 西安体育学院学报，2011，28（4）：385-390.
④ 张林，戴健，陈融. 我国职业体育俱乐部运行机制的主要缺陷［J］. 上海体育学院学报，2001，25（2）：1-5.

第二章 中国特色职业体育理论探索：脉络与视点

机制不完善、法制建设滞后、激励与约束失衡等问题，徐连军等（2006）[①]也持相似的观点。卢文云（2007）[②]则关注到我国职业体育有效供给的制度缺陷，并认为主要表现：指导思想没有以消费者权益之上，供给市场主体不规范、产权不清，市场体系不健全，以及缺乏必要的专门法规和行业自律机制等。相似的研究，还有许多，如陈元欣等（2004）[③]重点论述了职业体育融资问题，张文健（2005）[④]关注了我国职业体育组织问题，何斌（2008）[⑤]则研究了职业体育市场赞助问题等。另外，还有一些学者关注具体的问题，比较有代表性的如假球黑哨[⑥]、球员劳动合同[⑦]、职业体育救济[⑧]等。

客观地讲，新生的中国职业体育出现问题，有一定必然性，这是新事物发展的共性问题；当然超出这种共性之外的某种特殊性，往往是有意义的，而这恰恰是国内学者力图揭示的。王庆伟等（2006）[⑨]对中西方职业体育制度变迁进行比较研究，认为我国职业体育在初始制度、变迁的历程等方面不同于西方，提出缺少西方体育文化氛围、体育价值观、发展周期不足等因素，决定了我国职业体育制度变迁具有长期性和复杂性。王永荣等（2009）[⑩]则关注我国职业体育人力资本产权制度问题，认为产权制度安排的路径依赖

---

① 徐连军.我国职业体育俱乐部市场运行机制缺陷及其应对策略［J］.北京体育大学学报，2006，29（6）：764—765.

② 卢文云.我国职业体育有效供给的机制缺陷［J］.体育学刊，2007，14（1）：27—30.

③ 陈元欣，王健.我国职业体育俱乐部未来上市融资研究［J］.天津体育学院学报，2004，19（4）：24—26.

④ 张文健.我国职业体育组织创新面临的挑战［J］.北京体育大学学报，2005，28（12）：1589—1591.

⑤ 何斌.中国职业体育联赛市场的赞助现状与影响因素研究［J］.成都体育学院学报，2008，34（10）：14—18.

⑥ 郁俊，周晶."黑哨"事件呼唤健全职业体育法律制度——兼谈中国足协新的听证会制度的几个法律问题［J］.天津体育学院学报，2002，17（2）：46—48.

⑦ 杜辛欣.论职业体育"双结盟"法律关系——析马健诉上海东方篮球俱乐部案［J］.北京体育大学学报，2009，32（5）：5—7.

⑧ 陈华荣.退出者的声音——从广东凤铝诉中国篮协案反思我国职业体育临时救济［J］.体育与科学，2009，30（5）：69—73.

⑨ 王庆伟，王庆锋.西方职业体育制度变迁的比较研究［J］.体育与科学，2006，27（1）：42—51.

⑩ 王永荣，沈芝萍，沈建敏，叶婷.中国职业体育制度的形成及其运动员人力资本产权制度安排的合法性［J］.天津体育学院学报，2009，24（4）：353—357.

第二章 中国特色职业体育理论探索：脉络与视点

在一定程度上影响了我国职业体育的发展。而何斌等（2010）[①]则从文化视角切入，认为我国职业体育问题的出现与我国重文轻武的传统思想有关，同时与对西方职业体育发展模式仿效产生的同化危机有关。

（3）面对中国职业体育存在的问题，不同学者从不同角度提出了解决举措。有的认为要加强法治建设[②]，有的认为应该推进职业体育联盟建设[③]，还有的强调要加强治理机制建设[④]。跳出操作层面，发展理念上强化政府作用，加强引导培育对我国职业体育而言特别重要[⑤]；同时学习和借鉴西方成熟职业体育经验，具有重要意义[⑥]。当然，学习借鉴国外经验的同时进行必要的创新，显然有助于我国职业体育发展与完善[⑦]，而这恰恰立场引导我国职业体育发展理念转向。赵长杰等（2009）[⑧]就北美职业体育的组织机构、财务管理、人力资源管理等方面进行总结，认为它们与北美宏观环境、联盟体制和机制相协调，提示我国职业体育在参照西方模式时，切不可完全照搬其做法，而应结合我国发展现状及环境，进行本土化改造。而张兵等（2010）[⑨]则明确提出了中国特色职业体育应是我国职业体育的发展方向，并将中国特色职业体育界定为在独特的社会主义中国现有条件下职业体育共性与我国职业体育建设特殊性的统一基础上，通过中国化和时代化锤炼的按照特有的组织方式和运行模式运作的竞技体育形式和制度体系，是可以区别于

---

① 何斌，毕仲春. 中国职业体育发展的文化审视［J］. 武汉体育学院学报，2010，44（6）：10—14.

② 周进强. 我国职业体育俱乐部的法律资格、特征及其设立问题研究——职业体育俱乐部法律问题研究（一）［J］. 天津体育学院学报，2000，15（4）：11—14.

③ 尹海立. 我国建立职业体育联盟的可行性分析［J］. 上海体育学院学报，2005，29（4）：45—48.

④ 郑志强. 论职业体育俱乐部治理机制［J］. 北京体育大学学报，2010，33（6）：5—8.

⑤ 张剑利，靳厚忠，秦椿林. 论政府对职业体育组织的培育和支持［J］. 成都体育学院学报，2008，34（1）：11—13.

⑥ 郑芳，杜林颖. 欧美职业体育联盟治理模式的比较研究［J］. 体育科学，2009，29（9）：36—41. 赵长杰，王思月，李婷婷. 北美职业体育发展的启示与我国职业体育可借鉴的经验——以北美职业棒球联赛为例［J］. 体育与科学，2010，31（4）：73—77.

⑦ 杜丛新，褚翔，肖信武，石肖瑜，中国职业体育组织产权制度创新［J］. 武汉体育学院学报，2009，43（4）：32—38.

⑧ 赵长杰，李永红，金宗强. 北美职业体育发展的经验及其启示［J］. 体育学刊，2009，16（8）：28—31.

⑨ 张兵，周学荣，沈克印. 中国特色职业体育的内涵界定及其阶段特征构想［J］. 天津体育学院学报，2010，25（6）：506—509.

第二章　中国特色职业体育理论探索：脉络与视点

其他国家或组织的职业体育运行模式。

二、研究视点分析

相较于职业体育启幕之前，这一阶段的研究成果极其丰硕，研究也更为深入，产生了一系列具有指导意义的学术观点，并在一定程度上助力了我国职业体育的发展。综合来看，可以从以下两个方面进行总结。

一方面，表现为对职业体育的把握更加深入。以职业体育概念为例，如表2-2所示，随着认识的深入，其本质逐渐明朗起来。学术界大体遵循两个视角来阐释职业体育，揭示其经济性、体育性特征。其一是从职业体育的职业属性切入，认为竞技体育适应时代需要并发挥现代社会娱乐功能时，体育娱乐的专业化需要以职业形态加以保障。于是，以满足社会大众娱乐需求的、以高水平竞技比赛表演及其衍生品生产为特征的一种特殊社会职业类属即出现了，这种以体育为职业的行业（产业）即为职业体育。其学理立足点是运动员专业化产生、竞技体育跳出业余性的社会需要满足程度增加、社会发展带来的社会分工与组织专业化。其二则是基于职业体育显示特征进行分析界定，认为职业体育是一种竞技体育商业化、市场化的运作体系。于是，强调体育的载体性、内容性，将职业体育看作是与舞蹈、展演等相类似的行业。

事实上，关于职业体育本质的论述，往往离不开职业体育是体育样态、还是产业样态的争论。当然，随着相关研究的深入，融合的样式逐渐被认同，即职业体育兼具体育性和商业性。因为，职业体育是包含赛场内外的复杂体系。具体来讲，赛场内的体育性是其区别于其他娱乐样式的根本，而赛场外的商业特质不仅解决赛场内体育运作方式的现代性延展问题，还成就其作为一个独立、特殊的行业类别存在的规定性。至此，国内学界大体对如下问题已经基本形成共识，即职业体育涉及要素职业化（人的职业化、场馆职业化、劳务职业化等）、组织职业化（俱乐部、联盟及管理服务体系）、流程职业化（或者行业运作方式的职业化（专业化、法治化）：赛场内训赛保（竞训、康保、竞赛）一体化体系、市场运作职业化专业化。而这一系统认识，对我国职业体育后续改革，特别全面深化职业体育改革价值是重大的（见表2-2）。

第二章 中国特色职业体育理论探索：脉络与视点

表 2-2 关于职业体育概念的代表性观点举例

序号	概念界定	学者、成果（时间）
1	职业体育是市场经济发展一定阶段，利用高水平竞技运动的文化价值和商业价值，使竞技运动员、俱乐部等关联主体获得丰厚收益，并为社会提供休闲娱乐服务的一种社会商品活动和社会文化活动	张林. 我国职业体育俱乐部发展前景[J]. 国家体育总局政策法规司全国体育发展战略研讨会汇编, 1998.
2	以某一运动项目作为商品，通过该项目的劳务性生产和经营，围绕该项目生产开发而形成相对独立和完整的商业化、企业化经营体系	谭建湘. 从足球改革看我国竞技体育职业化的发展[J]. 广州体育学院学报, 1998.
3	一种追求竞技比赛票房价值、以商业牟利为目的的竞技体育活动，也称商业体育	中国体育科学学会香港体育局编. 体育科学词典[M]. 北京：高等教育出版社, 2000.
4	经营者以市场经济规律为依据，以俱乐部为实体，以职业运动员的竞技能力和竞赛为基本商品，为获取最大利润为目的的经营体系	杨铁黎等. 职业体育市场运作模式的理论探讨——兼谈中国职业体育市场存在的问题[J]. 体育与科学, 2000.
5	把作为娱乐的体育表演（商品）提供给消费者（观众），球队的所有者和比赛的主办者从中获得入场费和转播权费，职业运动员从中获得报酬的经济行为	唐建军等. 日本职业体育产业发展及其启示[J]. 体育科学, 2001.
6	按照市场经济的运行规律，利用高水平篮球竞技的商品价值和文化价值，参与社会商业活动与社会文化活动，并在获得经济收入的同时，满足人们精神享受需要的一种竞技体育运作模式（篮球职业化）	陈钧等. "篮球职业化"概念的界定[J]. 体育学刊, 2002.
7	以某一运动项目为劳务性生产经营，围绕该项目生产开发而形成相对独立和完整的商业化经营体系，并通过市场经济的手段来发展该项体育运动	贾珍荣等. 我国职业体育中的劳资关系问题及其应对策略[J]. 天津体育学院学报, 2006.
8	以买卖职业体育赛事的各项权利，以及运动员通过应用体育技能参加比赛或者展示以获得金钱回报的商业活动	魏鹏娟. 职业体育反垄断豁免制度初探[J]. 体育学刊, 2008.
9	一种高度专业化、商业化了的高水平竞技体育，其核心是职业体育赛事的运作和推广	胡利军等. 中国职业体育发展研究[J]. 体育科学, 2010.

另一方面，对我国职业体育发展的指导意义更为突出。诚如前文梳理，这一阶段学术界对西方职业体育进行了大量研究，深入揭示其源起与制度变迁、运行体制机制等方面的规律，且多站在服务我国职业体育发展的立场，探讨进行中国化改造的路径，以切实解决中国问题。另一个层面，则集中体

第二章 中国特色职业体育理论探索：脉络与视点

现在对中国问题的探讨上，或者从宏观经济、法律、文化，或者微观制度、组织、机制，以求找出化解问题的方式方法。

事实上，对我国这样后发的职业体育，存在多方面问题并不可怕，关键是如何后续跟进改革与发展，找到突破口。如袁春梅（2008）[①]认为，职业俱乐部与项目协会之间、运动员和教练员与职业体育俱乐部之间以及运动员与教练员之间的利益冲突是当前我国职业体育利益冲突的集中体现，理应成为后续改革力图解决的重要议题。再如郁静等（2000）[②]指出的，发展我国职业体育需打好基础，做好基础的构件（如运动员、俱乐部、赛制等），这一判断也具有特别重要的价值。因为，竞技体育职业化的重心是解决人的问题，也即以体育为职业的问题，使得体育作为一个独立的职业类分存在问题；那么，职业化以后必然涉及市场化，劳动力成为市场交易实践中可交换的产品以及劳动创造的产品具有市场交换价值，这是职业化得以实现的基本条件。

此外，值得关注的是，职业化改革以更好满足内外需求为导向，遵循产业化方向做大做强职业体育，意味着精细的符合经济特征要求的组织形式开始被采用或者被改写。从逻辑链条上看，职业体育发展应该是先有运动员职业化，然后再有市场化[③]，最后是完整意义上的产业化，即按照资源配置最优化、效用最大化方式组织体育生产及后续活动，形成职业体育产业体系。当然，其间的体系发展早期遵循的是内部主体平等、合作共赢组织方式，后续随着竞争压力由外及内围绕产业链进行组织细分，甚至打破竞争平衡。事实上，后续我国职业体育的改革大体遵循这样的一个路径展开。

第三节 新时代发展背景下的我国职业体育理论演进

2010年《国务院办公厅关于加快发展体育产业的指导意见》下发，体育产业成为社会投资的热点领域，其间影响力巨大且作为体育竞赛表演业主体

[①] 袁春梅. 我国职业体育利益相关者的利益冲突与协调 [J]. 成都体育学院学报，2008，34（6）：11—14.

[②] 郁静，李协荣，潘红军. 韩国、日本、中国足球职业化发展的比较研究 [J]. 北京体育大学学报，2000，23（4）：547—549.

[③] 即保障职业运动员及其劳动产品可以进行市场交易，可以资本化。

第二章 中国特色职业体育理论探索：脉络与视点

的职业体育自然获得更多关注。广州恒大、上海上港、江苏苏宁等企业陆续布局职业体育，催生了一个快速发展的阶段。在宏观层面，2012年党的十八大召开，中国经济社会进入一个新的历史阶段，中国梦、全面小康社会、高质量发展以及全面深化改革、创新驱动等，成为这个时代的议题。内嵌于这一实践进程，有关中国职业体育的理论探索也呈现出新的迹象。

一、研究脉络梳理

职业体育是如何运行的，长期以来是职业体育领域研究不可绕开的议题。前期相关研究多从组织、体制、制度等方面切入，而对具体机制是如何实践的关注不够，后续相关研究则有了较大的拓展。就职业体育联赛（联盟）而言，它不仅要应对外部其他联赛（联盟）的竞争，还要协同内部各俱乐部之间的竞争，为此职业体育联赛（联盟）演化出两套机制。其中，应对联赛外部竞争者的机制有赛事经营权垄断机制和政府支持机制，而应对联赛内部竞争者的机制则包括竞技实力制衡机制和经济实力制衡机制[1]。为了维系联盟的有序发展，联盟往往需要有所取舍，保持有效的规模效益。汤自军（2012）[2]基于垄断与竞争关系分析，研究认为职业体育联盟最优规模就是在规模垄断与竞争平衡之间的博弈，在法律制度（反垄断法等）认同下的垄断规模即是联盟的最佳规模，此时联赛规模与竞技水平之间会取得最有利于职业体育效应显现的效果。现实中，效用最大化的状态不是自然而生的，也无法自序存在，需要与之配套的治理机制。

关于职业体育治理，前期有关体制、机制已有较为充分的研究，但是宏观理念上仍存在争议之处。首先，职业体育治理的目的到底是什么——出于保障体育竞争价值体现还是更多出于商业利益考虑，事关治理实践导向，偏左或偏右都很可能产生不良后果，学术界也对此特别重视。高升等（2019）[3]认为，这两者可能是存在一致性的，因为职业体育治理的根源即是为了维护

---

[1] 陈建霞，卢瑞瑞，何斌. 职业体育联赛的竞争机制研究 [J]. 北京体育大学学报，2012，35（3）：141—145.

[2] 汤自军. 反垄断法视野下职业体育联盟的最优规模 [J]. 体育学刊，2012，19（2）：59—62.

[3] 高升，王家宏. 职业体育治理的制度逻辑、现实冲突与协调思路研究 [J]. 天津体育学院学报，2019，34（5）：417—424.

第二章　中国特色职业体育理论探索：脉络与视点

体育竞赛的真实性和市场交易的公平性。当然，由于职业体育所处环境、所要解决的问题不同，具体运行中是有侧重的。有的放矢、区别对待的实践表现出了运作导向的不同，有的联盟（如北美职业体育联盟）强调整体商业利益重视体育竞争平衡治理，有的联盟（如欧洲足球）则关注俱乐部经济利益倡导自由竞争[1]。

当然，不论是采取何种治理模式，职业体育都有一个共性的要求，即依靠市场准入制度，构成有效竞争的市场结构。进入壁垒和退出壁垒的存在使得联盟"进入权"成为职业体育联盟内部管理的一种有效管理机制，改进了职业体育联盟的质量管理，有利于维持职业体育市场的团队生产效率[2]。而一旦跳出联盟的视角，在全球化进程中，职业体育便呈现了一些类似其他行业的特征，如品牌运营问题。从地方品牌、区域品牌到国家品牌、国际品牌，职业体育俱乐部即是依据其品牌属性、品牌定位、催化因素、面临的约束行为采取不同途径打造其品牌资产，实现价值增值[3]。基于治理保障，依靠市场机制，职业体育演化出核心竞争力。关于职业体育俱乐部核心竞争力，赵广涛（2012）[4]认为，可以从资源要素竞争力、组织要素竞争力、战略要素竞争力、竞技要素竞争力4个维度加以分析。现实中，俱乐部核心竞争力是动态的，是俱乐部在市场中现实地位的显现，不仅与市场运营有关，还与俱乐部竞技水平及其背后运动员教练员等人力资本质量有关。正是在这个意义上，治理的范畴进一步扩大了，强化竞技和市场的协同，对俱乐部运营管理全过程进行优化，是维系和提升竞争力的关键所在[5]。

当然，对职业体育的深入探讨，还体现在对职业体育核心资源的研究关联上。其中，最为重要的便是运动员。首先，作为职业体育核心资源，运动

---

[1] 董红刚.职业体育联赛治理模式：域外经验和中国思路[J].上海体育学院学报，2015，39（6）：1—5.

[2] 李燕领，王家宏.职业体育市场准入制度的经济学分析[J].上海体育学院学报，2012，36（6）：96—100.

[3] 顾海勇.职业体育俱乐部市场化运作的品牌战略——以法国4大足球俱乐部为例[J].体育学刊，2012，19（5）：37—40.

[4] 赵广涛.职业体育俱乐部核心竞争力动力模型的构建[J].西安体育学院学报，2012，29（4）：439—443.

[5] 赵广涛.职业体育俱乐部核心竞争力要素管理业务流程再造路径选择[J].西安体育学院学报，2015，32（3）：310—320.

第二章 中国特色职业体育理论探索：脉络与视点

员的工资收入状况事关职业体育的有序发展。因为，一方面高工资有利于吸引更多青少年，助力后备人才规模和联赛有序发展；另一方面运动员本身就关涉俱乐部或投资人运营成本，直接关系到俱乐部的实际盈利。也就是说，职业体育运动员工资，受到多方面因素影响，既受限于宏观社会环境，也与职业体育自身市场运营密切相关，需要职业体育联盟进行专门化的制度设计。考虑到职业体育运动员工作具有高水准、短周期、大差异的特征[1]，实践中明显不同于普通行业；而且在不同联赛实践中，运动员工资的解决方式是有所差异的，具有典型性的即是北美职业体育联盟的集体劳资谈判制度[2]。当然，在一个问题上欧美职业体育是具有共性特征，即职业运动员都会获得一般劳动者角色的法律地位，规定俱乐部有义务保障职业运动员自由权属性的劳动权——有义务对职业运动员休息休假、安全卫生、代表本国参赛等社会权属性的劳动权予以合理保障[3]。相似的研究还涉及场馆服务[4]、电视转播[5]等领域。

此外，职业体育的复杂性在于其不仅仅具有商业性，还具有明显的社会性，需要履行相应的社会责任。职业体育（俱乐部）社会责任，是指职业体育俱乐部对其投资者、球员、社区、球迷和其他参赛俱乐部等利益相关者的合法权益以及公平竞争的比赛秩序所负有的保护和促进的法律义务[6]，主要涉及慈善责任、社区责任、战略责任、领导责任、道德责任、法律责任和利益关系人责任7个方面[7]。对于一个俱乐部来说，其社会责任履行情况往往

---

[1] 朱亚坤. 基于NBA实践的职业体育运动员工资研究 [J]. 武汉体育学院学报，2012，46 (6)：42-47.

[2] 刘小平. 美国职业体育劳资关系发展研究——球员工会、集体谈判及劳资争议处理 [J]. 武汉体育学院学报，2012，46 (2)：43-47.

[3] 闫成栋，周爱光. 职业体育俱乐部保障职业运动员劳动权利的法律义务 [J]. 体育学刊，2013，20 (5)：27-30.

[4] 陈元欣，黄昌瑞，王健. 职业体育俱乐部参与体育场（馆）运营研究 [J]. 体育科学，2017，37 (8)：12-20.

[5] 向会英. 比较法视野下欧美国家职业体育赛事转播权研究 [J]. 成都体育学院学报，2019，45 (1)：42-49.

[6] 周爱光，闫成栋. 职业体育俱乐部社会责任的特征与内容 [J]. 北京体育大学学报，2012，35 (10)：6-9.

[7] 张森. 我国职业体育俱乐部社会责任理论与实践研究 [J]. 体育科学，2013，33 (8)：14-20.

第二章 中国特色职业体育理论探索：脉络与视点

会影响消费者的消费选择，具有积极的价值①。同样，对于一个联赛（联盟）而言，社会责任不仅体现其作为社会构建物的现实意义，还对整个联赛具有明显的品牌延伸意义，这意味着对俱乐部（联盟）社会责任及其评价进行制度化建设具有极其现实的价值②。另一重要方面，便是关于中国职业体育问题的研究。当然，国内职业体育改革发展议题，往往是基于问题导向展开的。首先，学者们旨在探解我国职业体育现实存在的问题，且逻辑上带有一定程度历史演进考察的立场。如于永慧（2013）③关于我国职业体育制度改革的研究，就指出我国职业体育改革是一个综合作用的结果，既与外周经济社会环境变化因素有关，也涉及内部认识变化与外界压力感知影响。该文认为，我国职业体育制度改革的动力源泉来自社会基本经济制度的方向性调整，对体育价值的认识变化与财政供给变化以及体育顺应改革的要求和自身发展的需要——如何更好解决在奥运上为国争光问题、顺应社会大众期望与诉求的表达和国外全球化的牵引。而且，其市场生产逻辑上有别于西方，先有消费市场，后有竞赛市场；先有俱乐部企业化，再有运动员等生产资源市场，最后才有联赛市场运营实体④。这一生成逻辑往往造成我国职业体育市场治理的复杂性，面临着市场不完善与过度市场化并存、市场竞争与身份权利竞争共生的复杂局面，应对全球化影响的同时需发展与治理同步推进。

中国职业体育存在的现实问题，比较集中于运行制度、运行机制及其效应等方面。例如在产权制度上，有研究揭示了我国具有独特的职业体育产权现象，存在公私嵌套性产权、妥协性产权、象征性产权乃至公有化的隐性产权等模糊产权并存问题⑤。而权力运行关系上则存在资本权力错配问题，大

---

① 张森，王家宏. 职业体育俱乐部的企业社会责任对消费者的长期影响 [J]. 北京体育大学学报，2018，41（10）：19—24.
② 宋冰，张廷安，龚波. 职业体育俱乐部社会责任研究热点与展望 [J]. 沈阳体育学院学报，2016，35（3）：47—52.
③ 于永慧. 中国职业体育制度改革的动力与路径 [J]. 体育与科学，2013，34（1）：42—45.
④ 张兵，仇军. 经济社会学视域下中国职业体育市场生成逻辑及发展策略选择 [J]. 体育科学，2017，37（7）：10—16.
⑤ 张兵. 跳出西方经济学的束缚：关于我国职业体育产权问题的经济社会学分析 [J]. 体育科学，2015，35（5）：3—9.

第二章 中国特色职业体育理论探索：脉络与视点

股东（如中国足球协会）侵占小股东（俱乐部）利益①，并带来中国职业体育违约行为多发，不仅有球场上的假球黑哨，还有球员管理中阴阳合同及俱乐部经营中的欺瞒、失信和不正当竞争问题②。

面对我国职业体育现实问题，不同学者从不同视角给出了具有差异性的解决策略。有的学者③认为，要建立健全我国职业体育的市场准入制度，从监管理念、监管体系及相关法律法规方面保障我国职业体育优胜劣汰机制的顺利实现。有的学者④则从体制层面提出要借助管办分离改革推进我国职业体育利益主体权利关系变迁——从物权关系向行为权利关系演化。也有学者⑤强调要推进我国职业体育组织建设，建构职业体育联盟。还有学者⑥重视我国法律建设，强化对我国职业体育的法律规制，推进我国职业体育法治建设⑦。

另外，在体育产业高质量发展和全面深化改革背景下，一些新问题也引起了学者们的关注。其中，特别有价值的议题是如何促进我国职业体育消费的换挡升级。江小涓（2018）⑧即认为提升我国职业体育消费，需要明确职业体育可以带来快乐与健康、具有经济和社会两重价值的规定性。而张森等（2016）⑨进行了一个比较有价值的研究，他们分析比较了中美两国职业体育消费动机，发现存在一定差异性：我国消费者易受感兴趣的球员、比赛结果

---

① 梁伟.基于资本权力错配与重置的中国足球超级联赛股权管办分离研究［J］.体育科学，2013，33（1）：17－22.

② 武伟东，张兵.我国职业体育违约行为的根源挖掘及其化解对策探寻［J］.天津体育学院学报，2016，31（2）：119－124.

③ 李燕领，王家宏，陶玉流，谢正阳，张森.我国职业体育市场准入监管的理念建构与功能实现［J］.中国体育科技，2012，48（2）：3－9.

④ 梁伟.中国足球职业联赛"政府产权"的界定及其边界约束研究——基于产权由物权关系向行为权利关系演化的理论视角［J］.体育科学，2015，35（07）：10－17.

⑤ 姜熙.反垄断法视角下我国职业体育联盟建构的理论研究［J］.武汉体育学院学报，2016，50（3）：42－48.

⑥ 田思源，林灶棋.我国职业体育腐败的法律规制建设［J］.体育学刊，2013，20（5）：22－26.

⑦ 邓雪震，韩新君.中国职业体育俱乐部的法律治理及其核心理念建构［J］.西安体育学院学报，2014，31（6）：657－661.

⑧ 江小涓.职业体育与经济增长：比赛、快乐与GDP［J］.体育科学，2018，38（6）：3－13.

⑨ 张森，李明，洪叶.中美两国职业体育消费动机比较研究［J］.沈阳体育学院学报，2016，35（1）：29－35.

第二章 中国特色职业体育理论探索：脉络与视点

的不确定性和家庭等与个人利益相关的动机因素影响，而美国消费者则易受球队认同感、成就感、运动技能和娱乐等动机因素影响。关于职业体育消费模式，张瑞林等（2018）[①]研究显示，当今体育赛事消费的主要领域为线下消费行为模式。至于如何促进我国职业体育联赛消费，赵轶龙等（2019）[②]提示，需要激发与提升联赛主体的市场活力与组织运营能力、提高职业体育联赛产品的供给能力与水平、促进职业体育联赛商业价值提升、改善与优化职业体育联赛消费环境、扎实联赛消费的市场根基。

二、研究视点分析

新时代需要新理论，学术界需要有新担当。而这种担当则体现在对中国职业体育现实问题的化解上。体育现实问题恰恰证明了这一点。强化对中国体育问题的化解，成为这一阶段职业体育研究的基本立场。即便是研究西方职业体育也往往立足于转化为解决中国问题的思路，西学中用。如张瑞林等（2015）[③]关于NBA联盟价值管理的研究，不仅揭示了NBA联盟的投资者（会员）主导型的治理模式、分立化的管理模式、"设计＋生产＋销售型经营模式"以及多元化的盈利模式都充分植入了价值管理理念，还对我国职业体育价值管理提出了可资借鉴的建议。同样，李荣日（2013）[④]关于职业体育俱乐部制度再造的研究也具有相似的倾向，强调我国职业体育的基本制度再造、经营开发制度再造和专项管理制度再造需要遵循中国立场，基于中国环境和中国问题展开。事实上，正是这种学者的责任体现，催生中国职业体育在理论探索上的转向，即明确了中国特色职业体育的发展方向。当然，需要指出的是，这种认识的历程是逐渐明晰的，从理念向实质转换（见表2-3）。

[①] 张瑞林，李凌."赛事链"溯源：职业体育赛事消费行为模式的影响效果［J］.上海体育学院学报，2018，42（2）：45—51.

[②] 赵轶龙，郑和明.促进消费视角下我国职业体育联赛改革与发展的策略研究——以中超联赛与CBA为例，中国体育科技，2019，55（11）：52—61.

[③] 张瑞林，张新英.NBA联盟价值管理对我国职业体育发展的启示——基于治理、管理、经营和盈利模式的视角［J］.天津体育学院学报，2015，30（6）：461—466.

[④] 李荣日.职业体育俱乐部制度再造理论要素研究［J］.体育文化导刊，2013（4）：13—16.

第二章 中国特色职业体育理论探索：脉络与视点

表2-3 中国特色职业体育关涉的代表性观点举例

序号	相关观点	学者、成果（时间）
1	中国现阶段的职业体育不能完全照搬北美职业体育的做法，应结合我国职业体育发展现状及环境，进行本土化改造	赵长杰等．北美职业体育发展的经验及其启示［J］．体育学刊，2009．
2	中国特色职业体育界定为在独特的社会主义中国现有条件下职业体育共性与我国职业体育建设特殊性的统一基础上，通过中国化和时代化锤炼的按照特有的组织方式和运行模式运作的竞技体育形式和制度体系，是可以区别于其他国家或组织的职业体育运行模式	张兵等．中国特色职业体育的内涵界定及其阶段特征构想［J］．天津体育学院学报，2010．
3	建议联赛执行部门加大设备设施和环境等硬件方面的投入，提高有中国特色的体育赛事服务质量。将中国传统文化特色融入进技术性与环境性服务，以此更好地来调动观众的情绪，营造赛场氛围，提高职业赛事的整体水平	张星等．我国职业体育赛事服务质量模型研究［J］．北京体育大学学报，2011．
4	中国特色职业体育文化的建设：建设中国职业体育文化时要处理好继承与借鉴的关系；建设中国特色职业体育文化的关键是要提升运动员的道德情操；健全适合中国国情的职业体育制度文化；在职业体育文化的物质层面上增添中国元素；打造中国特色的职业体育项目	何斌等．中国职业体育发展的文化审视［J］．武汉体育学院学报，2010．
5	中国影响职业体育发展的宏观、微观环境因素不同，中国职业体育发展具有许多自身的特征，决定了中国式职业体育的发展不可照搬西方模式，必须走中国特色的职业体育发展道路	胡利军等．中国职业体育发展研究［J］．体育科学，2010．
6	形成中国独特的职业体育发展道路	江小涓．职业体育与经济增长：比赛、快乐与GDP［J］．体育科学，2018．
7	建立健全"职业俱乐部青训体系、省区体育局青训体系、城市青训体系、体教结合校园青训体系、社会俱乐部青训体系"五大青训体系为一体的多元化后备人才培养体系，加快建设国内、国际两类青训中心，做大、做强全国青少年足球超级联赛，打造"五系一体、两心一赛"的新时代中国特色足球青训体系	孙科．认知·体系·方向——国家体育总局副局长杜兆才谈中国足球振兴［J］．体育学研究，2018．

内嵌于新时代体育强国、法治建设进程中，我国职业体育相关研究也不断增多。比如在职业体育相关法律问题研究方面，就产生了一系列有影响力的研究学者，如周爱光、田思源、姜熙、赵毅、向会英、周青山、高升等高

第二章 中国特色职业体育理论探索：脉络与视点

产学者，他们的研究不仅涉及对国外研究的职业体育法制规则的阐释，还涉及对我国职业体育法治建设方向、路径、策略的探讨。

此外，在研究方法上，也跳出了传统的经济学、社会学等方法束缚，变得更加多元化。如李元等（2013）[①]运用知识图谱这一文献学的计量方法对国际职业体育研究前沿和理论演进脉络进行分析，提出：现阶段国际职业体育研究力量主要集中在北美和欧洲等职业体育发达的国家；多学科研究在职业体育研究中占有重要的地位；研究前沿主要集中在职业体育经济影响、竞争平衡、反垄断、种族歧视、运动员自我效能、主场优势心理、心理咨询师培养、观众消费心理、运动员选才与训练、运动性伤病、运动性脑震荡和运动性猝死等方面。再如，孙科（2018）[②]则运用当下流行的质性研究法，对国家体育总局副局长、中国足球协会主席进行了访谈研究。从某种意义上讲，研究方法上的多元化，在一定程度上标志着我国职业体育研究的成熟。

[①] 李元，王莉，沈政. 基于知识图谱的国际职业体育研究前沿与理论演进分析 [J]. 北京体育大学学报，2013，36（7）：22—29.

[②] 孙科. 认知·体系·方向——国家体育总局副局长杜兆才谈中国足球振兴 [J]. 体育学研究，2018（6）：88—94.

第三章

中国特色职业体育实践探索：历程与经验

诚如李大钊先生指出的那样："历史这样东西，是人类生活的行程，是人类生活的联续，是人类生活的变迁，是人类生活的传演，是有生命的东西，是活的东西，是进步的东西，是发展的东西，是周流变动的东西。……我们所研究的，应该是活的历史，不是死的历史，活的历史，只能在人的生活里去得，不能在故纸堆里去寻。"① 依此观点，由于历史是一个连续的状态，我们很难用文字来完整地表述这样的历史过程，只能从历史过程中抽取若干历史事件来阐述它的发展特征。中国职业体育缘起与发展也应如此，它是一个渐进的转型变迁过程，而不是从一种方式变成另一种方式，从一种状态变为另一种状态的跃进。同时，虽然有西方职业体育的现实样态引领，但是中国职业体育演化发展进程仍然带有明显的探索性，或者进一步说在其发展过程中，对于职业体育发展目标或如何达到目标并没有特别明确的意识及准确的谋划，尽管事后观察众多战略与举措选择都是符合理性进程的。

鉴于对职业体育连续变迁过程的考察难度巨大，有所取舍处理上规避对连续性完备资料收集困境，而以发展维度关注为重点，兼顾历时性逻辑，我们选择以脉络演进来揭示职业体育发展演化的历程。之所以如此，一是由于

---

① 李大钊. 史学要论 [M]. 长春：时代文艺出版社，2009：3.

第三章　中国特色职业体育实践探索：历程与经验

脉络强调对状态的识别，并体现为一种状态转变的序列①；二是我国职业体育的发展演进具有明显状态不连续性，切合脉络分析范式。当然，需要进一步强调的是，本章关于中国职业体育发展历程回顾与演进分析，选取了如足球、篮球等具有代表性的项目职业化实践资料，并以此窥探我国职业体育发展变迁规律，总结成功经验，以启示后续研究。

第一节　中国特色职业体育实践历程

关于中国特色职业体育实践脉络梳理，首先要解决的一个问题就是发展历程的阶段划分。鉴于本书旨在揭示中国特色职业体育发展演化及其中国特色显现，故从特征显现入手，将发展历程划分为三个阶段，即萌芽探索阶段、运行框架建构阶段和体制机制完善阶段。其中，萌芽探索阶段，重点考察解决中国职业体育之所以产生的问题；运行框架建构阶段更多是体育领域内解决组织建设、赛事体制、竞赛规范等维系职业体育运行的问题，时间为1993—2011年；体制机制完善阶段起于2012年，延续至今，回归经济领域解决管理体制、运行机制，谋求特色发展、高质量发展是其核心所在。

一、中国职业体育探索萌芽阶段实践分析

（一）我国职业体育探索萌芽的学理特殊性

从世界体育发展进程看，进入工业社会以后，伴随城市的发展，特别是工人的觉醒，体育运动迎来了新的发展机遇。其中最为显耀的便是，竞技体育的业余原则走向衰退，而体育职业化兴起以及随后职业体育作为一个新的形态出现，这是发展的必然结果。当然，现代体育走向专业化，并摆脱业余原则催生职业体育，带有历史发展的必然性。进一步讲，体育运动从其他文化形式的依赖中逐渐觉醒过来，随着社会发展而展开的专业化、职业化实践，在某种意义上带有体育运动自身解放的色彩，是体育作为独立职业样态摆脱对其他职业依附的表现。回溯体育运动发展历史，不论是劳动缘起说，还是游戏起源说，抑或战争起源说，作为独立形式的体育并没有显现出来。

---

① ［澳大利亚］约翰·福斯特，［英］J.斯坦利·梅特卡夫.演化经济学前言：竞争、自组织与创新政策［M］.贾根良，刘刚译．［M］.北京：高等教育出版社，2005：199.

第三章　中国特色职业体育实践探索：历程与经验

比如中国早期的体育活动，斗鸡、蹴鞠等，首先应该被看作身体活动的游戏样态，身体只是游戏的载体，和棋类作为智力游戏载体具有相同对象性。再如西方的体育运动，战车争夺、比武击剑等，其目的也不似今日之体育，军事色彩、教育色彩、展示自身色彩更为浓厚。或许是由于体育运动的来源多元化，今日讲体育功能时往往将其无限地扩大，与身体健康、与下一代教育、与社会舆论交往、与政治经济、与社会文化等，都有密切关系，或者说都有重要作用。这种多元功用又本质决定体育在社会发展中的可有可无，因为体育只是具有其他行业类属的性质，或者与健康卫生有关，或者与教育相关等。但是，不论是卫健部门还是教育部门，或者其他部门都可以独立完成的事情，体育更多的是添油加醋的附加功效，可有可无式的存在。学理上，摆脱体育的窘境需要体育作为一种独立的样态存在，或者说作为独立的职业类分存在。体育才能摆脱茶余饭后消遣娱乐、锻炼身体的属性，才能跳出作为旅游的延展、充当传媒的内容等束缚。事实上，前述关于体育运动的特征，都有一个显著的特征，即体育运动与每一个都有关系，因为任何身体活动都具有类似于体育的特征或者要素，此时体育是日常操作的，是每个人都会的，是无区分性的，这也决定体育无法跳出对其他职业类属的依附。而跳出这种束缚，则需要体育成为一部分人的事情，其他人是玩不来的，具有明显区分性的。实现之，则需要体育运动从业余性中超脱出来，变为高精尖的事情，职业化也即解决该问题。现实中，随着社会类分的深入，休闲娱乐与健身塑身成为生活需要，需要借助别人的帮助，给自己带来快乐与满足。而提供上述帮助与服务的人，自身需要经过多年的努力积累和艰辛的劳动付出，有必要获得应得的劳动报酬。

在另外一个层面上，如果将每个人都在从事体育活动作为业余运动，那么原有的我国专业队形式、美国的学校体育（奖学金），都具有明显的职业性，因为他们以参加体育训练和竞赛维持了自己的生存，或者赚取了报酬维持自我生计。不过，这种职业的来源是国家或社会组织，而非市场，在这个方面是区别于西方职业体育的以市场为主导的供给样态的。如此说来，我国竞技体育职业化更多是一种转型，并非完全的职业化实践，因为从运动员来说，职业化前后都是以体育训赛活动为职业的。唯一不同的是，这一实践与我国当时的下岗和下海有点类似，职业滋养的来源发生了变化，从过去的依赖政府或集体，变为了依赖市场（组织）。

第三章 中国特色职业体育实践探索：历程与经验

西方职业体育的演化即是如此，更多的是社会发展及其带来的社会分工复杂化和体育价值的多元化发展的结果。原来的一种样态的体育存在，不足以反映繁杂的体育社会现象及社会需求，于是，体育区分为群众体育和竞技体育是很有必要的。作为群众体育的体育是每个人的事情。传统的贵族体育继续保持业余性，也就不需要甚至无法职业，而只有竞技体育才能具有职业区分性，才能成为职业。因为只有竞技体育才会有超越自我需求的投入，才会有多余劳动价值的凝集，按照马克思的观点这才是有价值的。在西方实践中，有一些对体育竞赛的需要超出普通的要求，或者对达成目标有特殊要求、或者对活动场所有特殊要求、抑或是对附加保障（安全等）有特殊要求，这种超出普通人以外的体育竞赛运动，就需要专门经过训练习得和艰苦劳作，就需要付费，而相关从业人员就可以以此为职业，职业体育这一行业也就出现。

总之，西方职业体育更多是社会发展及其技术的变革引致的，而我国竞技体育职业化更多资源依赖的变化导致的。从原有的行政体制（举国体制）中走出，依靠社会力量、市场力量办体育是最初的基本想法，而这种想法背后的逻辑是举国体制运行实践的集中力量办大事的理念。现实中，边缘改革的实践开始在非优势项目中展开，耗费特别大的足球、篮球等项目率先被提上改革的议题，并最终走上职业化道路。

（二）推进职业体育萌芽的历史背景分析

诚如前文所述，职业体育是伴随社会发展需要而来的。它的产生离不开竞技体育的发展，也离不开市场经济的成熟与扩张。我国职业体育的产业也是如此。当然，区别于西方自序形成的样态，我国职业体育产生所涉及的经济社会环境更为复杂。首先，始于1978年的改革开放为社会主义市场经济建设打开了阀门，而1979年我国获得国际奥运会合法席位则为中国竞技体育改革发展注入动力。这两股力量在20世纪80年代相遇，孕育着我国竞技体育职业化改革的思潮。

客观说来，我国竞技体育职业化萌芽需要一定的内部政治条件。因为当时还存在一个特别重要的顾虑，即职业体育虽然好，但是那是资本主义的东西。1992年，邓小平同志在南方谈话中指出了判断"姓社姓资"的标准是"三个有利于"，只要符合"三个有利于"就可以去做。反映到体育改革中，可以理解为职业化是否有利于我国体育事业发展、是否有利于提高我国竞技

第三章 中国特色职业体育实践探索：历程与经验

体育水平、是否有利于为我国体育发展及体育改革提供帮助。显然，这答案是肯定的。事实上，我国职业体育开始阶段的目的是围绕"三个有利于"标准展开的，而很少涉及后来的经济性指标问题，这后文我们将进一步阐述。

特别需要强调的是，我国竞技体育职业化还有一个极其重要的社会背景，那就是国际奥委会放弃一贯坚守的"业余主义"原则。20世纪80年代，萨马兰奇顺应社会发展需求，进行了奥运会的相关改革，其中最为明显的是奥运会向职业运动员放开，并以1988年汉城奥运会为标志。这也就意味着，传统的业余体育格局开始被打破，这无疑给当时尚处于探索实践中的举国体制模式提出了新的挑战。同时，在兵败汉城后，中国体育界对以奥运争光为首要目标的竞技体育举国体制进行了深入反思。此时，国际体育发展潮流中一些值得借鉴学习的东西开始被重视起来，国外省钱又出好成绩的职业体育就是其中一个。尝试推进职业化改革，成为顺应改革大潮的一重要举措。

（三）我国职业体育提升萌芽的实践历程

类职业体育的企业体育样态，在中国竞技体育职业化改革前就广泛存在。这是由体育的特殊组织特性所决定的。体育本身就具有某种内在的集聚性，容易形成自发的组织样态。比如某大单位（行业或企业）内的一群热爱足球的年轻人会集中到一起去组织个足球队，而当球队有了一定规模和竞技水平，往往可以获得组织的认同，成为所在单位（企业或行业）群体活动的代表存在。应该说这种样态，在几十年前的中国已然存在了，早期的文献即有关于20世纪50年代大连造船厂（原旅大中苏造船厂）足球队的报道，那可能是中国企业办体育运动队的最早样式。改革开放后，中国掀起了改革的热潮，各行各业都在对旧有体制进行适应性调整与优化。在体育领域，为了贯彻落实中共中央《关于进一步发展体育运动的通知》，1986年4月国家体育运动委员会颁布了《关于体育体制改革的决定（草案）》，开启了中国体育体制社会化改革的序幕。随后，中国体育出现了一些变化，其中吸引或动用企业资源来办运动队作为一种重要举措逐渐明朗起来。

各省市在总结过去经验的基础上，纷纷推进企业与运动队结合的运作形式，企业办体育成为重要改革举措和运作潮流，也呈现了多元化的形式。如辽宁省就出现了以下三种形式：第一种，企业自办高水平运动队。如大连造船厂的足球队，其人员编制、队伍管理、经费开支全部由企业自行解决。第二种，自办公助高水平运动队。即以企业办队为主，体委给以必要的支持和

第三章 中国特色职业体育实践探索：历程与经验

扶植。如朝阳重型机器厂的摔跤队，省体委协助他们解决运动员部分编制和经费，其他问题由工厂统包。第三种，体委与企业联办高水平运动队。即运动队管理由省体委负责，企业在经费上给以必要的资助。如大连手表工业公司、大连钢厂、瓦房店龙泉酒厂分别与大连市男、女足球队签订了联办协议①。

当时的观点②即认为企业办运动队不是"舶来品"，而是有极其广泛的群众基础和实践经验的。同时，在体育行政主管部门看来，企业办运动队也是当务之急的改革举措。一方面，在明确的"奥运争光"战略背景下，体育需要社会化，发展体育需要企业的支持；另一方面，企业需要体育，发展企业需要体育的帮助，企业办体育不仅可以全面改善职工的素质、增强企业凝聚力，还可以挖掘企业发展潜力、充当企业宣传队和信息载体，具有极其重要的社会意义。也就是说，虽然当时主要基于发展运动队、增强运动队造血功能和多样化发展路径角度出发，提出企业办运动队举措，但是不可否认，企业办运动队这种形式，对运动队、对企业、对国家的多元化作用还是得到了全社会的广泛认可的，并且有效推动了相关活动的有效进展。企业办运动队成为 20 世纪 80 年代中后期的热门议题，相关实践为后续企业办俱乐部以及职业俱乐部成立积累了宝贵经验。

与此同时，在赛事实践层面，也进行了有意义的尝试，特别是足球、篮球等影响力大的项目开始接轨世界组织了一些竞赛活动，并且也有了一些商业性的元素存在。例如足球项目有代表性的长城杯足球邀请赛，就是典型代表。如表 3-1 所述，该赛事前身是北京国际足球友好邀请赛，分别于 1977 年、1978 年、1982 年在北京举办 3 届，1980 年移师广州举办了广州国际足球友好邀请赛。在此基础上，1983 年北京国际足球邀请赛正式更名为长城杯国际足球锦标赛，次年被国际足联定为 A 级赛事。这一赛事从 1983 年创办到 1990 年停办的七年间共举办 6 届③。赛事赛制根据邀请球队情况灵活组织，或者是分组加淘汰赛形式，或者是循环赛制。参赛球队多样化，先后有近 60 支各色球队参赛，既有国家队，又有俱乐部球队。特别值得一提的是，

---

① 张泰. 积极为企业办高水平运动队铺平道路 [J]. 辽宁体育科技，1986 (6): 1—4.
② 林宜善，卢先吾，林淑英. 试论我国企业办运动队的发展道路 [J]. 体育科学，1986 (1): 1—4.
③ 1988 年因奥运会原因停办 1 届。

第三章 中国特色职业体育实践探索：历程与经验

付费观众成为常态，同时赞助行为开始出现了。如1986年第四届赛事即为日本三菱集团赞助，而且决赛有超过5万观众现场观看比赛，商业化的样式已见雏形。相似活动，为我国随后职业化启动提供了必要的准备。

表3-1　　　　　　长城杯国际足球锦标赛相关情况一览表

名称	举办时间	比赛地点	参赛队伍数量	赛制	其他
第一届北京国际足球友好邀请赛	1977年7月17—31日	北京	12	赛会制：分组单循环+淘汰制	
第二届北京国际足球友好邀请赛	1978年8月25—9月3日	北京	6	赛会制：单循环	
广州国际足球友好邀请赛	1980年6月8—22日	广州	7	赛会制：分组单循环+淘汰制	
1982年第三届北京国际足球友好邀请赛	1982年7月9—30日	北京	6	赛会制：分组单循环+淘汰制	
第一届长城杯国际足球锦标赛	1983年7月11—23日	北京、天津	12	赛会制：分组单循环+淘汰制	正式更名
第二届长城杯国际足球锦标赛	1984年6月19—7月1日	北京、上海、天津、广州	16	赛会制：分组单循环+淘汰制	被定为A级赛事
第三届长城杯国际足球锦标赛	1985年6月16—25日	上海、大连	8	赛会制：分组单循环+淘汰制	
第四届长城杯国际足球锦标赛	1986年7月27—8月4日	北京、天津	6	赛会制：分组单循环+淘汰制	三菱集团赞助冠名
第五届长城杯国际足球锦标赛	1987年5月23—6月4日	上海、南京	8	赛会制：分组单循环+淘汰制	
第六届长城杯国际足球锦标赛	1989年9月29—10月3日	北京、天津	4	赛会制：单循环	

注：根据相关公开资料整理。

另一个层面，党的十一届三中全会后，我国确立改革开放的基本方针。社会化、市场化力量开始逐渐显现出来，并有效带动了相关行业改革发展。国家在相关政策方面也显示出提倡和鼓励社会化、市场化改革的倾向，体育领域也不例外。1984年，中共中央下发《关于进一步发展体育运动的通知》，

第三章　中国特色职业体育实践探索：历程与经验

指出为了尽快缩小我国体育事业发展规模和发展水平同世界先进水平之间的差异，"必须坚持普及与提高相结合的方针，采取有力措施，使体育运动不断向新的广度和高度发展"；同时强调要"完善多渠道、多层次的体育人才梯队，改革训练和竞赛体制"。这无疑为后续吸收国外经验，推动我国体育事业改革发展，在坚持举国体制的同时走社会化、市场化的双轨发展道路提供了思想准备。随后，1986年《国家体委关于体育体制改革的决定（草案）》下发，有一些新的表述显示了改革的走向，如在竞赛体制改革方面是"逐步做到社会化、多样化、制度化"；再如体育场馆问题上，强调了"要面向群众、面向社会，提高场馆利用率，讲究社会效益和经济效益"；另外，还有就是"要适应体育全面走向世界的新形势"①。正如这个决定的主旨一样，在其他行业如火如荼改革的大背景下，体育改革的步伐逐渐迈大，体育社会化、体育经营等问题开始走上前台。后续，1993年国家体育运动委员会公布了《关于深化体育改革的意见》，明确指出我国体育体制改革的方向，同时也拉开了我国职业体育改革的序幕。其中，特别重要的趋向就是：从国家办变为社会办，从集中办变为分散办。前者解决了职业化的具体运作问题，即职业运动员、职业运动队（俱乐部）的成立和职业联赛的展开问题；后者，则解决了管理体制的问题，运动项目管理中心作为分散办的重要管理改革手段被提出并实践。当然，这之前的1992年红山口会议召开，足球职业化议题已经被提出并付诸实施，拉开了中国职业体育的实践探索之路。

二、中国职业体育运行框架建构阶段实践分析

1993年5月24日，《国家体委关于深化体育改革的意见》发布，提出"改变原来在计划经济体制下，单纯依赖国家和主要依靠行政手段办体育的高度集中的体育体制，建立与社会主义市场经济体制相适应，符合现代体育运动规律，国家调控，依托社会，有自我发展活力的体育体制和良性循环的运行机制，形成国家办与社会办相结合、集中与分散相结合的格局。"并明确了"足球、网球、围棋等有条件的项目可向职业化过渡，逐步与国际惯例接轨。对于向职业化转变的项目要采取特殊政策，其训练体系和国家队组建

---

① 国家体委编. 中国体育年鉴：1949—1991精华本（下册）[M]. 北京：人民体育出版社，1993：107—110.

第三章　中国特色职业体育实践探索：历程与经验

形式可根据项目特点自行确定。"随之一并下发的《关于运动项目管理实施协会制的若干意见》《关于训练体制改革》《关于竞赛体制改革》《关于培育体育市场、加速体育产业化进程的意见》，都对职业体育及其相关内容有所涉及，而且鼓励或者创设条件的立场更为鲜明。从某种意义上讲，该意见的出台对于职业体育，乃至我国体育体制改革，都具有里程碑式意义，它正式吹响了体育改革的号角，社会化、市场化、职业化改革也随之迅速展开，并实质性实践。

（一）中国职业体育运行框架建构阶段的任务辨识

中国职业体育启幕于20世纪90年代中期，那是一个对中国改革来说极其重要的年代。起始于1978年的改革开放已经取得了一定成效，邓小平同志南方谈话后，党的十四大确立建设（有）中国特色社会主义市场经济的改革方向，稳定了预期，带动了各行各业迅猛发展。当然，诚如张五常所言，从1993—2000年这七个年头，恰又是中国的困难时刻："开始时通胀如脱缰野马，贪污广泛，人民币崩溃，跟着是严厉控制信贷与消费，重击贪污，再跟着是通缩与房地产市场兵败山倒"[1]。换句话说，我国职业体育起始阶段，外部宏观环境并不是特别好的，那么为何还要启动职业化改革呢？

已有研究指出，"中国特定的政治经济条件之下，足球职业化的起源与演变是在面临中国大环境行业组织改革的强制趋同性所致，足球联赛的制度安排既有国际职业体育组织的模仿趋同，也符合球迷和民众观赏需求或认可的社会合法性使然。"[2] 循此思路，可以认为中国职业体育改革的兴起是一个综合的效应，是基于特定社会背景而展开的，在外在的压力和内在的感应与抉择的综合效应中产生的，相关影响因素至少涉及3个维度：（1）外周经济社会环境变化，特别是社会基本经济制度的方向性调整。因为，随着改革开放的深入发展，社会主义市场经济建设的推进实践中体育的经济价值逐渐显现，并带来对体育价值的认识变化与财政供给变化。（2）内部认识变化与外界压力感知效果的综合作用。响应经济社会改革要求，落实《国家体委关于深化体育改革的意见》精神，更好促进自身发展——集中力量解决"奥运争光"问题，需要在顺应社会化、市场化改革上有举措，在关键任务上有突

---

[1] 张五常. 中国的经济制度［M］. 北京：中信出版集团，2017：147.
[2] 于永慧. 中国职业体育制度改革的动力与路径［J］. 体育与科学，2013，34（1）：42—45.

第三章 中国特色职业体育实践探索：历程与经验

破，职业化改革兼顾两者，有利于最大限度释放压力。(3)社会大众期望与诉求的表达和国外全球化的牵引。

现实中，顺应我国经济社会发展，构建与社会主义市场经济相适应的体育体制与体育发展方式，成为那个年代需要解决的重要问题。在体育领域，20世纪80年代的改革发展并没有改变国家办体育的格局，相反还有强化的倾向，并伴生了机制不活、效率不高、经费匮乏、发展后劲不足等问题，迫切需要加强改革。1992年11月中旬，国家体育运动委员会在广东省中山市召开全国体委主任座谈会（即"中山会议"），研探体育改革议题，确立了"以足球改革为突破口"的竞技体育职业化改革道路。从这个意义上讲，我国竞技体育职业化改革具有明显的发展取向和解决问题倾向：不仅为了解决我国竞技体育发展中遇到的现实问题，更好促进其快速健康发展，还为了吸收和借鉴国外先进经验，与国际接轨，参与国际竞争。综合来讲，探索建立面向社会和市场、接轨世界的职业体育体制，以解决竞技体育面临的困境，更好适应内外环境变化，是当时改革的任务所在。

（二）中国职业体育运行框架建构阶段的实践历程

在中国职业体育发展历程上，红山口会议是具有标志性的。1992年6月下旬，全国足球工作会议在北京红山口展开，会议明确了将足球作为我国体育体制改革的突破口，率先实现职业化改革试点。同时，会议还研究确定了以足协实体化和职业俱乐部组建为中心的职业改革举措，即加速推进足球协会实体化建设、推动职业/半职业和业余足球俱乐部建设、探索性增设俱乐部赛制。会议结束后，中国足球协会先后组织举办了两次试验性的俱乐部锦标赛，并尝试了主客场赛制。另外，还对全国范围的俱乐部和职业（半职业）球员、教练员进行了注册登记，为职业化的开启做好了准备。红山口会议后近2年摸索推进，职业足球联赛的两个基本要素基本形成，即举办联赛的足球协会实体化、足球俱乐部架构基本完成。1993年10月中旬，全国足球工作会议在大连召开，会议总结了前期改革的经验，讨论修改了《中国足球协会章程》《中国足球协会俱乐部章程》等，明确了1994年甲级A组联赛作为职业联赛改革试点。

1994年4月17日，万宝路杯全国足球甲级队（A组）联赛在成都启幕，标志着中国职业体育正式拉开实践序幕。从此，中国足球联赛改变了传统行政单位组队方式，变为了俱乐部制，并根据竞技水平分为相互衔接的甲A和

第三章 中国特色职业体育实践探索：历程与经验

甲B联赛。职业足球改革，不仅充分调动了广大运动员、教练员的积极性，还在全国掀起了"足球热""观赛热"。随后，1995年职业篮球联赛、1996年职业排球联赛、1998年职业羽毛球联赛，中国职业体育时代到来了（见表3-2）。

表3-2　　　　　　　中国主要职业联赛起始时间统计

序号	项目	时间（年）	其他
1	足球	1994	2004年中超联赛成立
2	篮球	1995	
3	排球	1996	
4	乒乓球	1995	1999年改名为超级联赛
5	羽毛球	1998	

注：根据相关公开资料整理。

与其他事物发展一样，经历短暂蜜月期的中国职业体育改革，不可避免地遇到这样那样的问题。球员薪资过高、赛纪赛风不正、俱乐部经营困境等问题陆续开始爆发，并推动了中国职业体育开始了艰难的体制重建过程。如1998年中国职业足球联赛开始推进俱乐部独立法人资格，并作了具体而细致的规定[①]。2001年1月，在深圳召开的全国足球工作会议上，中超联赛的构想被提出，最终于2004年正式成立。但是，从甲A联赛变为中超联赛，并没有改变职业足球的问题，罢赛退赛（"G7革命"）、假球黑哨等现象屡屡发生。与此同时，中国足球水平并没有取得明显提升，相反国际足联排名一路走低，中国职业足球联赛的系统性制度缺失开始呈现出来。同样的问题也出现篮球、排球等其他项目职业联赛中，联赛组织管理体制障碍、运营服务体系不全、监管监督制度缺失、后备人才培养不力等现实问题，在昭示中国职业体育改革艰难性的同时，也在一定程度上推动我国职业体育向着深入改革迈进。

当然，不可否认的是，我国职业体育从无到有，实现了实质性跨越，具有极其重要意义。首先，它丰富了我国体育的运行方式，提供了一个新的竞技体育发展样态。特别是对于耗费大、编制多、水平低的团体性项目来说，解决了其生存问题，实质上间接支援了"奥运争光"计划。其次，它有效丰

---

① 详见《关于1998年注册工作的通知》〔1997〕体足字第430号．

第三章　中国特色职业体育实践探索：历程与经验

富了人民群众的业余文化生活，培育了"三大球"运动项目的群众基础、市场基础，为后续改革发展奠定了基础。再次，它促进了我国相关项目的国际交流，提升了我国体育的国际参与度和国际影响力，同时还有助于学习国外先进的训练经验、管理方式。最后，更为重要的是，作为试点探索性改革，以足球、篮球为代表的职业化改革为后续相关改革积累了经验，有助于我国竞技体育体制改革的深入。

（三）中国职业体育运动框架建构阶段改革的性质辨识

我国与职业体育的初期实质性接触，更多是在竞技体育改革的框架内进行的。以足球职业化为例，该过程着力解决了以下问题：（1）初步建立和完善符合现代企业制度的、具有充分造血功能的足球俱乐部；（2）有效推进了足协的实体化改革，初步建立了足球市场及其运行机制；（3）探索性梳理了体育行政部门—足协—联赛—俱乐部—球员以及足协—俱乐部—企业之间关系。

事实上，这一改革特征的出现源于早期对职业体育认识的变迁，因为职业体育的早期认识就是将它定位于竞技体育的范畴。于是，职业体育在中国早先的操作都是在竞技体育领域展开的，不论是赛制调整还是运动队转轨，抑或是其他相关事宜，解决的都是原有竞技体育的事情。这一基本逻辑，直接体现在政府相关报告之中（需要指出的是，在可以查及的新世纪体育年度工作报告中，一直到2007年才有明确的职业体育相关概念出现，如职业联赛、职业足球等）。如2007年全国体育局长会议的工作报告中，即强调"召开三大球项目赛制改革经验交流会，对职业联赛项目赛制进行了改革"；即便是2010年全国体育局长会议的工作报告，仍然将职业体育议题放在"积极探索、努力把握体育强国基本内涵和基本特征"中的"竞技体育领域"部分。此时，职业体育改革与发展被作为我国竞技体育优化的一种方式看待，是完善具有中国特色竞技体育举国体制的重要举措。如此，从政府行政主管部门角度看，职业体育相关工作目的上是为竞技体育绩效提升服务的，自然隶属于中国特色竞技体育举国体制完善的范畴，发挥着改进竞技体育资源配置方式更好推进体育强国建设的作用。

应该说，2010年国务院办公厅印发了《关于加快发展体育产业的指导意见》，进一步丰富了我国体育发展的思路，体育产业作为一个特别重要的领域开始出现。职业体育这种社会力量办体育的样式，不仅仅被看作是拓展了

第三章 中国特色职业体育实践探索：历程与经验

体育发展的空间，为竞技体育可持续发展注入新动力；还被认为是优化我国体育结构、提高体育经济作用的重要举措。与现实中我国职业体育迎来快速发展一致，体育行政部门也开始对职业体育有了明显认识上的转变。如2011年全国体育局长会议的工作报告中，职业体育就首次在体育产业分支内容中出现。这是一个特别明显的转向。这也意味着，我国职业体育发展由此进入了一个新的阶段，即回归经济属性，强调市场运行机制改革发展时期。

三、中国职业体育体制机制完善阶段实践分析

（一）中国职业体育体制机制完善阶段的核心任务

职业体育区别于传统专业队体制的最大特点是，它不仅有赛场竞赛，还有市场经营。当然，两者之间是密切相关的，离开赛场竞赛，市场经营便失去了内容载体，而离开市场经营的赛场竞赛具有不可持续性。于是，为了维系两者之间有序协同的关系，职业体育有着明晰的工作流程和运作规律。比如对于职业联赛而言，职业俱乐部建设、联赛赛制赛程规范、联赛品牌及形象建设、赞助商服务等工作，是运营的关键环节，同时各环节之间又是紧密联系的。职业俱乐部水平的提升，辅以良好有序的赛程，往往是有利于联赛品牌建设的，也为球迷、赞助商和转播商服务创设了宽松环境。

当然，对于转轨而来的职业体育来说，往往通过借鉴与学习成熟的模式，在联赛基本组织、俱乐部基本构成、联赛赛制赛程等方面很容易取得进展。但是，包括俱乐部运营管理、联赛品牌建设、职业体育中介市场建设等方面往往力不从心，而且极易受到外部干扰，因为这一部分涉及更多的经济利益。事实上，这恰恰是改革走进深水区、进入内涵式发展阶段所需要解决的关键问题所在。内容量度上，集中体现在以下3个方面。（1）职业体育组织管理体制建设。也即政府—协会—联盟（联赛）—俱乐部之间到底应该是一个什么样的关系，现实中至少涉及两个关键问题：一是管办之间关系；二是协会与联盟（联赛）之间关系。其中，前者我国已经推进实施了管办分离改革及单项协会实体化、社会化改革，并取得了一定进展；后者由于还存在我国是否需要职业体育联盟以及需要什么的联盟的争论，目前尚处于探索阶段。（2）职业体育治理体系和治理能力建设。治理现代化作为全面深化改革的重要内容，在职业体育领域中也存在着力点选择问题，因为以单项协会为中心与以联盟为中心的治理，在组织结构、运行机制、配套保障等方面都有

第三章 中国特色职业体育实践探索：历程与经验

巨大差异。当然，一个问题已经基本解决，即职业体育俱乐部的治理体系建设。外部以球迷、赞助商等利益相关者的关切为核心，服务他们的利益，建立良好的合作关系；内部着力解决两个问题：一是职业体育俱乐部内部的委托代理关系，强调按照现代企业制度建立规范；二是重视合同契约效应明晰俱乐部与球员、教练员等相关人员之间的关系。而在这种治理结构中，职业体育俱乐部内外联结的关键应该是俱乐部球队，对内围绕球队的构成与行动延展形成结构链条；对外围绕球队的外部活动及利益表达形成价值链条。当然，维系之需要以制度刚性为支撑点，于是法治建设成为职业体育治理现代化建设的关键环节。（3）职业体育商业运营能力建设。其核心在于增加职业联盟和职业俱乐部自身的"造血"生存能力，可以真正实现独立运营、自负盈亏。考虑到全球化现实背景与同类行业替代效应，相关建设难度大、风险多，需要提升与改进的地方还很多。

（二）中国职业体育体制机制完善阶段的改革历程

从时间上，中超联赛股份公司（即中超公司）早在2005年10月即成立，同年中国篮球协会正式推出CBA职业联赛，并在运营理念、运营管理、品牌塑造等方面进行了相应建设。但是，中国职业体育真正在经营上有所突破是2010年国办22号文下发以后的事情。在《国务院办公厅关于加快发展体育产业的指导意见》感召下，体育产业成为一个被各界寄予特别期望的行业，大量社会资本进入，作为体育竞赛表演业主体的职业体育也迎来了快速发展。

2014年《国务院关于加快发展体育产业促进体育消费的若干意见》（国发〔2014〕46号）中，推进职业体育改革方面，将成熟度、规范化与资源效率放在同等位置考虑，提出要"完善职业体育俱乐部的法人治理结构，加快现代企业制度建设。改进职业联赛决策机制，充分发挥俱乐部的市场主体作用。"当然，需要特别指出的是，包括职业体育在内的中国体育产业发展加速，恰逢全面深化改革和全面依法治国建设的双重叠加期。2013年11月党的十八届三中全会审议通过的《中共中央关于全面深化改革若干重大问题的决定》，完善和发展中国特色社会主义制度，推进国家治理体系和治理能力现代化；2014年10月《中共中央关于全面推进依法治国若干重大问题的决定》发布，进一步加快了中国法治社会建设步伐。随后，市场机制、法治、效率、中国特色成为贯穿这一段职业体育改革的关键词。

第三章　中国特色职业体育实践探索：历程与经验

值得一说的是，2015年2月27日，中央全面深化改革领导小组审议通过了《中国足球改革发展总体方案》，强调要推进职业联赛和俱乐部健康发展有序发展，并在联赛管理体制、协会实体化等方面进行了明确框化。随后，以中国足球协会为代表的协会去行政化实体改革展开，2015年的中国足球协会、2016年的中国篮球协会。协会的实体化改革，使得管办分离真正落地，职业体育联赛的运营权限真正回归市场，并让市场成为资源配置的决定性力量。当然，资本逐利的力量是无穷的，一经释放即带来了中超联赛的"金元时代"。当体育需求成为现实时，在国家相关政策利好驱动下社会资本开始陆续进入中国职业体育，特别是足球领域。广州恒大、上海上港、江苏苏宁等资本的进入，真实地带动了中超联赛的繁荣，高水平的外援球员、高质量的教练员、高投入背后的高产出：不仅是竞赛成绩，还有竞赛水平。于是，球迷回归球场，赞助商争相进入，赛事IP卖出5年80亿元高价，一个红火的联赛倒逼了相关体制机制的适应性变迁，有力地助推了改革的深入。当然，任何事物发展都有两面性，红火的"金元足球"无法掩盖中国职业体育的若干缺失和不足，诸如俱乐部盈利能力、后备人才培养等。这也意味着，中国职业体育改革发展尚需要进一步提速。

在全面深化改革背景下，伴随管办分离、放管服等改革效用显现，我国竞技体育职业化呈现出新的发展趋向，适应新时代中国社会主要矛盾变化，服务体育强国建设、助力国民经济转型和体育产业高质量发展，厘清内外部复杂关系，走中国特色职业体育发展道路。

（三）中国职业体育体制机制完善阶段的特征分析

受惠于宏观改革，相关利好政策密集出台，有效推动职业体育的改革发展。区别于过去的职业体育改革，自2010年以后，相关政策的层次更高了，从国家体育总局到国务院、再到中央深化改革领导小组。如表3-3所示，过去的10年左右时间，在国家层面就出台近10部专门对职业体育发展有要求、有举措的政策，成为推动职业体育改革发展的有效手段。纵观相关政策，不难发现它们的站位更好，不再仅仅是为了职业体育联赛发展，而是放到整个体育产业、体育事业乃至中国经济社会文化发展的高度，凸显了职业体育的战略地位。而且这在一定程度上也体现了我国职业体育深入发展后的难度更大，涉及的要素更多，需要依靠的力量也更加多元化。

第三章 中国特色职业体育实践探索：历程与经验

表 3-3　　　　　近年涉及职业体育内容的国家政策统计

发布时间	政策文件名称	职业体育内容
2010 年	《国务院办公厅关于加快发展体育产业的指导意见》	支持和规范职业体育发展。职业体育是体育发展的重要组织形式之一。积极探索中国特色职业体育发展道路，……不断提高职业体育水平
2014 年	《国务院关于加快发展体育产业促进体育消费的若干意见》	推进职业体育改革。拓宽职业体育发展渠道，……充分发挥俱乐部的市场主体作用。
2015 年	《中国足球改革发展总体方案》	改革完善职业足球俱乐部建设和运营模式 （十）促进俱乐部健康稳定发展。…… （十一）优化俱乐部股权结构。…… （十二）推动俱乐部形成合理的人才结构。…… （十四）调整组建职业联赛理事会。……
2016 年	《国务院办公厅关于进一步扩大旅游文化体育健康养老教育培训等领域消费的意见》	以足球、篮球、排球三大球联赛改革为带动，推进职业联赛改革，在重大节假日期间进一步丰富各类体育赛事活动。（体育总局牵头负责）
2018 年	《中共中央　国务院关于完善促进消费体制机制 进一步激发居民消费潜力的若干意见》	支持社会力量举办国际国内高水平体育赛事，积极创建地方、民间自主品牌体育赛事活动，大力发展体育职业联赛
2018 年	《国务院办公厅关于加快发展体育竞赛表演产业的指导意见》	大力发展职业赛事。着力发展足球、篮球、排球、乒乓球、羽毛球、冰球、围棋等职业联赛，……推动实现俱乐部地域化。（体育总局、民政部、人力资源社会保障部负责）
2019 年	《体育强国建设纲要》	推进职业体育发展。鼓励具备条件的运动项目走职业化道路，……培育形成具有世界影响力的职业联赛。
2019 年	《国务院办公厅关于促进全民健身和体育消费推动体育产业高质量发展的意见》	推动体育赛事职业化。着力发展现有职业联赛，鼓励有条件的运动项目举办职业赛事，合理构建职业联赛分级制度。支持成立各类职业联盟。支持校际体育赛事发展，探索商业化运营模式。发展体育经纪人队伍，挖掘体育明星市场价值。（体育总局、教育部负责）

　　同时，我们注意到这是一个典型的机遇与风险并存的发展阶段，考验着我国改革的韧性与活力。对于一般事物演化而言，起始阶段往往受外界的影响更多一些，外生性因素的作用会大于内生性因素，然而随着事物的进一步演化发展，内生性因素的作用开始逐渐变得重要。因为任何事物都需要有区别于他者的独特性存在，而这种独特性必须是由内生性因素所塑造的。我国

第三章 中国特色职业体育实践探索：历程与经验

职业体育早期模式上带有学习西方的样式，如从欧洲、日本等国学习足球职业化成立联赛，发展一段时间以后再学习英超模式，成立中超联赛。同时，职业化改革初期，驱动改革的动力不仅是来自职业体育内部的，而且更多需要依靠政府行政的力量进行推进，当改革进行到一定程度以后，职业体育市场机制开始逐渐显示价值，供需关系、价格机制开始发挥作用。事实上，本阶段我国职业体育大体就进入了这样一个阶段。

市场发挥决定性作用，作为市场经济的一个基本规定性，有其必然的好处。资源配置效率更高了，社会动力更足了，更为关键的是政府在经济上的直接压力减少了，可以干其他更为重要的事情了。现实中，近10年来，我国群众体育、体育产业迎来了快速发展，体育场地供给改善、体医融合、体教融合，体育强国建设进程的快速提升与职业体育释放了巨大的政府作用空间多少是相关的。不过，市场发挥作用也是需要前提的，对于转型经济体而言更是如此。因为它首先需要明确政府与市场关系，强化政府提供必要的公共服务，放手让市场去干；其次，市场运作涉及复杂的关系，需要规范化，这离不开法治的保驾护航；此外，市场的逐利本性往往会引致职业体育经济效益和社会效益偏离问题，当前存在的诸如国家队与职业队之争、俱乐部盲目投资及球员薪资激增等，多少都与此有关。从这个意义上讲，我国职业体育是机遇与挑战并存，现实大体也有所体现。

当然，中国职业足球经历了黄金十年的发展后，陷入了困境，江苏苏宁、广州恒大等冠军球队相继退出，预示着一个"寒冬"即将来临，也预示着更大的、更彻底的改革即将来临——它的重点必然是聚焦中国特色的打造，找到适合中国国情、社情、体情的职业体育运行体制机制。

第二节 中国职业体育发展成就审视

从时间上看，相较于西方职业体育，我国职业体育具有后发性。后发的职业体育运行模式，不同于西方自序化演化实践，可以充分借鉴和吸收国外先进经验，同时结合中国实践，显示其独特性和优越性。当然，这一过程是一个发展定序过程。始于20世纪90年代的我国职业体育，内嵌于与中国一系列重大改革政策实践之中，受惠于国家改革发展所带来的巨大动力，取得了显著进步。同时，职业体育发展不仅满足了广大人民群众对美好生活的体

第三章 中国特色职业体育实践探索：历程与经验

育赛事需求，还在服务我国体育强国建设展现其应有的活力以及在助推我国体育产业成为国民经济新的增长点实践中做出了重要贡献。

一、组织建设成效显著，职业化程度明显改善

首先，经过近30年的发展，以三大球为主体的我国职业体育联赛体系初步形成。职业体育俱乐部数量明显增长。截至2021年9月，目前我国共有三大球职业俱乐部169家（见图3-1）。其中足球80家（男子57家，女子33家），篮球53家（男子34家，女子19家），排球26家（男子13家，女子13家）。在数量增长的基础上，职业俱乐部发展质量明显提高。一方面俱乐部发布呈现切合社会需求的特征，分布广泛。以CBA俱乐部来说，26年CBA联赛发展历史中先后共有31支球队参加，覆盖全国21个省级行政区，28个地级市。另一方面，联赛质量稳步改善，特别是联赛组织、俱乐部管理、赛制赛程等方面都有显著的改善和提升。同时，近年来乒乓球、羽毛球、围棋、电子竞技等项目也在按照职业联赛标准组建和运作赛事，形成了较为稳定的消费群体。

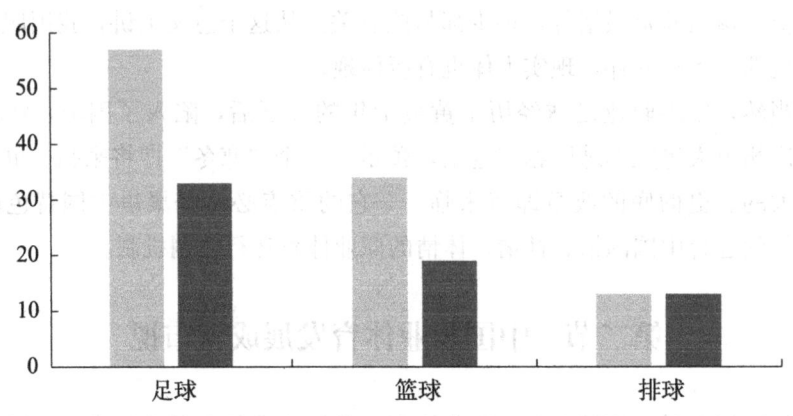

图3-1 我国"三大球"职业俱乐部数量统计

其次，适应市场需求、具有共性特征的职业体育运营组织体系几经改革，已初见成效。为了便于分析，此处仅以篮球项目为例展开。如图3-2所示，1995年开始的中国男子篮球甲级联赛（多简称为CBA，下用简称），

第三章 中国特色职业体育实践探索：历程与经验

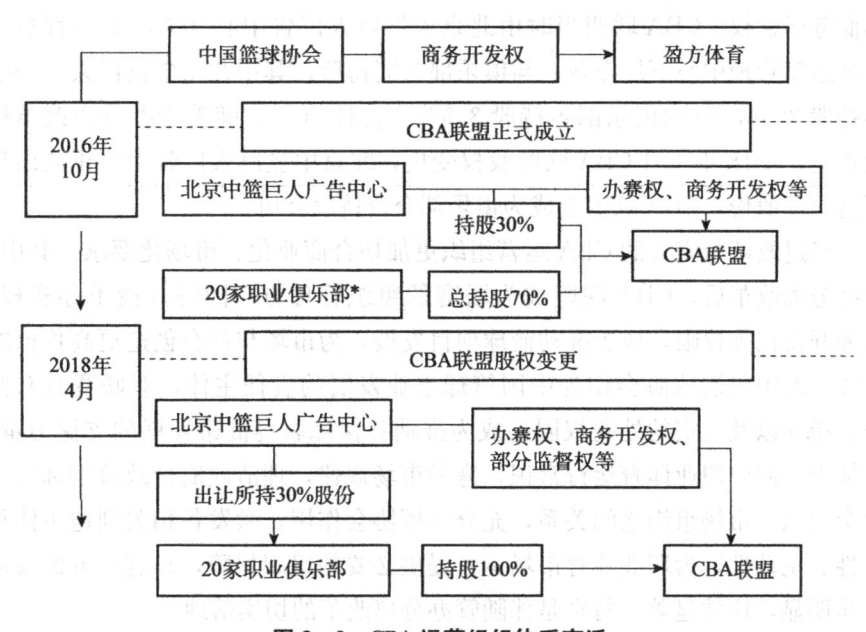

图 3-2 CBA 运营组织体系变迁

注：2020 年 10 月，八一男篮退出 CBA 联赛后，现联赛有俱乐部 19 个，为了分析便利，仍采用管办分离改革关涉的 2018—2019 赛季俱乐部数量。

起初的联赛经营权仍掌握在相关行政管理部门手里[①]，具体运营则交由国际管理集团（IMG），后者以固定资金"买断"联赛商务代理权独立进行市场推广并直接获益。IMG 与中国篮球协会的合约到期后（2001—2002 赛季），赛事推广商"一波三折"[②]，最终无奈只好中国篮球协会自主推广和运营联赛，具体工作交由其下属经营单位"中篮公司"操作。从 2005—2006 赛季开始，"中国男子篮球甲 A 联赛"正式更名为"中国男子篮球职业联赛"，联赛的商务开发由中国篮球协会与瑞士盈方体育传媒有限公司共同成立合作公司负责，其中中国篮球协会控股 51%，瑞士盈方占股 49%。这一合作持续了 10 年之久，2016 年 CBA 联赛管办分离改革取得突破性进展，中篮联（北京）体育有限公司（简称 CBA 联赛公司）正式成立，并获得 CBA 联赛

---

① 即国家体育运动委员会、省市体育运动委员会及中国篮球协会（1997 年后的篮球运动管理中心）。

② 原有赛事推广商 IMG 退出，随后羊城报业集团和北京星际体育文化发展公司联合获得 CBA 商业推广权，但开赛前它们又退出了。

第三章 中国特色职业体育实践探索：历程与经验

的商务运营权。CBA联盟当时由北京中篮巨人广告中心（为国家体育总局篮球运动管理中心下属企业）与俱乐部共同持股，其中北京中篮巨人广告中心持股30%，20家俱乐部各持股3.5%、合计70%。随着管办分离改革持续推进，2018年4月CBA联盟股权变更，北京中篮巨人广告中心正式出让所持全部股份，CBA联盟变成为俱乐部全资持股公司。

经过改革与完善的CBA运营组织更加切合商业化、市场化要求。其中，管办分离改革后，CBA联盟成为联赛的组织管理方，同时被授予办赛权、商务开发权等权限，成为推动篮球项目发展，为市场与社会创造更高价值的主体，而中国篮球协会作为中国篮球事业发展的责任主体，对联赛具有监督、指导以及一定的处罚权限，成为推动和保障联赛健康发展的支撑力量。总体上，回归职业体育运行常识，遵循市场规律，理清政府行政管理部门—社会组织—市场组织之间关系，充分发挥协会作用，激发各相关利益主体积极性、主动性，为职业体育市场运营提供必要的组织保障，在这一方面我们进步明显，成效显著，特别是伴随管办分离改革的切实落地。

此外，我国职业体育竞赛赛制更加完善，更加贴近项目发展要求和社会需求。伴随组织建设的推进，以增加职业体育运行效能为导向，沿着不断增加比赛场次、不断增强比赛不确定性的方向，探索推进职业体育赛制改革。以CBA为例，如表3-4所示，在过去的20多个赛季中，仅常规赛赛制就有6次主要改变，分组（分区）、双循环、四循环等都有所涉及。这也带来了CBA联赛竞赛场次的显著增加，联赛精彩程度、竞争激烈程度、传播曝光度等都有明显提升。如图3-3所示，CBA联赛常规赛的竞赛场次从联赛初创的132场变为2020—2021赛季的506场，单赛季俱乐部常规赛场次从20多场增加到56场，后续随着CBA改革的深入，特别是联盟俱乐部数量的增加，场次将进一步增加。与此同时，联赛季后赛的场次也从原来的单场淘汰赛，变得复杂化，3战2胜制、5战3胜制、7战4胜制以及新增对阵都在不断增加比赛的场次。事实上，如果说竞赛是职业体育的基本内核，那么优化和完善了联赛赛制实质就是提升了职业赛事的内核，比赛场次的增加可以认为是增加了比赛的内容，显然是有利于赞助商、转播商、球迷等各利益群体的；同时，这一改革完善实践，还有助于推动俱乐部和球员水平的提升，特别是使青年球员有了更多的比赛机会。

第三章 中国特色职业体育实践探索：历程与经验

表 3-4　　　　　　CBA 联赛常规赛赛制变化一览表

序号	赛季	赛制变化
1	1995—1996 赛季及其后共 9 个赛季	不分区双循环
2	2004—2005 赛季及其后共 2 个赛季	"同区四循环，异区双循环"
3	2006—2007 赛季	不分区双循环
4	2008—2009 赛季	同区四循环，异区双循环"
5	2009—2010 赛季及其后共 9 个赛季	不分区双循环
6	2018—2019 赛季及其后共 2 个赛季	分 4 组组内 4 循环

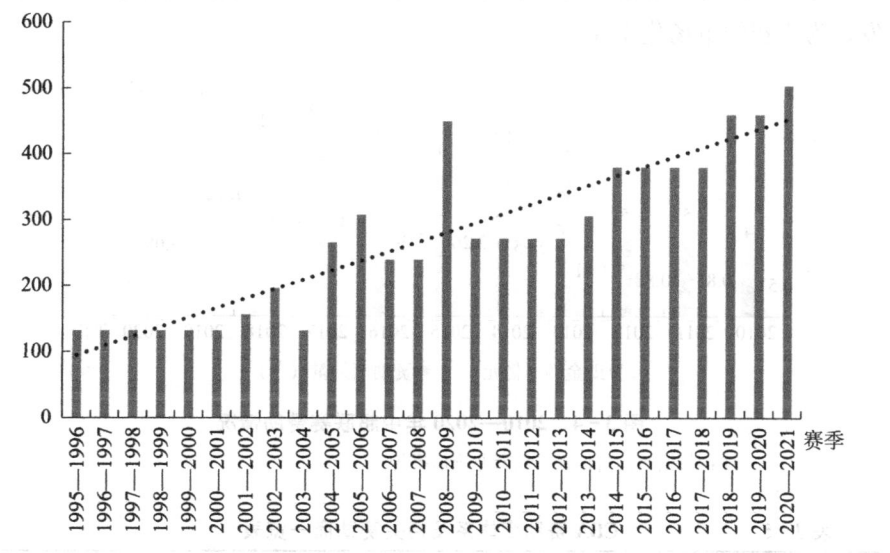

图 3-3　CBA 联赛常规赛场次统计

注：横轴为赛季（年）；纵轴为场次（场）。

二、市场建设卓有成效，商业开发成果斐然

市场建设是职业体育改革发展的关键所在。可喜的是，我国职业体育市场建设取得了较大进步，其中最为显著的是市场开发能力的显著提高。从时间上看，这主要是最近 10 多年的事情。相关体育产业发展政策出台后，体育领域投资开始加剧，体育市场热开始出现。如在足球领域，广州恒大、上海上港、江苏苏宁等企业先后进入，刺激了我国职业体育的快速发展。中超联赛也迅速摆脱了建立初期的窘境，经营管理、市场开发等环节取得了较大进步。

第三章 中国特色职业体育实践探索：历程与经验

管理体制方面，落实《中国足球改革总体方案》要求，中超联赛管办分离改革迈出实质性一步，中国足球协会去行政化成为独立实体，作为中超联赛的办赛责任主体，而中超联赛的运营等事物交由中超公司具体操作。赞助招商方面进步明显。从万达广场到中国平安，4年6亿元、5年10亿元的背后显示出联赛的冠名费用实现了飞跃；与此同时，赞助市场开发成效显著。特别显性的是，赞助费用逐年攀升。如图3-4所示，10年时间中超联赛的赞助费用实现了超10倍的增长，且增长趋势稳定①。同时，完备的多元赞助体系逐渐形成。如表3-5所示，在篮球领域，按照市场规律对赞助商进行分级分类，使得联赛的赞助体系更加合理；五级赞助商体系优化联赛商业开发，为联赛的市场化支撑。

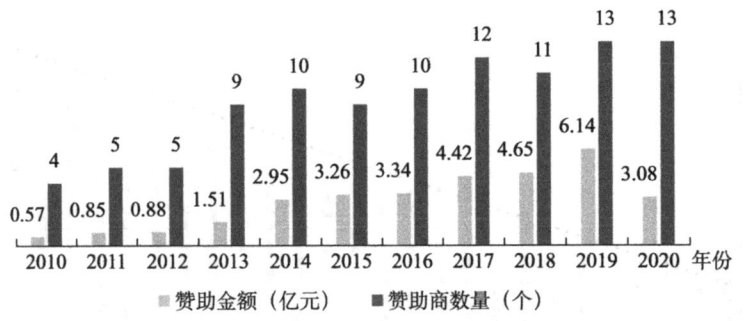

图3-4　2010—2020年中超联赛赞助情况

注：数据整理自德勤中超商业价值报告

表3-5　CBA赞助商体系及相关赞助商一览表

赞助商类别	赞助商名称	数量（个）
官方主赞助商	中国人寿 CHINA LIFE	1
官方战略合作伙伴	LI-NING	1
官方合作伙伴	安居客 百岁山 Camen 长隆 快手 麦当劳 Mobil 美孚速霸 TCL 伊利 中国移动 广发银行	10
官方赞助商	郭爱打 CAT 德邦快递 咪咕cafe PISEN品胜	5
官方供应商	金陵体育 Merry美凯 宝岙青	3

---

① 2020年下降，更多的是受新冠肺炎疫情影响的结果。

第三章 中国特色职业体育实践探索：历程与经验

续表

赞助商类别	赞助商名称	数量（个）
媒体合作伙伴	央视体育 咪咕 快手 微博	4
官方服务机构	大赛 斛 腾讯音乐 贝泰科技 pwc	5

注：资料来源于中国篮球协会网站（查核时间：2021年9月20日）

在电视转播方面，2015年中超版权卖出5年80亿元的天价①一度成为社会热点。2018—2019赛季，CBA联赛在央视与地方频道的总播出场次达到4151场，累计播出时长为6809小时，累计收视人次超10.79亿次，创造历史新高。即便是受疫情影响赛制发生了明显变化的2020赛季，仍然有19个传统媒体和新媒体转播中超联赛，累计播放场次数量超1700场，累计收视人次超6亿②。

此外，随着各队加大投资，众多世界级球星开始效力中国职业联赛，并直接带来赛场内观众数量的增加。据统计，中超联赛场均上座率从2004年不足1.1万人到2018年近2.4万人，增长超过了两倍。德勤的报告显示，2019赛季中超联赛平均上座人数为23336人，在世界顶级足球联赛中排名位居第五，仅次于除法甲外的欧洲其他四大联赛③。更为重要的是，中超球迷多为资深球迷。他们平均关注中超时长超过5年，且单赛季现场观赛场次多数达到15场。广泛且稳定的消费群体保障了中国职业体育商业价值的稳步提升，助推其有序发展。

三、基础建设进展顺利，国际影响力有所提升

对职业体育而言，联赛的运营管理是极其关键的，因为这是一个联赛是否可以生存下去的基础。当然，职业体育市场运营离不开高水平体育竞赛的支撑，而后者则需要有稳定的后备人才作为保障。同样，职业体育市场运营的好坏，归根到底在于有无稳定的消费群体，也即需要球迷市场建设提供基础。如此，后备人才培养与球迷市场建设成为支撑职业体育有序发展的基础，一旦一国职业体育相关基础建设不佳，则其发展必然出现各色问题。

---

① 后协商调整为10年110亿元。
② 资料来源于《德勤中超联赛商业价值报告2020》。
③ 资料来源于《德勤中超联赛商业价值报告2019》。

第三章　中国特色职业体育实践探索：历程与经验

从源起看，我国职业体育具有特殊性，是从传统的专业队体制转轨而来的。也即原有的运动队通过与企业合作或者企业买断等形式，变为职业俱乐部。这一过程，有两个问题是特别值得关注：一是原有运动队转型后低级梯队的发展问题，原有的通道是否被关闭了；二是新生的职业俱乐部对后备人才培养的重视及其经验问题。现实中，由于后备人才培养的经验不足和俱乐部重视程度不够，我国职业体育出现了这样或那样的问题。2004年，时任国家体育总局篮球运动管理中心主任李元伟即指出，"NBA有435名现役球员、1.8万名优秀球员储备、37.5万名正在进行严格基础训练的未来人才。而CBA现在只有280名现役球员、900名优秀球员储备、6200人的未来储备。"[①] 为此，中国篮球协会推出的"北极星计划"中一个关键的问题即是解决后备人才问题。后续，有关后备人才培养问题开始逐渐受到重视，市场准入制度的后备梯队要求、强化体教结合共同培养、重视社会机构培养建设等举措相继出台。在足球后备人才培养方面，2009年国家体育总局和教育部牵头启动"全国青少年校园足球活动"，2015年《中国足球改革发展总体方案》更是给出了时间表和路线图，随后2020年中央全面深化改革委员会第十三次会议审议通过《关于深化体教融合　促进青少年健康发展的意见》，在建设规格、体制机制上有了更加明确的要求。其间，2016年起中国足球协会出台多项政策，提高了俱乐部准入门槛，要求中超、中甲和中乙俱乐部完善青训梯队建设。在相关政策引领下，我国后备人才培养呈现了持续向好的局面。仍以足球为例，截至2019年已认定校园足球特色学校27059所，2014—2019年参加校园足球四级联赛的学生达1255万人，而全国各级各类学校共有校园足球场地120960块（2018年数据）。中国后备人才培养体系正在向着以职业青训为引领，以校园体育、社会体育等多种形式为支撑的多层次、标准化方向发展。

我国职业体育球迷市场建设卓有成效。球迷作为职业体育消费者，其重要性不言而喻。提升职业联赛水平更好满足社会大众观赏需要，不仅关系职业体育盈利，还关系我国职业体育本质属性的回归。当然，经过近30年的发展，我国职业体育球迷消费市场建设成效显著。以足球为例，中超联系培

---

① 10年全力打造CBA 篮协推出"北极星计划".http://sports.sina.com.cn/s/2004－10－17/1057391371s.shtml. 2021－09－20.

第三章 中国特色职业体育实践探索：历程与经验

育出了一批符合职业体育发展规律的球迷群体，并支撑了中国职业足球联赛的有效发展。《中超联赛2020商业价值白皮书》显示，中超联赛球迷以男性为主，且具有较高的学历，其中本科生以上学历占84%以上；在年龄分布上，57%为30—39岁，而进一步放开年龄范式，我们发现94%的球迷为25岁以上有自主创收能力的群体；就收入水平来说，中超联赛球迷绝大多数为中产阶层以上，年收入在10万元以上超过80%。此外，中超联赛球迷对中超联赛相关产品的消费能力也是显性的，绝大多数（84%）的球迷会购买相关特许商品。如图3-5所示，球迷对特许产品的消费热情稳中有升，2018—2020年平均支付金额从533元提升至763元，平均花费金额显著提升。

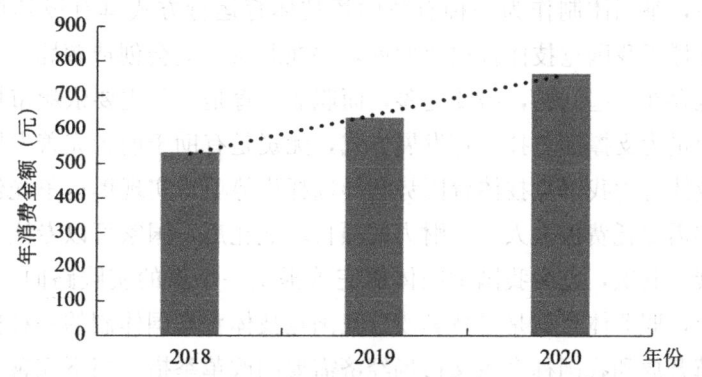

图3-5　2018—2020年中超球迷联赛特许商品消费额统计

此外，中国职业体育竞赛表现、传播力度、运营水平等方面提升明显，这不仅有助于联赛品牌形象提升，创造更高的商业效益，还有助于提升联赛的国际影响力。以足球为例，在竞赛表现方面中超俱乐部在亚冠比赛成绩稳定，在疫情前的5个赛季（即2015—2019赛季）中超俱乐部小组赛阶段累计参与20次，其中晋级16强13次、4强阶段3次、获得冠军1次，并在2019年首次登顶亚足联技术积分榜，成为亚洲最好的联赛；在传播力度方面，全球近100个国家的转播中超比赛，遍布五大洲，辐射数亿人群，而在国际影响力上，高水平外援的进入有效增强了联赛的知名度和海外影响力，参加2018年世界杯足球赛的中超外援数量就达到9人，球员国际认可程度不断提升。此外，近年来中超联赛还先后与英超联赛、西甲等全球顶级联赛深化战略合作，建立全方位的战略合作关系，并借此实现国际影响力的提升。

第三章 中国特色职业体育实践探索：历程与经验

四、助力中国体育发展贡献度提升，社会贡献有所彰显

20世纪90年代起步的中国职业体育，是历史选择的结果。它诞生于特定的社会主义市场经济建设氛围和改革大潮中，有小康社会和城市化加速所催生的社会需求作为支撑，有中国体育事业谋求健康发展的必然要求作为条件，还有现代竞技体育所展示的不以个人意志为转移的发展方向为基础。当然，职业化改革近30年的发展历程，中国职业体育在显示其强大活力和广阔空间的同时，也不断彰显其应有的价值。

（1）职业体育发展有效助力了我国举国体制完善与发展。在我国体育发展历程中，举国体制作为一种有效的竞技体育运行方式具有极其重要的贡献，它支撑了我国竞技体育快速发展，并在北京奥运会创造辉煌。当然，举国体制也存在一些问题，需要完善，而职业体育是一种主要依赖市场手段并以社会力量为支撑的竞技体育发展方式，无疑是有助于前者完善发展的。首先，职业体育为我国竞技体育因势利导选择优势项目实现奥运争光创造了条件，一些需要耗费极大人力、财力的项目职业化后，国家可以专注于重点项目的发展。其次，它为我国举国体制完善提供一个新的实践路向。事实上，从缘起上，职业体育就是坚持和改善我国竞技体育举国体制的一种探索，是适应改革开放和我国社会主义市场经济需要的改革举措。当下完善新型举国体制的改革举措，不论是体教融合，还是运动员退役安置，多少都涉及职业体育。此外，它在一定程度上促进了我国竞技体育水平的提升。它不仅为运动员提供了一个常态运动训练、运动竞赛的机会，还可以与世界其他国家的高水平运动员、教练员一起切磋，在实践中提升竞技水平；另外，在诸如运动训练科学化、训练保障专业化等方面，职业体育为我们迅速接触世界，汲取先进经验提供了帮助。

（2）职业体育发展有利于应对日趋复杂的国际体育竞争和国外职业体育全球扩张。伴随经济全球化的深入，体育领域的全球化也呈现加速趋势，不仅表现在全球性体育竞赛数量的增长，还显现在发达国家对全球体育市场和资源的争夺上。对于前者而言，传统的依靠国家力量的体制已经显示财力、物力等方面的众多不适应性，迫切需要转变应对方式。于是，跟随改革开放步伐，推进体育领域改革开放主动融入全球体育竞争实践成为明智之举，在此意义上职业化就带有对接世界的意味。而对于后者而言，则更为紧迫。因

第三章 中国特色职业体育实践探索：历程与经验

为 20 世纪 80 年代后期欧洲五大足球联赛、北美职业体育联盟（NBA 等）等国外职业体育就开启了中国战略，意甲联赛、NBA 等加快进军中国市场的步伐。应对挑战，或者出于文化保护，或者出于市场抢占，都需要加快中国职业体育发展，以维系中国体育后续发展空间。当今世界的体育竞争已经从传统的竞技体育竞争，变为全方位竞争，群众体育、竞技体育、体育产业、体育文化等都涉及其中，而具有勾连和整合各体育形态的有效体育运行方式即为职业体育。这不仅仅是因为它是竞技体育的高级形态，是高精尖的竞技体育，是一种独特的体育文化现象，还因为它从产生开始就内嵌于群众体育的发展之中，且具有明显的市场属性，丰富群众体育需求、提升群众体育层次的同时还可以创造经济效益。正是如此，可以认为没有高水平的职业体育，就无法赢得现代体育竞争，也就无法建成体育强国。

（3）职业体育顺应了我国经济社会发展的客观要求，更好满足了人民群众对高水平体育赛事观赏的需要。在西方，职业体育的产生与工业革命后的商品经济、城市生活、市民社会密切相关。一般认为，当经济社会发展到一定水平以后，人民的体育参与、体育需求就会多元化起来，观赏性参与随即出现。在我国，诚如前文所述职业体育的兴起与我国谋求体育产业发展有关。在邓小平同志南方谈讲话和党的十四大胜利召开以后，推进和融入社会主义市场经济大潮，成为各行各业的应然选择。此时，作为体育产业的主体——运动项目产业如何发展成为亟待解决的问题，当然，方向是明确的，即职业化。后续，我国职业体育的曲折发展历程，无一不与我国宏观经济社会发展同步，特别是为体育领域改革提供了一个特别好的试错机会。事实上，正是全国骂杀的足球，承载着为中国体坛打假反腐、赛场治理、媒体应对、法治建设等试错探索的功能，积累留下了宝贵的经验，避免中国体育改革少走弯路。

（4）职业体育正在成为体育强国建设的新亮点。今天的职业体育已经全面融入中国社会发展，体育专门媒体带来的成千上万场的各色职业赛事，为茶余饭后来自各行各业的体育迷提供了话题与谈资，形成了独特的体育文化，有效丰富了社会大众的业余文化生活。同时，职业体育由于其关涉广泛，很好带动了包括传媒、旅游等行业的发展，有效助推了我国体育产业的发展。在另一个层面，职业体育还有效带动了群众体育的发展，中国的 3 亿篮球迷就是 3 亿篮球爱好者，也就意味着至少有 3 亿人在从事篮球运动。而这些恰恰是后续我国体育强国建设的社会基础。换句话说，中国职业体育不

第三章 中国特色职业体育实践探索：历程与经验

仅是体育强国建设的一份子，还由于它更接近市场与社会，具有较强的自主动力，正在积极发挥体育强国建设的牵引者角色。

第三节 中国特色职业体育实践经验总结

单从经济角度看，中国职业体育改革发展历程，就是一个建立体育竞赛表演业生产与消费市场的过程。市场建立的过程至少包括以下一些内容：(1) 资源要素的货币化、市场化。区别于一般商品生产[①]，劳动力、资本、职业组织是职业体育赛事生产的基本要素。同时，职业体育赛事运作也不同于一般商品的售卖与消费。从表层的观赛，到深层的赛事生产与运作，职业体育赛事可货币化尤为关键，有了该环节以后职业体育的市场交易才有了依托，赚钱效应才能产生；而在另一个层面，职业体育赛事生产是职业体育运营的手段，而不是目的。也即，区别于职业化前的体育赛事仅仅是为了竞赛本身，职业体育赛事是为了服务社会大众，或者是服务于更多赛场外的经济利益，因为现场观众也好，转播商、赞助商也罢，所有职业体育消费都是对赛事进行付费。我国竞技体育职业化改革实践，实质上就是推动这些要素市场化的过程。(2) 资源要素配置机制建设。在我国，这是一个从依赖行政力量调配资源变为主要依靠市场力量的转型实践，发挥市场的决定性作用成为当前职业体育发展的基本要求。(3) 要素市场建设。资源要素市场化后，依靠市场来配置机制需要有平台，这个平台就是要素市场。在这个市场上，运动员、赛事资源等可以进行市场交易，可以实现最优化配置，产生效用最大化。如此来看，中国职业体育改革发展是复杂的，有成功的顺畅，也有失败的苦困，当然更多的是基于现实抉择的艰辛。这也意味着，有必要研讨其解决现实问题的经验与教训，把握其实践规律，为后续改革与发展服务。

一、坚持党的领导，把握了中国经济社会快速发展所创设的机遇

习近平总书记指出："中国特色社会主义最本质的特征是中国共产党领导，中国特色社会主义制度的最大优势是中国共产党领导。"[②] 更为关键的是，这种

---

① 一般商品的基础性生产要素是劳动力、资本和土地等。
② 习近平. 决胜全面建成小康社会夺取新时代中国特色社会主义伟大胜利——在中国共产党第十九次全国代表大会上的报告.

第三章 中国特色职业体育实践探索：历程与经验

地位不是自封的，而是经过历史实践检验的，是人民选择的。中华民族近代以来180多年的历史、中国共产党成立以来100年的历史、中华人民共和国成立以来70多年的历史都充分证明，没有中国共产党，就没有新中国，就没有中华民族伟大复兴①。今天中国经济社会发展取得成就，不论是综合国力和国际影响力，还是人民生活水平、社会获得感，都实现历史性跨越，回溯这些成绩的取得，其关键在于中国共产党领导。面对中国经济社会迅猛发展，经济学家张五常即惊呼："中国共产党做出来的成果令我拍案！"②

"党的领导是做好党和国家各项工作的根本保证，是战胜一切困难和风险的'定海神针'"③，这是中国共产党的性质所决定的，更是中国共产党人的初心使命的集中体现。为中国人民谋幸福、为中华民族谋复兴，中国人的事情需要中国人办，办好中国的事情，关键在于中国共产党。同样的道理，也体现在中国职业体育发展上。比如，中国职业足球改革的兴起即与党的领导有着密切关系，伍绍祖同志在1992年红山口全国足球工作会议闭幕式上的讲话中即指出，"我们了解到小平同志非常关注足球……杨主席也非常关心……江总书记非常关心……讲话内容摘要了一个稿子，已经印发到大会上了，大家可能看到了。铁映同志是主管这方面事情的政治局委员和国务委员，更是直接关心，过去有过批示，也印发给大家了。在会议期间，他又找大家来座谈。"④ 再如，2015年2月习近平总书记主持召开中央全面深化改革领导小组第十次会议，会议审议通过了《中国足球改革总体方案》，为包括职业足球在内的我国足球事业发展指明了方向。我们可以认为，中国共产党的领导保证了中国职业体育的服务面向，特色所在，也为中国特色职业体育建设提供了最坚实、最有效的保障。

当然，党的领导对竞技体育职业化帮助还体现在为我国职业体育发展创设了特别好的经济社会环境。在党的领导下，我国实施改革开放战略，中国经济发展迅猛，经济实力大幅提升，经济总量持续增长。如图3-6所示，GDP从职业化改革前1993年的4447.31亿美元增长到2020年的14.72万亿美

---

① 习近平. 在庆祝中国共产党成立100周年大会上的讲话［N］. 人民日报，2021-07-01（2）.
② 张五常. 中国的经济制度［M］. 北京：中信出版集团，2017：179.
③ 中共中央宣传部编. 习近平新时代中国特色社会主义思想学习纲要［M］. 北京：学习出版社、人民出版社，2019：68.
④ 中国足球协会科学技术委员会. 中国足球事业年鉴［M］. 北京：新华出版社，2000：10.

第三章 中国特色职业体育实践探索：历程与经验

元，创造了中国奇迹。伴随经济社会发展，人民收入稳定增加（见图3-7），民生保障持续改善，社会环境越来越好，这样的一个安居乐业的社会氛围显然是有利于包括职业体育在内的各行各业发展的。其中，最为明显的变化就是我国服务业增长率最近10年开始超过GDP增长率（见图3-8），呈现出服务行业消费需求的兴起，预示我国经济社会结构的变迁。同时，随着人民生活水平的提高，越来越多的人开始加入各色体育运动中来，经常参加锻炼体育人口数量稳步增长，接近40%。我国体育产业发展迅猛（见图3-9），体育休闲、体育旅游、赛事观赏等活动越发红火，观赏性体育消费群体不断扩大，加之中国城镇化的快速形成，交通、场馆等改善明显，这些都为我国职业体育的发展创造了有利的条件。

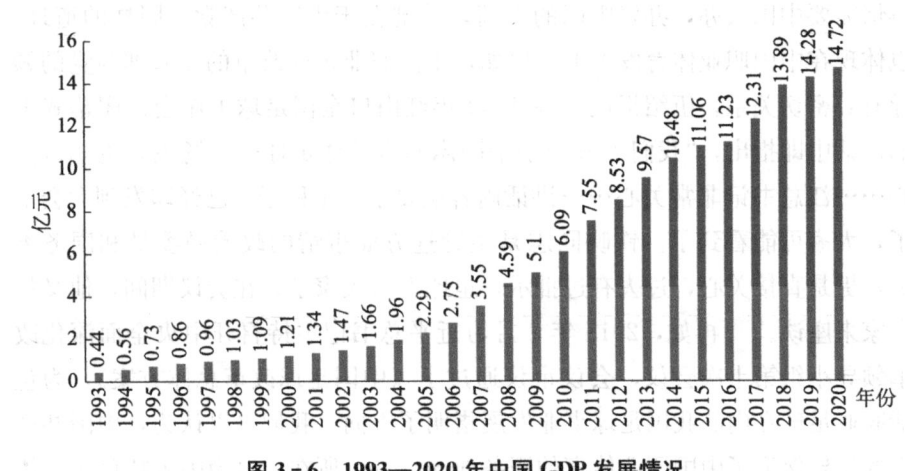

图3-6 1993—2020年中国GDP发展情况

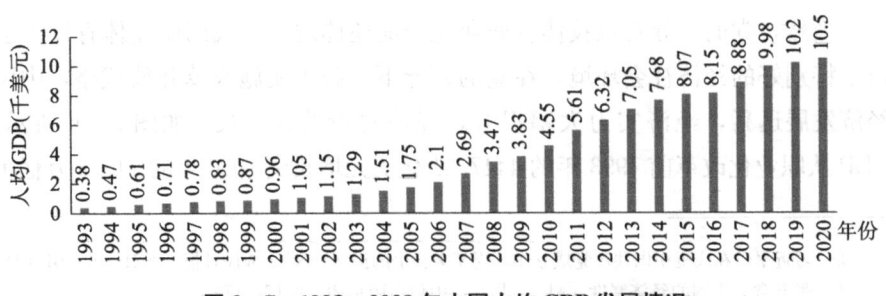

图3-7 1993—2020年中国人均GDP发展情况

第三章 中国特色职业体育实践探索：历程与经验

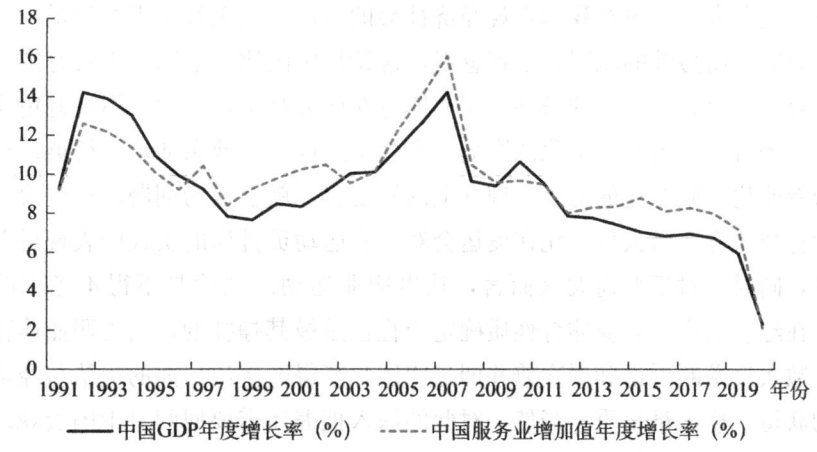

图 3-8 中国 GDP 与服务业增加值年度增长率比较

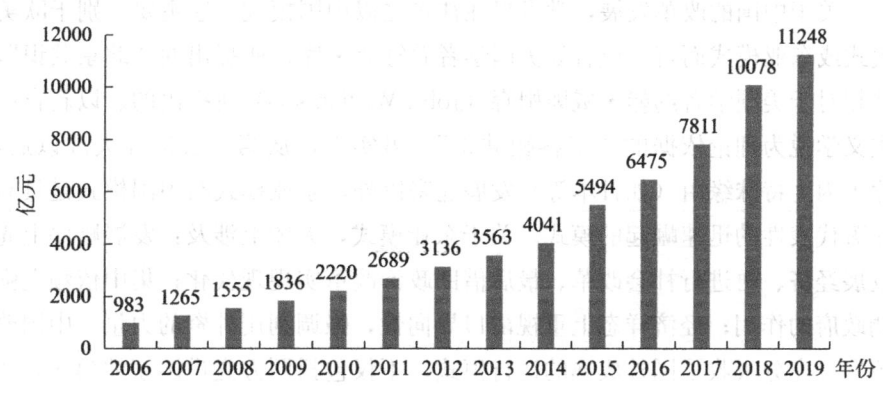

图 3-9 2006—2019 年中国体育产业增加值变化情况

总体来说，中国共产党领导是中国职业体育有序发展的根本保障，其作用贯穿中国职业体育发展的全过程，为中国职业体育发展创设了良好的内外部条件，引领着中国职业体育摸索找到一条适合自身国情的发展道路。当然，我们相信在中国梦实现进程中，中国职业体育将迎来更为有利的外部环境，也必将能够获得更大进步，更好满足人民群众对美好生活的需求。

二、嵌入中国宏观改革实践，遵循了渐进式的改革路径

客观来说，中国职业体育发展是很快的，从启动到实施 30 年时间，联赛体系、组织规范及基本运营规则都已建立，中超联赛已然成为世界第六大联赛。之所以如此原因是多方面的。既有我们沿用政府主导推进方式，可以

第三章　中国特色职业体育实践探索：历程与经验

集中力量办大事，也有我国宏观经济社会的发展，相关社会需求激增，带来连锁效应。而另外的原因也不容忽视，这就是中国比其他国家更具有推进竞技体育职业化、市场化的条件。职业体育在西方社会的演化，不可避免受到社会、经济、政治乃至文化的影响。在社会层面，从业余活动、精英运动提升为专业化、职业化的历程，理念上的转变首先就会成为问题，精英阶层把控的竞技体育赛事去世俗化在奥运会对职业运动员排斥的实践中表现得尤为明显，同时，对于普通大众而言，从事职业运动的风险是不得不考虑的问题；在经济层面，职业体育性质确定历程也是极其挣扎的，北美职业体育联盟的数次反垄断诉讼和屡次兼并即是明证，获得经济法层面的承认与经济效益的获得一样困难重重。当然，对此的深入把握还需要回归对中国宏观改革的认识之中。

关于中国的改革发展，学术界往往贯之以中国模式，这主要区别于欧美模式或东亚模式而言。或者如美国学者乔舒亚·库珀所提出的"北京共识"，并相对于美国学者约翰·威廉姆森（John Williamson）所提出的、以新自由主义学说为理论依据的"华盛顿共识"。事实上，从第二次世界大战以后，除了因为特殊缘由（如日本等）发展起来以外，东亚模式与中国模式是具有显著代表性的迅速崛起的模式。关于东亚模式，大体上涉及：发展顺序上先发展经济、再进行社会改革、最后借助政治改革实现现代化；集中依赖上强调政府的作用；经济样态上重视出口导向性，强调利用外资的力量。中国改革发展充分吸收了国外成熟的运行模式，不仅包括西方先进国家的模式，还包括东亚模式，甚至于吸收了东欧的社会主义国家转型失败教训。

（1）从经济运行样式上看，从计划经济转型为市场经济是基本特征。其中一个关键的环节即在于引入市场，让市场机制成为资源配置的手段，发挥资本的作用。

（2）从改革机制依赖上看，从政府主导推动向多元驱动发展是基本特征。其中政府与市场关系成为关系改革与发展的重要议题，从发挥市场作用，到市场主导地位的确立。

（3）从改革次序性和重点来看，先易后难的渐进式改革是基本特征。在经济领域，中国的改革从农村试点改革起步，到农村联产承包责任制的全面推广，到价格改革，再到企业改革的全面铺开；而到"蛋糕"做大了以后，社会改革随即展开，关注不同群体的社会诉求建设社会主义和谐社会；再后

第三章 中国特色职业体育实践探索：历程与经验

则是全面深化改革，并以阻滞改革深入的体制机制（乃至政治领域）为重点，强化法治中国建设。

（4）从支撑力量上看，一个坚强的领导和推动力量显得尤为关键，这就是中国共产党。从改革的起点到方向的把控、再到一个又一个困难的突破，背后都有党的身影和行政的力量，而这恰恰是区别于其他的国家的关键所在。

事实上，之所以选择这样一种改革路径，关键还是基于国内外环境的。如果我们前置中国改革的历程，从计划经济开始，我们会发现，这本身就是新中国成立初期以毛泽东同志为首的第一代中国共产党人在无奈的条件下的选择。在特殊的"冷战"氛围中，即便我们选择了开放的政策，也无法有效地实现。而"割裂"的条件下，依靠外国是不行的，于是可选择的方案唯有将国内市场作为一个整体，利用政府手段自力更生谋发展。而冷战后期，全球化提速的实践给予了中国一个可以接轨世界的机会，改革开放成为极其明智的选择。此时，选择利用外资，从点及面逐渐推进显然是阻力最小的，于是，乡镇企业、出口导向型企业在东部沿海迅猛发展起来。后续，当市场的理念逐渐形成后，改革的深入开始着眼于国企改革，"抓大放小"作为解决政府与市场关系的重要举措显然更符合国家利益，也具有更强的现实意义。当下，当资本从短缺变为丰盈时，走出去战略就显得尤为重要，"法治中国""营商环境""一带一路"成为当前热词。总体来看，后发的我国改革正是以问题为导向，在复杂的国际国内环境中博弈选择的结果，而且正是中国共产党人的正确领导带来了中国的繁荣发展。

中国竞技体育职业化改革大体也遵循渐进式的分解改革路径，先搭建职业体育竞赛和体系，再进行市场组织建设与完善，再着力于管理体制和机制改革。更为关键的是，它是以问题为导向的改革路径选择，带有明显宏观改革的特征。与中国宏观改革发展一样，这一改革在不断试错中慢慢推进，具有集约化和小风险的特征。当然，渐进式改革的困难在于对改革复杂问题的处理不力上，许多难点问题往往会不断累积，形成新的改革难点与堵点，而且改革过程伴生的利益集团等阻滞力量也会不断扩大，这给最后的改革或者超越形成独特模式带来困难。

三、以问题为导向，呈现了不断深入的适应性变迁过程

回溯我国近现代历史，追求现代化实践中大体即遵循了向外看—向内看

第三章 中国特色职业体育实践探索：历程与经验

一再向外看—再向内看的立场。19世纪中叶，西方列强的强势崛起，打破了中国传统文明的自序演化，早期的先贤开始了追求民族兴旺、国家强盛的实践。从洋务运动到五四运动，从"中学为体、西学为用""中国欲自强，则莫如学习外国利器"（李鸿章），到三民主义（孙中山），学习西方的探索启迪了国人的理念，但是将现代化和"西化"联系起来的局限性注定了革命的失败。中国共产党成立后，马克思主义的中国化实践，群众路线、"农村包围城市"这些更符合中国实际之举，引领了新中国的成立，从此中国走上了自主复兴之路。而后，审时度势的中国共产党人根据国内和国外特定形势，选择了改革开放之路，积极与世界接轨，加入世界贸易组织，"引进来走出去"，带来了中国的快速发展，中国模式及"北京共识"开始超越"华盛顿共识"逐渐为世界所关注。而近年来，特别是党的十八大以来，以习近平为核心的中国共产党人提出了"中国梦"的战略部署，贯彻以人民为中心的理念，更好满足人民群众对美好生活需求的实践，则将中国与世界关系话题上升到新的高度，寻找和积淀适合中国国情的发展模式，为世界其他国家的发展提供新的模板，助力人类命运共同体建设。由此可见，从摆脱半封建半殖民地的积贫积困境地，到创造中国奇迹，其背后的引擎是找到了切合国情的发展道路，其间向外看还是向外看不过是找寻这一模式的手段罢了。

关于中国宏观改革的理论认识，当经济改革取得成功后，社会改革就有了依托，而社会民主到了一定程度后，政治改革的阻力就自然会小些。但是，问题是对于职业体育改革这一牵涉面极广的领域，如何评判经济领域的改革是否完成就成为问题。同样，社会领域的改革也如此。另外，对我国社会改革而言，经济改革的支撑是自发的，一方面从计划体制中释放出来的社会需求是空前的，需求激增，而社会供给不足必然带动社会生产和经济的发展，而此时国外产品是很难进入的，即便进入高昂的价格也会限制一般消费，当然也形成一种激励，于是出于人的追求更好生活的本性，经济改革必然带动了社会改革的进阶；另一方面，早期改革开放伴生的是外资的大肆进入，外国企业或乡镇企业往往是以出口为导向的，在劳动力成本低的氛围下，竞争优势极易形成。总体来说，早期国内改革发展是符合国内外需求的，是小阻力的，更为关键的是极易撬动社会发展，是给后续的社会改革带来益处的。

与之不同的是，职业体育领域，市场生成逻辑上具有特殊性——先有消

第三章 中国特色职业体育实践探索：历程与经验

费市场（且是国外赛事开发的），再有市场企业（中国赛事），最后方有职业体育完整市场体系。这一特殊性，意味着我国职业体育在开始阶段就是无法实现有效的排外性。国外先发职业体育本着对利润的追求，不断侵蚀和抢占中国市场，左右中国职业体育发展，因为从理性的角度看，面对如此巨大的消费市场，中国职业体育发展水平越差，对他们越有利。也就是说，中国职业体育改革发展的现实阻力是巨大的，不仅仅来源于内部的经验不足，还来源于外部的干扰甚至是误导。

比如社会改革方面，后备人才培养就是一个例子，在国外成熟的模式下，后备人才的商业化、市场化是有基础的，且形成了体系。但是对中国而言，这种样态是否合适本身就是问题，或者是合适但是需要代价，还或者本身就不合适。我们一旦选择了错误的发展路径，则后备人才培养出了问题，职业体育赛事质量提升困难是不可避免的，而我们付出代价的另一面则是西方先发职业体育赚得盆满钵盈。究其根由来看，显然是经济改革与社会领域的改革不匹配。或者是国外先发职业体育，或者是国内短期投机者，他们最大限度地享受了改革所带来的好处，而以损伤中国竞技体育可持续发展为代价，对后续改革危害极大。或者说，经济领域改革与社会领域改革没有区分开来，用经济范式去改革社会领域，而没有对社会领域进行必要保护。

另一层面，由于我国职业体育改革起点的特殊性，意味着分权实践是不可避免的，而且这一分权化贯穿改革发展始终。事实上，从某种意义上讲，分权不是改革者所乐于看到和愿意去做的，更不是制度设计而来的，甚至分权是与制度改革方向相违背的。因为分权则意味着权力更加多元化，权力配置向着社会多主体方向演进。当然，为了将改革进行下去，分权成为极其关键的一部，特别是在我国职业体育改革实践中（见图3-10）。

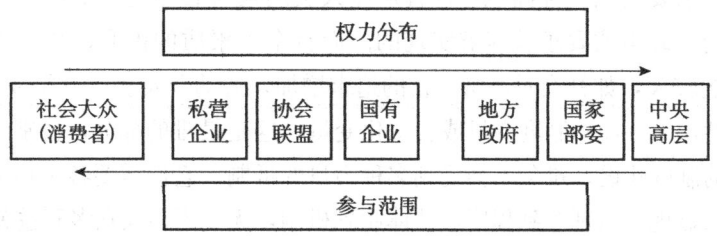

图3-10 我国职业体育分权改革示意图

第三章 中国特色职业体育实践探索：历程与经验

细数，我国职业体育分权改革的现实表征过程中，可以发现如下一些特征：（1）参与主体从原有单一的政府主导向多主体互动发展，社会（市场）力量开始成为关键，如协会、联盟等。（2）政策出台和治理实践过程，变成为围绕利益的争夺、冲突、整合、再平衡过程。（3）利益组织失衡问题开始出现，政策企业家、专家等强势利益集团开始占据利益诉求，信息成为关键要素。总体上，分权化，问题出现后需要再集权，这个权力适应性调整过程是基本趋向。这种适应性变迁实践，是从非理性向理性发展的选择结果，符合我国发展的阶段性诉求，并有效推动了我国职业体育改革的顺利实践。

总体上，基于后发理性，始于20世纪90年代的中国职业体育策略性地选择了"跟随跑"战略，在过去20余年发展中"节省"了"体力"，取得了应有成效。2019年国务院办公厅下发的《体育强国建设纲要》，站在中华民族伟大复兴的立场上，强调要推进包括职业体育在内的中国体育发展，积极探索中国特色发展道路，最终建成符合中国国情和中国实践、与中国国际地位相匹配的现代化体育强国，全面拉响了从"跟随跑"向"并跑领跑"进发的号角。

四、持续有效的改革动力依赖，政策在职业体育发展中发挥重要作用

诚然，改革是一个千头万绪工作，包括很多环节，也受众多因素影响。而决定改革的变量，可以简化为：（1）物质变量，如运动员的收入、场地设施建设等。这是操作性最强，同时也是受到反对或阻滞最少的部分，只要政策一动，很容易达成。（2）个人变量，主要指相关主体的个人素质，如运动员竞技水平、裁判员执法水平、管理人员运营水平等。这往往受自然规律影响，即便是变革的意愿很强，但是"十年树木百年树人"的古训告诉我们，改变现状需要时间。提高职业体育从业人员的素质必然是一个长期过程，不可能一两个政策或要求就能够实现的。而且个人素质的提升，往往受宏观的因素影响较大，如社会对经济利益的追求增加，撬动个人素养提升的砝码就需要顺应性加大。（3）制度变量或者文化变量，这是最难的部分，特别对于向市场方向的制度建设，难免不会受到多种力量的抵制。它们需要各个环节的综合作用效果显现，从理念到程序，从体制到机制，无一不涉及众多利益关系。

从计划体制下的专业体育起步，我国职业体育兴起与发展离开行政政策的作用，几乎每一次改革的重大突破，背后都有政策的身影。如表3-6所示，

第三章 中国特色职业体育实践探索：历程与经验

我国职业体育启幕时，原国家体育运动委员会和中国足球协会先后出台了近20个相关文件，其中既有支撑性文件又有专门性文件以及辅助性文件。政策出台，以制度形式保障了改革的可操作性和稳定性，维系了改革的稳定性。

表3-6 我国足球职业化改革准备及起始阶段政策文件一览表

序号	政策文件名称	文件性质
1	《国家体委关于深化体育改革的意见》（1993年）	支撑性文件
2	《关于运动项目管理实施协会制的若干意见》（1993年）	支撑性文件
3	《关于培育体育市场、加速体育产业化进程的意见》（1993年）	支撑性文件
4	《中国足球运动改革总体方案》〔（92）体足协字110号〕	支撑性文件
5	《关于强化足协实体化改革实施方案》〔（92）体足协字112号〕	支撑性文件
6	《关于建立和逐步完善足球俱乐部体制的实施方案》〔（92）体足协字113号〕	专门性文件
7	《关于建立足球特区的方案》〔（92）体足协字114号〕	辅助性文件
8	《关于整顿队伍促进改革的实施方案（草案）》〔（92）体足协字120号〕	支撑性文件
9	《全国足球竞赛改革的初步设想》〔（92）体足协字122号〕	专门性文件
10	《中国足球协会章程（草案）》（1993年）	支撑性文件
11	《中国足球协会俱乐部章程》（1993年10月18日公布）	专门性文件
12	《中国足球协会竞赛管理规定》（1993年10月18日公布）	支撑性文件
13	《关于继续深入整顿的决定》〔（93）体足字069号〕	辅助性文件
14	《关于实行运动员转会制度的通知》〔（94）体足字114号〕	专门性文件
15	《中国足球协会纪律委员会工作条例》（1995年）	支撑性文件
16	《中国足球协会诉讼委员会工作条例》（1995年）	支撑性文件
17	《职业教练员管理条例》（1995年）	专门性文件
18	《职业和半职业运动员管理条例》（1995年）	专门性文件
19	《中国足球协会运动员转会细则》（1995年）	专门性文件

具有典型性的是顶层设计的应用，并成为化解和推进中国职业体育进一步发展的关键所在。顶层设计，议题上需要明确改革什么、如何改革的问题。因为从改革的指导目标、原则遵循、方案设计、落实保障等，都需要借助自上而下的权力来指导。当然，从顶层设计的价值来看，首先回归改革的原点，即任何的改革都需以促进社会的发展为根本目的，更好地服务与满足社会发展是改革的起点与终点，经济领域也好社会领域也罢，都是如此。回

第三章 中国特色职业体育实践探索：历程与经验

到职业体育领域，则体现在以高质量的竞技体育发展来更好满足社会大众的体育赛事需求，背离之则难免不出现问题。同时，任何改革都需要以社会的支持和接受为评价标准。因为服务社会发展的规定性，自然内化了这一属性。而现实的职业体育改革举措之所以能够顺利推下去，关键即在于这些政策符合多方利益诉求，能够给职业俱乐部、球迷等带来现实的好处；相反一旦政策背离了社会支持，特别是无法获得职业体育主要利益群体（如单项协会、职业俱乐部等）认可，往往就会停留在口号上，难以真正落地。此外，顶层设计的有效价值还在于搭建可持续发展路径，可以更好满足各利益主体日益增长的要求，有空间有发展余地是必要的。

第四章

新时代中国特色职业体育建设：语境与内涵

　　模式作为社会话语总结，在现实中往往具有开放特性，是受制于特定环境的。一旦环境发生变化，则模式也会适应性的进行调整，以避免被淘汰。西方职业体育模式，即是如此，从早期的开放竞争到垄断竞争，再到全球化实践，正是这样。今天后发国家看到的职业体育模式大多来源于西方，当然这种源于西方更多强调的是作为运行模式的职业体育是从西方向非西方国家发展的。近些年来，一个重要误区往往将其看成"西化"，或者进一步讲，将体育运行模式适应经济社会发展的实践看作是借用西方模式的过程，甚至是西方模式全球扩张的实践[1]。而将一个内部选择的产物提升到价值冲突的层面，则往往会带来影响后发国家职业体育发展的障碍。因为在此理念上，后发国家职业体育出现问题，原因上要么是西方先发国（往往是领先的）有意或无意地破坏与打压，要么是国内精英没有很好、实事求是地基于现实条件进行运作的结果，要么是两者兼有的产物。这种思路在中国一直就很有"市场"。事实上，将今天我们的职业化等同于"西方"本身就是对职业体育的错误理解。当今职业体育的特征是，以市场化为依托的自组织运作体系、以多元需求满足为导向的效用追求、以人才供给为核心的竞技水平提升取向等，无一不是现代文明发展的价值体现。于是，从这个意义上讲，职业体育

---

[1] 张兵. 内源性结构转型：关于我国职业体育源起与发展实质的判断[J]. 天津体育学院学报，2013，28（1）：65—69.

第四章 新时代中国特色职业体育建设：语境与内涵

之所以产生于西方，是因为西方国家在工业革命以后，更早进入了现代文明社会。同样，今天包括中国在内的许多后发国家大力推进职业体育发展，本身就是自身发展的需要。

从人类社会发展的立场看，竞争是带有人类本性的。人类社会发展就是竞争不断升级的过程，从生存竞争到发展竞争、再到自我实现竞争，竞争的自由和空间逐渐提升，而这也恰恰是人们乐于向往的。职业体育即是如此，从赛场内的竞争，到赛场外的竞争，从依赖他人的生存到自我创造价值提供再生产的动能。当然，职业体育作为一种体育的特定运行样态，自然无法脱离体育内嵌于政治、经济、社会的属性，而现实的不同国家、不同文化传统、不同经济社会发展水平，对体育的诉求是有差异的，这也就决定了职业体育的现实差异性。如果我们看不到这一点，而简单地把俱乐部体制、联盟运营、市场取向理解为职业体育模式，难免不会以偏概全、以表象充当实质，后果自然忽视了职业体育发展的多种途径和多样性，也就失去找寻中国特色职业体育的根基。

当然，对于后发者而言，面临的一个极其关键的问题是如何进行发展的问题，是遵循传统西方的样式，自序发展逐级提升，还是另辟蹊径。因为对于前者而言，显然是不经济的，一来时间上特别长，西方职业体育即经历了100余年，二来现在背景不一样了，已经存在一个西方的模式了，无论如何自序都会受到他们的影响。而对于后者，则需要明白职业体育的内核所在，然后是发展次序问题。更为关键的是这是各国不一样的，是无模式可以参照的，是一个探索过程。至于发展实践，至少涉及如下一些问题：（1）职业体育各关涉要素的改革发展次序，如组织建设、机制建设、体制建设、文化建设等，到底哪个先动哪个后动。这需要回归职业体育的内核中，找出关键的因素，同时还要考虑国内外环境的影响。总体来讲，合本体规律和经济层面的节约化是基本逻辑遵循。（2）职业体育与国家整体改革战略实施中的次序选择：如法治建设与体制改革哪个先动、哪个后动？攘外还是安内？是促进消费还是进行后备人才培养等。这个值得深入研究，但是可能政治立场（职业体育的发展目标和服务面向定位）和职业体育本体运作规律是基本逻辑遵循。（3）职业体育改革与宏观经济社会改革之间关系问题：职业体育该如何适应宏观经济社会改革步伐？我国职业体育该如何从体育强国建设、经济全球化乃至法治中国建设中获得发展动力？职业体育可否表现出超越性呢？这

第四章　新时代中国特色职业体育建设：语境与内涵

些似乎都事关中国职业体育建设，特别是中国特色的实践与意义体现。当然，一个基本的立场：职业体育是嵌入经济社会发展之中，没有超越社会现实的职业体育存在。

总体上，一个基本判断是：作为运行模式的职业体育不仅仅属于西方，更进一步讲，今天世界各地广泛兴起的职业体育模式虽然带有类西方的特质，但是各有各的特色，各有各的风格。因为这不仅符合生物多样性的存在规律，还切合当下职业体育全球化扩张的基本脉络。而上述讨论或秉承的思路与理念，也为中国特色职业体育认识提供了可能。

第一节　新时代中国特色职业体育建设语境

雅斯贝斯在论述历史特征的认识方式时曾指出，"我们称之为历史的东西是可以从外部进行观察的，在时间和空间中，它发生在属于自己的特定位置上。"① 事实上，任何事物的发展都离不开其社会背景，波兰尼将其定义为嵌入性，布迪厄称之场域，不过他们意思都是相近的，都指出那是事物演化发展的基础和认识视角。由是，探究一事物的内涵与外延，离不开对其所赖以发展的背景认识。当然，新时代中国特色职业体育的认识与把握亦应如此。本节内容即是基于这一思考，旨在把握新时代中国特色职业体育建设所依存的语境，为明晰其本质服务。

一、体育强国与中国特色职业体育建设

2019年8月，《国务院办公厅关于印发体育强国建设纲要的通知》下发，科学规划了新时代中国体育高质量发展的战略目标与战略任务，即体育强国建设。体育强国建设是一项系统工程，涉及群众体育、竞技体育、体育产业等众多领域，需要站在服务人民对美好生活向往需求的层面解决多元问题，其中职业体育作为勾连甚广的领域需要有所作为。事实上，经历近30年的发展，中国职业体育赛事体系基本成型，国内外影响力不断彰显；同时，其发展壮大的立场恰是内嵌于体育强国建设实践之中的。当然，新时代体育强

---

① ［德］卡尔·雅斯贝斯. 历史的起源与目标［M］. 李夏菲译. 桂林：漓江出版社，2019：330.

第四章 新时代中国特色职业体育建设：语境与内涵

国建设是一项系统工程，需要职业体育有所担当、有所作为。

（一）中国职业体育的源起与发展内嵌于体育强国建设进程

中国体育强国建设起始于20世纪80年代初，为学术界所认同。"1983年原国家体委向国务院报送的《关于进一步开创体育新局面的请示》，正式提出要在本世纪末把我国建设成为'世界体育强国之一'的目标"[①]。此后，推进我国体育事业发展，建设体育强国，成为中国体育发展的战略目标。当然，作为后发的尚处于发展之中的我国体育，所面临的基本问题是"如何在'处处不如人'的条件下还得比人家增长得更快"[②]。于是，要实现这一愿望，就要客观分析我国体育的现实，充分吸收和借鉴国外相对成熟的发展经验和发展举措。

职业体育是一个竞技体育专业化发展的结果。作为一种以竞技体育俱乐部化为运行主体的组织方式，可以追溯至17世纪西方社会赛马等俱乐部的成立；而作为一种具有明显商业化性质的竞技体育运行样态，则是19世纪末、20世纪初的事情，体系化的竞技体育赛事赚钱效应的出现催生了这一实践。随后，经历了不断积淀的西方职业体育已然形成了具有独特性的运行体系和治理结构，并伴随全球化的历程影响着世界体育的发展，成为当代体育极其显性的运行模式。高水平的运动员、教练员、裁判员、管理团队及其培养体系，独特的运动竞赛和运作体系，适应现代市场经济氛围和娱乐休闲型消费社会需求，具有顺应现代文明的特征，对中国体育强国建设具有极大的"诱惑力"。

如果说，中国体育强国建设是一个逐渐适应经济社会发展、伴随认识深入而优化调整的过程，那么极为重要的举措就是推进竞技体育职业化改革。1992年，邓小平同志南方谈话确定了解决"姓资姓社"问题后，红山口会议召开，以足球为代表的竞技体育职业化改革议题正式走上历史舞台。当然，实践中我国职业体育发展的基本条件相较于西方更为复杂。从内部看我国竞技体育职业化改革恰逢体育强国建设起步阶段，从外部看职业体育发展和社会主义市场经济建设具有同步性。在体育强国建设初期，中国职业体育发展

---

① 仇军，刘波，张兵等. 体育强国建设：中国的实践与挑战 [M]. 南京：江苏人民出版社. 2016：61.

② 樊纲. 发展的道理 [M]. 北京：生活·读书·新知三联书店，2004：11.

第四章 新时代中国特色职业体育建设：语境与内涵

的竞技体育条件相对较差。早期职业化的项目，如足球、篮球等，国际竞争力和地位并不突出。同时，沿承传统专业队体系，不仅人才培养模式较为单一，而且相关项目的群众基础较差。我国职业体育发展的法律、信用、舆论等外部环境并不理想，加上国内对于市场经济模式、机制的认识不足以及相关市场规则规范体系不完善，增添了职业体育发展的不确定性和运行实践的欠规范性，并造成职业体育市场主体交易成本居高不下。此外，在时机条件上，我国职业体育的源起与发展时逢西方体育全球化加速推进阶段。在国际环境方面，我国是后入者、是弱小者，在体育领域的国际影响力和发言权不够，无法在国际市场交易环节中获得有效话语权。国外先发职业体育的资源禀赋、模式机制等方面的优势，在为我国提供参照的同时还往往成为我国职业体育有序发展的约束条件，并在一定程度上压制我国职业体育的发展。

伴随我国体育强国建设的有序推进，竞技体育、群众体育、体育产业等领域取得了骄人成绩。顺应之，中国职业体育也走上了较为正态的发展演化路径，取得了显著成效。首先，我国职业俱乐部建设、联赛建设和运营机制体制初步成型。俱乐部建设方面，以中超联赛、中国职业篮球联赛为代表的中国职业体育，已经完成了俱乐部的法人实体化改造，职业俱乐部成为遵循市场原则、按照市场要求自主运营、自负盈亏的专项性社会组织。2015 年 11 月广州恒大淘宝足球俱乐部上市成功，标志着中国职业俱乐部建设已经与世界顶级俱乐部全面接轨。同时，职业联赛体系基本搭建完成。2004 年中国足球超级联赛（CSL）、2005 年中国男子篮球职业联赛（CBA）以及 2017 年中国排球超级联赛（CVL）的先后推出，中国职业体育联赛在赛制、赛程方面实现了联赛模式的跨越式发展，而涉及中超、中甲、中乙及地区性联赛的较为完整的职业足球联赛体系形成预示着中国职业联赛组织和运营体系的基本成型。伴随管办分离以及随后足球、篮球等单项协会的实体化、社会化改革落地，与职业体育发展相适应的管理体制和运营机制建设迈出了坚实的一步。其次，我国职业体育竞赛水平不断提升，消费群体不断扩大，市场开发能力不断改善。竞赛水平高低，是职业体育的生命线，直接关乎消费市场的规模与质量。从 1994 年开始，我国职业联赛尝试多种举措（如引入优秀外援等）提升联赛水平和质量，并带来了消费群体的不断扩大。如中超联赛，自推出伊始其消费规模即始终处于上升通道，场均上座率在 2011 年开始成为亚洲第一，从 2015 年上升为世界第六，具体如图 4-1 所示。与此同时，

第四章 新时代中国特色职业体育建设：语境与内涵

我国职业体育联赛的市场开发能力不断改善，联赛赚钱效应不断提高。如中国足球联赛的冠名费从1994年的120万美元，到2018—2022赛季的5年10亿元，增长了20倍。而德勤《中超联赛——2018商业价值评估白皮书》报告显示，2018年中超版权价格达到10年110亿元，与此同时，中超联赛赞助收入在过去15年年复合增长超过30%，2018年总赞助金额达到4.65亿元。此外，伴随中国职业体育发展，产业链条不断延长，中介体系、服务体系不断完善，职业体育对我国体育产业和国民经济的贡献度不断提升，成为我国经济新的增长点。诚如江小涓（2018）所强调的那样，"'比赛'确实创造了GDP，而且还将高速增长创造更多"①。

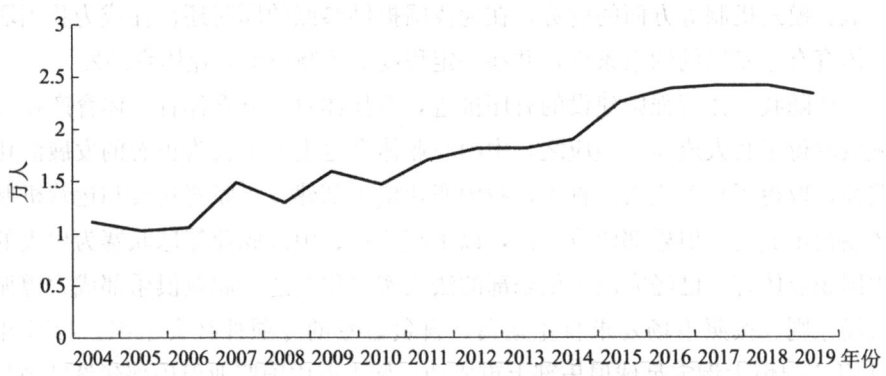

图4-1 中超联赛场均上座率统计（2004—2019年）

注：数据整理自中国足球协会（中超公司）公布数据。

（二）职业体育改革实践带有较明显体育强国建设的特质

内嵌于体育强国建设中，我国职业体育选择了区别于西方的发展模式、推进机制，从建立职业俱乐部、职业联赛等微观领域开始，然后逐级推进各类要素市场的改革与建立，破除旧体制和建立新体制并行推进，形成微观与宏观互动，并有效对接体育行政管理体制和国家经济社会体制改革。作为一种转轨建构实践，我国职业体育内嵌于特定的体育变迁发展实践中，除了需要解决符合职业体育一般特征的基础性建构问题外，还需解决转型发展所衍生出的具有中国特殊性的发展问题。或者说，我们不仅仅需要遵循职业体育

---

① 江小涓.职业体育与经济增长：比赛、快乐与GDP[J].体育科学，2018，38（6）：3—13.

第四章 新时代中国特色职业体育建设：语境与内涵

一般范式搭建职业体育运营平台、完善相关内部构件、处理市场运营问题，更重要的是立足中国转轨实践，解决中国问题。事实上，对于前者而言，在全球化的当下，模仿学习即可能解决；而后者，则更为复杂，对中国职业体育的影响尤甚。因为那是中国特色化再造实践，不仅与中国发展传统相关，还与当前所处国际环境密切关联；而且作为后发的转轨样态，不充分不均衡发展问题往往伴生其间，作用与影响极大。结合体育强国建设特征，职业体育改革实践的切合性至少体现在以下几个方面：

1. 采用从单项突破到综合改革、从易到难的探索式改革发展思路

探索性有计划、有选择、有节奏推进体育强国建设，优先发展竞技体育，特别是有国际竞争力的项目，然后综合推进，是我国体育强国建设的基本思路。这种思路也体现在我国职业体育改革实践中，如选择足球、篮球等有代表性的项目进行试点，探索改革路径，总结形成改革经验。实施思路则是首先通过联办形式成立俱乐部建立职业联赛，然后进行职业俱乐部企业实体化改革，接着围绕建立职业体育运行体制的总目标进行统筹规划，探索式推进综合改革。同时，这种由浅入深、由易到难、循序渐进推进的思路也反映在专项改革之中。如中国职业足球联赛即首先在北京、上海、大连等11个城市率先进行，待到相关实践取得经验后再全国推广。再如在职业足球运动员市场建设方面，即经过"顺序申报制（1998年）、顺序摘牌制（1999—2000年）、倒摘牌制（2001—2002年）、自由摘牌与倒摘牌相结合制（2003—2004年）、自由摘牌制（2005—2008年）"等尝试[①]，逐步建立涉及注册转会制度、准入制度、仲裁制度等的制度体系，最终形成较为完备的中国职业球员市场。总体上，正是这样一种思路保证了中国职业体育改革发展的可持续性和低波动性。

2. 践行从"摸着石头过河"到"需求导向""市场取向"的逐级目标优化改革理念

中国体育强国建设不同于西方，前期没有可资借鉴的先例可循；其发展历程贯穿于中国特色社会主义市场经济建设实践中，而"中国的改革一般被

---

① 雷振. 中国足球职业球员转会制度的变迁与法治化 [J]. 河北师范大学学报（哲学社会科学版），2013，36（6）：145-150.

第四章 新时代中国特色职业体育建设：语境与内涵

认为是从计划向市场的转轨，或者说转型"①，本身就是一个"摸着石头过河"的探索实践。内嵌于宏观经济社会背景，我国职业体育改革也带有社会主义市场经济建设的内在规定性，秉持谨慎态度，摸索前行。如在《中国足球运动改革总体方案》（体足协字〔1992〕110号）中即强调"任何事物的发展都要有一个过程，经过若干年的努力，我国足球俱乐部必将发展起来。在相当时间内俱乐部和其他组织形式并存，这对整个足球事业的发展将起到促进作用"；在《关于建立和逐步完善足球俱乐部体制的实施方案》（体足协字〔1992〕113号）中则指出"足球界应把握时机，首先迈出关键的几步……建立足球俱乐部是当务之急。"而随着改革的深入，职业体育赚钱效应、社会效益逐渐体现出来，加之市场主体不断形成，增加市场要素、建构切合市场运行的规则体系和治理机制成为将改革进行到底的必然选择。在实践中，逐步明确职业体育市场化改革目标，按照市场要求进行制度创新，充分发挥市场的主体地位。如中国职业足球领域，早期的中国足球职业联赛的建立更多是一种尝试，中超公司的成立则意味着市场化取向的目标转变，而管办分离的实践以及中国足球协会去行政化的落地则进一步明确了职业足球市场化发展目标。

3. 重视政府力量的持续作用，遵从"边发展、边治理"的分阶段、问题导向型推进实践路径

脱胎于传统举国体制的我国体育，实践中政府、市场、社会之间关系重塑是其核心议题，也是关系体育强国建设成效的关键。事实上，工业革命后，经济社会的发展本身就是一个不断协调优化政府与市场关系的历程。跳出传统农业社会，工业化大生产的发展，即开启了政府角色重塑的实践，从亚当·斯密的"守夜人"、到市场失灵中政府作用（凯恩斯主义）、再到新自由主义的兴起。当然，对于后发国家而言，政府的作用往往还不仅限于填补市场在产业结构升级中的作用以及解决市场失灵的范畴，政府在扭转产业弱势、实现竞争地位等方面的作用尤为重要。其中，日本等国家的快速发展，乃至我国经济社会快速提升实践已然证明政府在国家产业发展中的巨大推动力。对于我国职业体育而言，政府的作用甚至不限于上述范畴。我国体育强国建设具有后发性，谋求超越式发展是其基本目标指向。逻辑上，一旦定义

---

① 张维迎. 市场的逻辑 [M]. 上海：上海人民出版社，2010：197.

第四章　新时代中国特色职业体育建设：语境与内涵

为超越式发展，则意味着我国体育的发展不能单单依靠市场或社会力量来达成，还必须依赖一个更强的动员与组织主体，这个主体自然非国家或者政府莫属。这不仅因为市场力量或社会力量的自然演化效能不足，更为关键的是后发的中国体育，内部存在众多需要协同与解决的问题；同时在全球体育竞争环境中，中国体育无法孤立发展，必须在西方主导的不平等秩序中推进，而这些问题的有效解决需要一个国家或政府力量出面动员协调，依靠这一强势的力量组织实施。依赖政府力量对原有专业队进行社会化改造，推行俱乐部制，搭建起职业体育联赛，我国职业体育快速高效地实现了"从无到有"。从联赛体制建构、职业运动员"调拨"、再到职业体育市场架构，宏观微观层面都离不开政府行政力量的身影。当然，对于一个市场化趋向明确的职业化改革而言，政府行政主导推动的问题也随之而来。因为政府行政力量的过度介入，往往会引致政府与市场、社会关系之间的隔阂，政府行政机制的局限性逐级暴露出来。而与此同时，随着职业体育市场体系的完善，社会资本的力量开始显现出来，利用市场和社会力量化解政府问题，成为引领我国职业体育快速发展的动力源泉。但是社会资本进来以后，资本天然的逐利性，又会造成供需之间的结构性矛盾，职业体育的投资逐利生产与社会大众需求之间呈现了不协调，并成为阻碍职业体育高质量发展的困境，驱动新一轮的改革。总体来说，逐级推进、分类解决问题的实践方式，在保障职业体育发展平稳性的同时，顺应了我国经济体制改革的节奏，有利于激发我国职业体育持续改进的动能。

4. 新时代中国特色职业体育建设需借力体育强国建设

从市场运行角度看，政府干预主义与（新）自由主义之间在实践层面往往是摇摆的，时而重视政府作用，时而强调市场力量，也即稳定的政府与市场关系是不存在的。当下国际形势即带有从自由主义向干预主义变迁的趋向，在体育领域也是如此，如英国、日本等在竞技体育发展策略上，举国体制的兴起已然是事实。但是，我国的情况更为复杂。关于本体特征上，可以用双转型来反映我国职业体育改革与发展的复杂性：（1）在运行模式上，从举国体制（政府主导）向市场（社会市场主导）体制转型，从社会效益为主向市场效益为主、兼顾社会效益转向，这区别于西方单纯地从社会效益向市场效益转换的实践。（2）内置发展水平提升的变量，从低水平向高水平转变。

第四章　新时代中国特色职业体育建设：语境与内涵

当然，新时代中国特色职业体育建设是一个复杂的过程，牵涉面极广。制度设置、人财物的实质性变迁等，无法单单在职业体育系统内有效解决，需要借力体育强国建设，以解决众多自身无法或者力不从心的问题。可喜的是，2019年国务院办公厅关于印发的《体育强国建设纲要》（国办发〔2019〕40号）中，不仅有"推进职业体育发展"的专门内容，在9项重大工程中也至少有5个关涉职业体育发展，体现职业体育在体育强国建设中重要性的同时，也为其发展增添了新动力。

二、经济全球化与中国特色职业体育建设

（一）经济全球化及中国基本立场

当今世界，全球化是一个基本特征与趋向，以经济全球化为导向，裹挟着政治、文化等连带物影响着每一国家、每一个体。源头上，全球化是以科技创新为先导的，从早期的通勤交通能力提升，到信息科技全面发展，全球生产与贸易成为现实，一个具有全球规模的世界市场开始形成。其间，以跨国公司为主要形式，资本、技术、劳务等在国际上流动，全球各国和地区之间的经济联系和相互依存逐渐提升。如果说，逐利是资本的基本特性，全球化就是这种逐利性的结果，其实质是资本掠夺关系范围拓展，扩展至全球。综合来看，经济全球化至少涵盖一些特征：

一方面，经济全球化是资本为了获取最大利润，抢占全球市场，谋求控制全球的现实表征。这一进程实质上加强了资本权力对世界的控制和统治。弱肉强食的竞争贯穿于全球化进程，并将其变为"以资本主义为主导的、以实现全球少数人利益为目的的资本征服整个世界的现象和过程。"① 也即，经济全球化过程加剧了国际世界的分化，特别不利于后发国家的发展。虽然全球化有助于资源要素配置的便利，但是资本积累的差异，使得贫富分化是资本关系发展的伴随物。经济全球化在为后发国家带来机会的同时，也在一定程度上锚定了其位置，或者成为资本主义的廉价生产基地，或者成为其消费市场。

另一方面，经济全球化蕴含着资本主义推行其运行方式的内在规定性。对于后发国家发展而言，迎合资本扩张的内在规律，追求资源配置效用最大化，其关键在于形成全世界范围一致的机制、规则。而消除国界阻碍，推行

---

① 李慎明. 全球化与第三世界［J］. 中国社会科学，2000（3）.

第四章　新时代中国特色职业体育建设：语境与内涵

资本主义运行方式和运行机制是明智和现实选择，或者说，借经济之势推行资本主义政治经济制度和价值观念，内嵌于经济全球化实践。当然，这一实践，也为后发国家创设了难得的发展机遇，从技术跟随、资本要素，到人力资本素质提升、管理经验积累。

总体来说，经济全球化是一把"双刃剑"：既有资本逐利主导的"阴暗面"，也有打开后发者眼界的"阳光面"。问题在于我们如何应对之。保持清醒认识，抓住历史机遇，以更加积极的态度走向世界，借全球化大势，更好地推进中国现代化建设，显然是必要的。而这一关键就在于：应对经济全球化过程与发展中国特色社会主义的协同推进。

为此，我们首先要以更加积极的态度认识到融入全球化的必要性。封闭就要落后，落后就会挨打，这是历史教训告知国人的基本逻辑。而中国改革开放 40 余年的辉煌成就，则另一面揭示了开放的重要性。邓小平同志明确指出："关起门来搞建设是不行的，发展不起来。"[①] 为此，我们正确看待全球化给我们带来的机遇，迎难而上，找到融入全球化与实现中华民族伟大复兴之间的最大公约数。其次，我们要清醒地认识到当前全球化进程中存在着众多需要谨慎处置的"陷阱"与挑战。追求世界范围内的平等、互惠、共赢、共存，搭建人类命运共同体，符合全体人类的共同利益，也是全球化所能实现的最大福祉。但是，诚如前文所述，全球化从源起开始就是夹杂了资本主义企图获取更大利润的倾向，全球市场中充斥着大量不公正、不合理的"国际惯例"，这需要我们善于把握，认真对待，精准施策，趋利避害；同时，也需要我们埋头实干，做好我们自己的事。此外，我们善于总结经验，积极探索将全球化融入中国特色社会主义建设进程的方略。发展是共同的议题。全球化不论怎么说，都提供了一个极佳的发展机遇。为此，以更好满足人民需要为出发点，抓住发展主线，借力全球化助推中国特色社会主义建设，更符合我们的利益诉求。

如此来看，全球化作为一种无法阻挡的潮流，带有两面性：既有联合，又有分化；既会带来积极机遇，也会带来消极影响。于是，客观对待全球化，主动融入全球化，而不是"被全球化"，往往能够带来战略的主动性，更符合后发国家的利益。

---

① 邓小平. 邓小平文选第 3 卷 [M]. 北京：中央编译出版社，1993：64.

第四章　新时代中国特色职业体育建设：语境与内涵

（二）中国职业体育建设恰逢国际职业体育全球化加速时期

中国职业体育改革议题，可以追溯至 20 世纪 90 年代早期。1993 年，《国家体委关于深化体育改革的意见》出台后，中国竞技体育职业化改革正式走上历史舞台，从足球项目开始，并于 1994 年正式推出职业联赛。随后加速提升阶段，直至当下进入新时代。时间上，恰逢西方职业体育全球化实践的加速期同步。

全球化，从物质资源的全球争夺、到跨国联合运营，在 20 世纪六七十年代后，随着科技的快速发展出现了新的转向，构建全球的消费主义文化成为其目标所在。诚如美国学者乔治·里茨儿[①]所认为的那样，全球化催生了市场交易实践中的地点、商品、人和服务的虚无化，将社会消费引向脱离实在的规定性，并架构起某种逻辑联系，跨国的消费被改写。事实上，在市场经济发展初期，工业化的大生产依赖于资本的积累、生产资料的投入，而消费往往被认为是影响资本积累的，是不利于再生产的；当然，此时的经济系统更多是集中于产品生产系统中，遵循生产—分配—消费—再生产的运行逻辑。而伴随市场经济的发展，生产过剩的危害及其带来的经济危机逐级引起人们的重视，如何迅速地将生产系统生产出的产品消耗掉，并转而产生新的需求，成为现实需要考虑的问题，这也就催生了丹尼尔·贝尔语境中后工业社会的服务业态。顺应之，消费对象也跳出了单纯的实物形态，满足心理诉求、符号化的东西进入消费领域，"需求瞄准的不是物，而是价值。需求的满足首先具有附着这些价值的意义。"[②] 也即，"商品的物质使用价值日益失去意义，消费成为替代性的声誉享受和追赶时尚的欲望，最终，消费品的商品性似乎全部消失——从而转化为审美幻象的拙劣模仿"[③]。而 "这一切带来的都是固定的态度和习惯，以及使消费者比较愉快地与生产者、进而与社会整体想联结的思想和情绪上的反应。"[④] 由是，经济运行系统被改写，消费文

---

① ［美］乔治·里茨儿. 虚无的全球化［M］. 王云桥，宋兴无译. 上海：上海译文出版社，2006：13.
② ［美］让·博德里亚. 消费社会［M］. 刘成富，全志钢译. 南京：南京大学出版社，2006：42.
③ ［德］西奥多·阿多诺. 美学理论［M］. 王柯平译. 成都：四川人民出版社，1998：30.
④ ［美］赫伯特·马尔库塞. 单向度的人：发达工业社会的意识形态研究［M］. 刘继译. 上海：上海译文出版社，2006：12.

第四章　新时代中国特色职业体育建设：语境与内涵

化主导着一类生产实践——以创造商品的符号意义，引导消费者消费需求为目标，以传媒为载体，借助媒介包装将生产嵌入于需求体系和符号化欲望满足系统中，不断推动新的需求产生和再生产的延续。

在消费文化语境中职业体育，借助运动方式、运动价值和组织形式上的分歧与协同来实践自身的社会切合性，实现其符号化生产和再生产。首先，职业体育将在赛场上高强度的紧张体育竞争与观赏实践中相对放松的娱乐体验有机结合，演化为职业体育消费实践的表面矛盾的双重性，在激情中体验放松、在放松中感受激情。其次，职业体育"建构了一套完全崭新的表现方式，一整套行为和象征的方式，甚至成为集体想象的自我参照"[1]。在消费实践中，消费者（观众、赞助商）往往以自我喜爱的球队、运动员进行自我参照和自我定义，从而实现消费者与运动员（运动队）之间的勾连，运动竞赛的成功与失败，不仅仅是运动员或运动队的事情，它们还深深触动着整个消费群体的神经，关乎着众多人的利益。而且这种有效缔结，不仅有效改变职业体育竞赛的运行生态，还改变了体育竞赛的生存价值，为体育赞助等商业行为提供了可能。再次，论及职业体育消费，不得不谈及电视等传播媒体。电视等传播媒介的出现，对职业体育赛事具有极其重要意义。不仅仅在于它给运营主体带来丰硕的收入，更重要的是它带来了更为宽广的市场，丰富和延展了体育竞赛的时间与地点，甚至是改变和提升了体育比赛的结构，塑造了体育神话。电视传播媒介编撰了一个又一个故事，改变了体育竞赛的核心运行机制，将即时的竞赛表演活动变为可记录、可延展和重构的叙事，也即增加了职业体育竞赛的可贴附性，商业价值、人文精神乃至自我成就感都可以无缝嫁接其中。此外，更为重要的是，职业体育消费文化运行实践跳出了区位的限制，变为了通俗的、可拓展的、全球化的文化形态，无羁绊地融入全球化运作实践中，从而形式上打通了各国职业体育所依存的文化基础，变为全球通用的符号。而且诚如布迪厄（2001，中译本）[2] 所认为的那样，"文化生产场的自主程度，体现在外部等级化原则在多大程度上服从内部等级化原则；自主程度越高，象征力量的关系越有利于最不依赖需求的生产者，场

---

[1] ［法］乔治·维加雷洛. 从古老的游戏到体育表演：体育神话是如何炼成的 [M]. 乔咪加译. 北京：中国人民大学出版社，2015：103.

[2] ［美］皮埃尔·布迪厄. 艺术的法则——文学场的生成和结构 [M]. 刘晖译. 北京：中央编译出版社，2001：265.

第四章　新时代中国特色职业体育建设：语境与内涵

的两级之间鸿沟越深，也就是有限生产的次场和大生产的次场之间的鸿沟越深"。事实上，职业体育运行实践即是遵循这一逻辑而不断发展与演化的，并进而开启全球化运作实践。20世纪80年代末的意甲联赛、90年代早期的篮球 NBA 联赛等，开始进入中国，并在一定程度上培育了中国的消费市场，当然也改变了国人对竞技体育价值的认识。

现实中，伴随全球化、信息化的深入发展，西方职业体育发生了一系列适应性变化。首先，原有的职业体育盈利结构发生变化，德勤、普道永华等关于职业体育财务数据研究报告业已显示，商业收入、电视转播收入开始支撑西方职业体育跨越式发展，而以门票为主体的比赛日收入增长则陷入停滞。在全球化之前，职业体育（职业俱乐部）与伴随经济发展而来的市民社会关系密切。职业俱乐部扎根城市社区，嵌入市民业余生活方式之中，满足他们的观赏需求以及以此为基础满足赞助商等消费主体诉求，属地性、本土化是这一阶段的基本特征。而随着全球化的加剧，特别是信息化的迅速发展，职业体育改变了原有的运行方式，门票收入占总收入的比重随之下降，转播权收益的贡献率逐级提升，成为支撑职业体育联赛发展的支柱力量。通过对德勤事务所 *Roar Power：Annual Review of Football Finance* 2018 中年度（2016—2017赛季）营收前10名俱乐部财务信息统计发现：俱乐部收入中，平均比赛日收入、平均转播收入、平均商业收入占比分别为18.2%、38.9%、42.9%；这与其上一年度报告（*Ahead of the Curve：Annual Review of Football Finance*）提及的"在这8亿欧元的涨幅中，49%来自转播收入，42%来自商业收入，只有9%来自比赛日收入"趋势相符合。而这意味着，传统"SSSL模式（即'门票—补助—赞助—本地化'模式）"[①]，随着技术与制度的变迁，发生了根本性变化，职业体育收入中的门票、转播和商业收入各占三分之一的格局逐渐被打破。普华永道关于北美体育赛事市场的研究报告也显示相似的趋势（见图4-2）。该报告显示，版权收入的剧增是引致北美体育市场收入增加的引擎所在，2013—2018年其累计增长率与其他收入（门票收入、赞助收入、附加品收入）的总和持平。事实上，转播版权收入和商业收入背后蕴含的恰恰是境外扩张的脉络。

---

① 杨铄，郑芳，丛湖平. 欧洲国家职业足球产业政策研究——以英国、德国、西班牙、意大利为例 [J]. 体育科学，2014，34 (5)：75-88.

第四章 新时代中国特色职业体育建设：语境与内涵

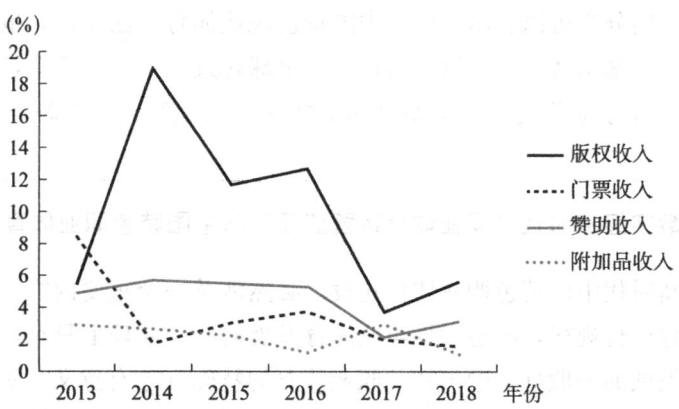

图4-2 2013—2018年北美体育赛事市场收入复合增长率变化

数据来源：www.pwc.com/outlook。

其次，大量的机构投资者（甚至私人投资者）进入职业体育，如欧洲五大联赛的战略投资者在过去20年中呈现成倍的增长，即便是诸如"欧足联财政公平法案"这样极其严厉的财政控制举措都没有消减这一趋势[①]。此外，西方职业体育传统的联盟关系正在悄然发生着改变，北美职业体育联盟的高水平球员集聚持续呈现，而欧洲职业足球，不论是英超、西甲、德甲、意甲，还是欧冠、欧联杯，长期被少数几个足球俱乐部垄断，从运动成绩、到盈利能力都呈现出相类似性[②]。当然，在全球化背景下，"社会问题和经济问题，似乎不可分地与国际问题混在一起"，因为全球化打开了全球生产、消费同质化的通道，"使世界每个角落的生产与消费出现了同一性"[③]，世界各国成为全球性生产和消费体系的组成部分。同样，任何一国的职业体育已然无法孤立运作，而是作为全球化职业体育市场体系的一个分支而存在。全球化时代，中国职业体育无法"独善其身"。而且更为关键的是，从原初的市场（最早是消费市场），到当下的全面融入，中国职业体育已经完全进入了国际职业体育产业链体系，成为全球职业体育完整体系的一分子。

[①] Rohde M, Breuer C. The market for football club investors: a review of theory and empirical evidence from professional European football [J]. *European Sport Management Quarterly*, 2017, 17 (3): 265-289.

[②] Terrien, M., Scelles, N., Morrow, S., et al. The win/profit maximization debate: strategic adaptation as the answer? [J]. *Sport, Business and Management*, 2017, 7 (2): 121-140.

[③] [美] H.G. 威尔士. 文明溪流 [M]. 袁杜译. 南京：江苏人民出版社，2010：234.

第四章 新时代中国特色职业体育建设：语境与内涵

基于上述分析可以看出，建设中国特色职业体育无法跳出，也不可能跳出全球化这一基本背景。后续如何在经济全球化进程中把握机会，变被动为主动，实现自身竞争力提升，成为新时代中国特色职业体育建设的重要内容。

三、数字经济时代（职业体育运营变迁）与中国特色职业体育建设

推进新时代中国特色职业体育建设，必然涉及一个重要内容，即需要把握职业体育运行规律，洞悉世界职业体育发展趋向。学理上只有把握了世界职业体育发展的一般性，中国特色职业体育的特殊性才有意义。实践上，在全球化、数字化进程中，中国职业体育发展离不开对西方职业体育现存样态和发展趋向的系统关照。

（一）适应性变迁：职业体育运营演化的经济社会学探析

自达尔文伊始，系统的自我生成观点逐渐被认可。从生物进化到社会适应，再到自组织系统，事物维系运行的基本机理即在于拥有一套自我生成系统。内生于近代西方社会的职业体育，脱胎于贵族阶层俱乐部化的体育活动组织方式，早期更多显现为业余性的体育竞赛活动。当然，伴随西方资本主义生产方式持续扩散，社会分工引导着专业化延伸，体育也逃脱不了受其"侵蚀"。从运动员的专业化、到运营管理的专业化，这一历程不仅标志了真正意义上的职业体育产生，还在一定程度上催生了职业体育的转向，即赚钱成为职业体育运营的核心工作，也成为考核职业经理人的关键所在。当然，这种转向客观上赋予了职业体育区别于其他社会文化形式的关键特征，即实践中依托球场和市场这两个紧密联系的场域存在。

事实上，罗森博格（Rottenberg，1956）[1]、尼介（Neale，1964）[2] 的经典研究，业已揭示了职业体育运营的内在规定性，即职业体育运营的基础是体育竞赛，核心又是运动员、教练员等人力资本有创造性、高技艺的劳动。作为职业体育赛事供给的最基本要素，运动员的竞技能力高低直接关系竞赛水平，并进而通过竞赛吸引力影响职业体育市场运营水平。这也使职业体育

---

[1] Rottenberg, S.. The baseball players' labor market [J]. *Journal of Political Economy*, 1956, 64 (3): 242—258.

[2] Neale, W.C.. The peculiar economics of professional sports [J]. *The Quarterly Journal of Economics*, 1964, 78 (1): 1—14.

第四章 新时代中国特色职业体育建设：语境与内涵

与其他领域一样，都不可避免面临着人力资本的维系与发展问题，伴生其中的必然是以运动员为核心的从业人员收入的持续增长。首先，在社会发展历程中，劳动生产率提升，社会财富增加必然引致个体生活水平的提升，包括运动员在内的社会大众收入的增加是常态。其次，进入现代社会，人才的竞争是社会发展的动力源泉这一普遍规律被广泛认可，围绕（具有特殊技能的）人才竞争的关键手段即在于提供有竞争力的收入保证，这一实践往往无形中催生了运动员收入的增加，特别是在竞争激烈的开放联盟中，运动员薪资的增长尤为明显。最后，维系职业体育这一特殊的自我生成系统，需要不断有新的运动员加入其中，激励青少年从事刻苦训练并最终成为职业运动员，也有必要提供一个标杆激励，不断提高运动员的收入待遇。由此可以看出，职业运动员的收入增长是具有刚性的。

从职业体育发展演化来看，脱胎于业余体育的西方职业体育，早期的运作实践更多是选择立足球场的。借助运动员的专业化、职业化，提供具有竞争力、吸引力的体育竞赛，贯穿早期职业体育的型塑历程，期间赚钱效应则带有一定的附加性。此时的职业体育商业行为大体遵循这样的逻辑，即超出常人（业余体育）的体育竞赛，提供了观赏和娱乐的可能，观赏门票的售卖成为维系竞赛进一步开展的手段；而相关职业体育赛事的集聚效应，给诸如食品店、酒店等提供配套用品与服务的企业（行业）提供了机会，早期的赞助行为随着集聚效应的扩大而产生；与此同时，体育俱乐部的定点运作伴随轰动效应逐渐成为区域性的热点事件（形象），且这种形象的象征意义越发明显，通过投资体育俱乐部或联赛（联盟），可以为更多人知晓，从而售卖更多、盈利更多，资本介入行为开始慢慢出现，职业体育的营利性逐渐被激发出来。换句话说，职业体育的经济性不是与生俱来的，是逐渐从以运动员为中心的竞赛运作方式中过渡而来的；其间，技术的改进与变迁支撑了这样一个实践。当然，这里涉及的技术不仅包括运动竞技能力、赛事组织技术，还包括社会宏观技术变迁，如交通、建筑等，其中尤以电视转播技术影响最为深远。因为伴随电视转播技术的发展，传媒作为一个独立的社会系统出现，它不仅增加了职业体育赛事信息传播效用，还逐渐改写了职业体育商业模式。首先，在传媒作用下，职业体育的竞赛产品被逐渐改写。职业体育不再仅仅是体育竞赛活动，也不再仅仅停留在运动场上、体育馆内，多元化的衍生产品陆续被推出。其次，职业俱乐部、职业运动员也不再仅仅是赛事的

第四章 新时代中国特色职业体育建设：语境与内涵

组织和生产者，它们本身就体现出明显的商品属性，具有特有的交换价值、符号价值。挖掘职业体育商业价值，成为商业资本一度追逐的热点议题，并以职业俱乐部上市运营为特征在20世纪八九十年代风靡欧美[①]。

竞赛产品功能性拓展实践赋予了职业体育作为竞技体育商业运行样式的规定性，产业性、营利性，成为职业体育的显性特质。遵循经济学的一般思路，资本具有天然的逐利性，追求利润最大化、促进价值增值也往往被用以定义资本所有者商业投入的目的所在，并以带有明显经济学遵守的市场规律呈现出来。而嵌套于西方资本主义社会，职业体育自产生伊始就带有天然的逐利性，并随着商业资本的大肆进入呈现加剧的特征。循此，"在商言商"的基本市场规范遵守，意味着职业体育运营实践中必须做好边际分析、平衡财务收支。而且按照经济学的一般原理，收益与成本的相对均衡更可能是行业运行的常态，对于职业体育来说也是如此。对于职业体育俱乐部而言，投入主体上以人力资本（运动员等）为主，而产出则显现为门票（比赛日）收入、转播收入和商业收入（赞助等）。遵循市场运行基本规则，商业色彩浓郁的职业体育要想维持自我可持续运营，边际成本收益是基本的遵守，否则处于亏损中的俱乐部（联盟）难免不陷入倒闭退出的窘境。总体来看，职业体育运营的基本规定性中即内含着一个矛盾的统一体：一方面是遵循市场运行规律，将职业体育看作一个企业，需要遵循财务控制的基本原理，为成本设置一个上限，需强调"节流"；另一方面则是遵循谋求获胜的竞赛规律，吸引和稳定优秀运动员的实践往往伴生运动员工资的不断升高，并进一步推高俱乐部的总成本，需重视"开源"。面对商业利益和竞赛成绩最大化的双重目标[②]，从组织结构架构到制度规则（如维系竞争平衡的倒序选秀等）、再到技术变迁，西方职业体育"费尽了心思"，进行了众多必要调和。在欧洲职业足球领域中，从财务安全准入制度，到财政公平法案，保障体育竞赛水准的同时强化了职业体育营利性和财务稳定性；在北美，不仅组织形成了关系更为密切的职业联盟，还进行了针对性的制度设置，通过工资帽来约束俱乐部的总成本。但是，结果却呈现另一景象。如欧洲职业足球运动员转会费

[①] 童超. 职业足球俱乐部股权结构与财务绩效关系研究——基于全球22家职业足球俱乐部2013—2018赛季数据的实证分析 [D]. 上海体育学院硕士学位论文，2019：8.

[②] 曹祖耀. 职业足球场域的行动逻辑 [D]. 上海大学博士论文，2011：40—41.

第四章 新时代中国特色职业体育建设：语境与内涵

近30年增长了30倍，亿元身价球员倍增，与此同时球员薪资增长令人瞠目；在北美，球员薪资也始终处于上升通道，NBA工资帽所呈现的始终增加特征即是明证（见图4-3），而且可能正是这种上升的工资收入激励了后备人才资源的有序投入，维系了NBA联盟的良性运行。如此可以看出，在化解两难选择的路径上，西方职业体育具有明显的趋同演变特征，不约而同地选择了后者，即采用了"开源"而非"节流"的运作方式——通过不断拓展市场空间，进一步提升盈利能力，并引领着职业体育运营模式的转变。

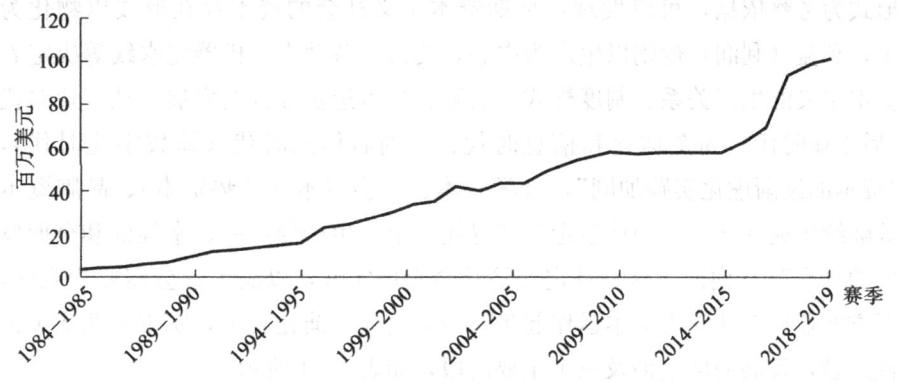

图4-3 NBA工资帽变化情况统计（1984—2019年）

注：资料来源于NBA官方网站。

（二）数字经济时代职业体育运营机制变化

从业余体育走来的职业体育，以职业运动员的竞赛表演为核心，以商业化、市场化运营为特征，在维系运动竞赛生产与消费满足之间平衡的实践中演化发展。一方面，由于运动员的再生产对维系职业体育的自我生成最为关键，遵循理性人思路，维系生存和发展意味着运动员收入增长具有刚性，需要借助运营扩展的硬性加以满足，并最终引致了西方职业体育运营方式的变迁；另一方面，跳出业余性的职业体育，资本投入所带来的逐利性，在资本与技术的互动中，充分展现了功用性逻辑，改进市场运营效用、提升盈利能力贯穿职业体育演化实践。实践中，这种变迁主要涉及以下两层面：一是消费者范围的扩大，消费场域从球场内拓展到球场外，消费群体分布从属地变为全球，同时职业体育（俱乐部）的属地性运营等传统模式相继发生变迁，且一直处于推陈出新之中；二是产品及其效用发生变化，从即时性的竞赛产品变为多元化的复合产品，从仅仅服务于观赏需要，逐渐变为文化产品，并

第四章　新时代中国特色职业体育建设：语境与内涵

向着更高附加值的产品变迁。当然，上述变迁的实现是有条件的，恰巧当今经济社会流变创设和满足了相关条件。一方面是全球化的深入推进，生产、交易、消费的全球一体化体系形成，"地球村"格局切实改变了当今西方职业体育运营样态；另一方面，科学技术的进步，特别是信息传媒技术的发展，顺应变化赋予了职业体育运营提升的机会和空间。当然，对这种适应性变迁的考察还需进一步回归西方社会的发展历程。遵循经济社会学传统，强调"经济制度（行为）的社会嵌入性""社会型塑性"[①]，以资本的主要存在形式为考察依据，可以发现，早期资本主义社会的资本存在形式以物化为主，利益（利润）规则以生产为中心，货币、劳动力、机器流水线等决定着资本主义的生产关系、制度样式。而随着技术进步和社会发展，从工业时代（后工业时代）到全球化和信息时代、再到后信息时代（即数字化时代），"资本的逐渐虚化实践加剧"，金融资本、社会资本（位势资本）、品牌资本等陆续生成并开始引领社会走上"寻找一个非生产导向的、幸福的和全面发展的社会"[②]。内嵌于这一特定经济社会发展实践，以满足社会需要为靶向，西方职业体育从人力资本运作起步，与时代同步演化发展，实现了两次关键性跨越，发展周期上涉及三个主要阶段，如表4-1所示。

表4-1　　　　　　　　　职业体育运营阶段及内在机理

时代类型	球场中心时代	市场中心时代	数字虚拟时代
阶段划分	人力资本运营阶段	商业资本运营阶段	品牌资本运营阶段
时间节点	20世纪70年代以前	20世纪70年代以后	21世纪以来
运作类型	生产者主体的赛事资源的产品运作	生产者主体的赛事产品的商业运作	消费者主体的多元资源的品牌运作
核心产品	球场赛事	球场赛事、衍生品	市场知名度、衍生品
核心产品定位	以运动能力显现为核心的竞赛产品	以赛事价值衍生为核心的商业产品	以俱乐部（联盟）竞赛形象为核心的品牌产品
产品特征	有生命周期、易于模仿、价值难以累积	有形为主、易于模仿、有累积效应	无形为主、独一无二、有累积效应且可延伸扩展

---

① ［瑞典］理查德·斯维德伯格. 经济社会学原理［M］. 周长城等译. 北京：中国人民大学出版社，2005：42-48.
② ［加］罗伯特·阿尔布里坦，［日］伊藤诚，［巴］李查德·威西特拉等. 资本主义的发展阶段：繁荣、危机和全球化［M］. 张余文译. 北京：经济科学出版社，2003：61-63.

第四章　新时代中国特色职业体育建设：语境与内涵

续表

时代类型	球场中心时代	市场中心时代	数字虚拟时代
运作平台	消费市场	消费市场	媒介市场
价值管理关涉	以价值捕获为核心的业务管理	以价值创造为核心的资源管理	以价值共创为核心的利益相关者管理
俱乐部定位	体育竞赛产品生产商	体育竞赛产品生产商、相关服务商	体育竞赛产品生产商、相关服务商、运营商
服务对象	消费者（球迷）	多渠道的商业伙伴	多层级的利益相关者群体

职业体育第一个有典型性的阶段，可以称之为球场中心时代，因为这时的运营主要围绕现场球迷的运作，体育竞赛的球场是职业体育运营场域的主体。在这一阶段，职业体育运营的基本旨趣是提供高水平的体育竞赛。于是，强化体育竞赛本身价值的达成度，多采取改善运动训练水平、修改运动竞赛规则、活跃球场氛围等旨在提高比赛吸引力的方式；同时，增强与现场观众需求的切合度，并采取了以下主要手段：改善赛事组织结构、切实大众需求安排赛程和竞赛时间、推出一系列球迷互动活动等。在另一层面，以运动员为主的人力资本保值增值，是这一时代职业体育运营价值体现的核心，因为有了优秀的运动员就可以提供有吸引力的体育比赛，也就可以转化为购买力，实现资产增值盈利。而伴随社会大众对高水平竞赛追求本性的表达，职业体育市场属性很快被彻底激发出来，职业体育随即进入了商业资本运作的实践体系中。以市场为中心，职业体育首先拓展了商业范围，体育竞赛精彩程度之外的元素开始变得重要，比如竞赛产品的强市场收益预期性、话题的独特性等。其中，具有显著意义的是，职业体育俱乐部（联赛）资产作为一个重要资本形式开始走上前台。跳出球场的束缚遵循商业资本的运行范式，职业体育俱乐部（联盟）借助其自身的商业形象和象征意义，围绕商业利益展开，实现价值提升。由此，可以将其称之为商业资本运营阶段。这一阶段，虽然商业资本仍带有竞赛产品的衍生色彩，且以人力资本作为支撑，但职业体育运营不再仅仅是生产领域，而逐渐向市场交易领域延伸，球员市场、赞助市场、中介市场、电视转播市场等都成为职业体育谋求盈利、实现增值的场所。

事实上，从球场到市场，仅仅是完成了职业体育的第一次跨越，更多的是一种运营理念的变化。因为在球场中心时代，与运动竞赛密切相关的门票

第四章　新时代中国特色职业体育建设：语境与内涵

收入是职业体育收入的主要来源；随着职业体育商业资本运作的加剧，商业收入开始逐渐增长，电视转播收入、赞助收入的比重逐渐提升，但是相关收入更多带有职业体育赛事的衍生品特质，职业体育运营的核心逻辑并没有发生变化，仍然以职业体育竞赛产品质量为导向，以满足大众的观赏产品为中心，或者是赛事的观赏范围扩张了或者是赛事的存在形式变化了。而职业体育真正意义上伴随时代的进迁，则发生在 21 世纪——从产品运营向品牌运营的变迁，才是具有显著意义的第二次跨越。在资本全球化、信息网络化等数字经济社会环境支撑下，商业化加剧的内在追求引导着职业体育走向了一个新的运营阶段，即品牌资本运营阶段。进入这一阶段后，职业体育（联赛）俱乐部形象、影响力等无形资产已经不再仅仅被看作是一种可以利用的资产，而变为可以自我增值的资本；同时职业体育运营逻辑也随之发生明显转向，从球场的单核运作变成为双核运作，也即职业体育的盈利结构中不仅有职业体育竞赛活动这一盈利资源，职业体育自身（联盟、俱乐部、运动员等）开始作为盈利资源而存在。与之对应，职业体育运营的领域进一步延伸，职业体育（联盟、俱乐部）资产开始与金融市场、信息市场等建立联系，无形资产运作成为主攻方向，从球场内向球场外，从属地向全球化扩张，从商誉代言到无形资产专用权特许权运作、再到俱乐部形象的核心竞争力运营，多角度、全方位的品牌运营样式正在逐渐形成。比如，西甲的皇家马德里俱乐部自 21 世纪伊始就根据品牌资本运营的规律，推进了涉及体育、社会和经济的三大战略，立足竞赛影响力提升、知名度美誉度扩张与运营组织结构优化，培育和强化俱乐部品牌形象，跃升为世界顶级俱乐部行列[1]，且带来了俱乐部盈利能力的切实提升，其中与俱乐部品牌效应关系更为密切的商业收入和电视转播收入增幅更大（见图 4-4）。由此可以认为，西方职业体育已经进入了一个全新的时代：以强化品牌资本运营为基本特征，并连带运营理念[2]、运营机制[3]等方面的实质性转变。

---

[1] Callejo M B, Forcadell F J. Real Madrid football club：A new model of business organization for sports clubs in Spain [J]. *Global Business and Organizational Excellence*，2006，26 (1)：51—64.

[2] Morrow S, Howieson B. The new business of football：A study of current and aspirant football club managers [J]. *Journal of Sport Management*，2014，28 (5)：515—528.

[3] Şenerı, Karapolatgil A A. Rules of the game：Strategy in football industry [J]. *Procedia-Social and Behavioral Sciences*，2015，20 (7)：10—19.

第四章 新时代中国特色职业体育建设:语境与内涵

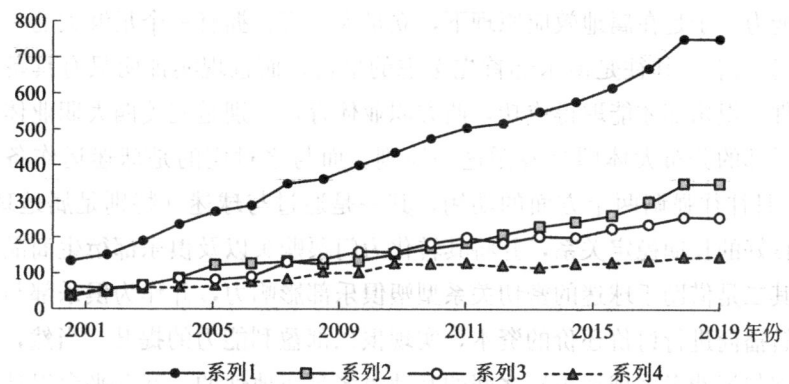

图4-4 皇马足球俱乐部收入结构变化情况(2001—2019年)

注:数据整理自德勤足球财富报告。其中系列1为总收入,系列2为比赛日收入,系列3为电视转播收入,系列4为商业收入;单位为百万欧元。

在传统职业体育理论中,或者说在电视出来之前,门票收入关乎职业体育的生死存亡[①],属地性往往被认为是职业体育俱乐部运营的关键原则,关系职业俱乐部及其经营者成败[②]。因为职业俱乐部依靠吸引球迷前往运动场(馆)观赛获得收益,本地球迷的数量与质量直接决定俱乐部的门票收入,也即属地球迷所创造的价值是早期俱乐部乃至联赛生死存亡的关键所在。即便是进入了电视转播时代,属地性的重要性也是不言而喻的,它不仅体现在属地球迷产生的门票收入,还有属地的赞助、纪念品等衍生收入。正是如此,市场分割性往往被认为是职业体育的基本特性[③],并对应西方职业体育联盟内俱乐部的特许经营权体系,关乎联盟的准入、扩张、合并以及俱乐部的迁移,关系联盟的反垄断赦免以及竞争平衡等[④]。遵循属地性原则,城市的规模、富有程度、球场大小等成为关系俱乐部盈利能力的重要因素。因为大城市、富有之地,意味着有大市场,职业俱乐部也就有相对更强的盈利空

---

① [美]迈克尔·利兹,彼得·冯·阿尔门. 体育经济学[M]. 杨玉明,蒋建平,王琳予译. 北京:清华大学出版社,2003:73.

② Neil Carter. *The Football Manager*:*A History*[M]. New York:Routledge,2006:63-65.

③ 周平. 从产业组织理论角度探讨国外职业体育市场的主要特征[J]. 体育与科学,2005,26(4):45-48.

④ James Quirk, Rodney D. Fort. *Pay Dirt*:*The Business of Professional Team Sports*[M]. Princeton, N. J.:Princeton University Press,1992:325-327.

第四章　新时代中国特色职业体育建设：语境与内涵

间和能力。于是在属地效应原理下，立足大城市、拥有一个足够大的自有产权球场（馆），往往是俱乐部首先考虑的事情，而且现实证明只有具备了这一条件，俱乐部才能取得成功，西方职业体育，特别是北美四大职业体育联盟俱乐部的分布大体即是遵循这一原则。而与之对应的是球迷运作备受重视[①]，且往往强调两个方面的功用，其一是通过与球迷（特别是属地球迷）建立良好的长期稳定关系，并将其转化为门票购买以及俱乐部衍生商品的消费；其二是借助于球迷的密切关系型塑俱乐部影响力，并作为俱乐部与赞助商、转播商进行讨价还价的资本，实现俱乐部盈利能力的提升。当然，此时俱乐部与消费者（球迷等）之间的互动更多是属地性的。互动平台以球场为主，特别强调球场文化，看台文化被认为是特别有价值的；同样深入社区被俱乐部作为常规工作对待。不过，应该认识到选择属地运营，是由于职业体育的产品特性及其引致的消费群体来源特征所决定的，是基于特定条件实现价值增值、维系联盟（俱乐部）有序发展的需要，带有明显的球场中心时代特征。因此，一旦职业体育产品及其消费群体发生变化，则意味着原有的属地性可能随之变迁。而全球化、信息化的快速发展，当职业体育跳出传统的属地性后，原有的单纯依靠深入社区、强化属地性的球迷联系方式也正发生着变化。因为进入品牌资本运营阶段后，职业体育的消费群体跳出了球场束缚，社会影响力也超出了属地限制。此时，比赛不确定性所制造的悬念可能仅仅是众多话题之中的一个要素；数字时代，话题、流量才是最重要的或者说最关切联盟收益的指标。其背后的逻辑是，俱乐部受到的关注越多，球迷数量越多，俱乐部影响力越大，商业价值也就越大；同时，职业体育相关社会话题越多，商业运作的空间就越大，盈利能力也就越强。转换运作理念，与体育场地（馆）建设的高投入、高风险以及不可决定性相比，另一个俱乐部与球迷互动的平台逐渐受到重视，也即是社交媒体平台。区别于传统媒体的属地性，社交媒体平台摆脱了地理障碍，为消费者服务提供了便利，俱乐部可以与全世界范围内的消费者（球迷）建立广泛联系；实践中，西方职业体育借助网络化和社交媒体平台，改写了球迷运作方式——从球场看台变为社交平台。品牌资本运营阶段的社交媒体平台成为俱乐部的"新球场"，平

---

① Edson Coutinho da Silva, Alexandre Luzzi Las Casas. Sport Fans As Consumers: An Approach to Sport Marketing [J]. *British Journal of Marketing Studies*, 2017, 5 (4): 36—48.

第四章 新时代中国特色职业体育建设：语境与内涵

台的互动人数越多，俱乐部吸引力越大，商业价值越大。对德勤欧洲足球俱乐部财富榜（前 20 名球队）球迷数据进行处理即发现，Facebook likes、Twitter followers、Instagram followers 三个网络化的球迷数自变量与球队（年）收入呈正相关，而场均球迷数对球队（年）收入的解释能力较低，两者无法建立良好的关联性，具体如表 4-2 所示。

表 4-2 新旧球迷运作方式影响球队年收入的一元线性回归方程模型

自变量（x）	一元线性回归方程模型	R^2 值与 P 值
Facebook likes	$y=6.187+0.893x_1$	$R^2=0.798$；$P=0.000$
twitter followers	$y=3.629+0.793x_2$	$R^2=0.629$；$P=0.000$
instagram followers	$y=6.429+0.789x_3$	$R^2=0.623$；$P=0.000$
场均球迷数	$y=1.382+0.42x_4$	$R^2=0.176$；$P>0.05$

数据来源：2019 年德勤足球财富榜（Football Money League）。

数字经济时代，利用社交媒体平台的球迷运作方式，不仅改变了职业体育运作的属地性，还改变了球迷运作的价值，将其变为涉及商业利益、资产价值、社会责任等具有长期投资效益的资本运营实践，并带动职业体育运作中的媒体利用变迁。事实上，西方职业体育发展历程，媒体的身影始终存在，甚至在一定程度上可以认为，职业体育运营变迁就是一个伴生于媒体发展的实践。当然，需要指出的是，传统媒体更多承担信息传递的功能，信息接收者（球迷等）借助媒体获得信息，却很少可以表达自我的观点，也即传统媒体是存在信息传递阻滞、互动效用低下的。正因如此，许多职业体育联盟尝试自制媒体资源，以期消解媒体平台的中介损耗，实现与球迷的直接联系。伴随信息技术的发展，数字经济时代来到，社交媒体出现，问题随之而解。在社交媒体平台上，俱乐部可以直接对接来自世界各地的消费者（球迷等），在全世界范围内获得认可，实现了社会辐射度和影响力的扩大；同时，新平台还可以实现双向互动、借助相互对话建立稳定的关系，直接打通了俱乐部与球迷之间的交流壁垒，有助于增强消费黏度。更为关键的是，在社交媒体平台上球迷不再是简单的信息接受者、消费者，还时时充当着价值的生产者。因此对职业体育俱乐部而言，社交媒体扮演着多重角色，既是对话全球球迷的服务性机构组织，也是与赞助商进行品牌合作的完美工具，还是与

第四章　新时代中国特色职业体育建设：语境与内涵

消费者共同创造"链接价值"的有效平台①。换句话说，在伴随经济社会的变迁实践中，西方职业体育把握了全球化和网络时代的契机，借助社交媒体完美实现 4 的换挡升级，从品牌价值推广转变为品牌价值共创。类似的，在与转播商、赞助商等利益相关者借助多元平台实现价值共创实践中，传统的赛事生产供给为主体的运营，逐渐被消费需求引导的赛场内外融合、生产交换消费共通的多层次运营所取代。当然，这一价值共创实践，职业体育并没有跳出自我的属性，相反进一步促进了体育竞赛与市场运作之间的深度融合。

（三）数字经济时代职业体育运营特征把握

1. 从价值增值到价值共创：职业体育运营理念发生变迁

关于职业体育品牌运营的认识，可能首要从俱乐部的名称开始谈起。事实上，职业俱乐部名称，在球场中心时代，它更多是一种代号；展现自我独特的、又区别于他者，是此时俱乐部名称的最大特色。在西方，可以发现各色各样的俱乐部名称，有的是地方标识、行业类分，有的是地方萌宠，或者其他。比如 NBA 的休斯顿火箭队，其队名的由来是由于球队坐落在航天城的缘故，波士顿凯尔特人这一队名则事关波士顿的爱尔兰移民怀旧情节；而英超阿森纳队的"枪手"昵称得来则与其前身是伍尔维奇兵工厂（Arsenal）队有关。之所以如此，可能与当时职业体育以满足消费者（特别是属地球迷）观赏需要为基本出发点的运营理念相一致。在此理念下，俱乐部名称作为一种球迷文化标识存在，满足消费者需要，发挥着联络俱乐部与球迷关系、培养球迷忠诚度的功效，于是决定权多交由球迷，由球迷投票选出来。当然，此时的职业俱乐部名称也确实发挥着一定的商业作用，但是这更多停留在标识层面，类似今天门店招牌的意义。而随着职业体育运营范围扩展，在知识产权保护相关法规逐渐形成的前提下，职业体育俱乐部开始加强自身名称、商标的市场开发力度，俱乐部名称也就不再仅仅是标识，转而成为一种具有产权意义的商业资本，成为俱乐部的重要战略资产。围绕品牌的

---

① Parganas P, Anagnostopoulos C.. Social Media Strategy in Professional Football: The case of Liverpool FC [J]. *Choregia*, 2015, 11 (2): 61—75.

Price, J., Farrington, L. & Hall, L.. Changing the game? The impact of Twitter on relationships between football clubs, supporters and the sports media [J]. *Soccer & Society*, 2013, 14 (4): 6—461.

第四章 新时代中国特色职业体育建设：语境与内涵

运营也就此拉开了帷幕。事实上，一旦进入品牌运营阶段，则俱乐部名称、标识等随之成为品牌商标，充当着俱乐部、消费者（球迷）间多元关系维系的纽带。其中与职业联赛或职业俱乐部的竞赛文化（精神）相关的、区别于其他产品的特征，往往被无限放大，成为传递某种内涵与外延、体现某种特定利益、具有某种竞争优势的载体。职业体育（联盟、俱乐部）的品牌资产也随即转变为品牌资本。相比于商业资本时代的生产中心样式，品牌运营范式下职业体育开始发生明显转变，即从（生产者，特别是运动员）生产决定市场，变为（消费者）需求决定市场，球迷、赞助商、转播商成为职业体育的最终决定力量；与此同时，产品运营从功能导向转变为"功能＋体验"导向，在提供高水平有特点的体育赛事及相关服务的同时，分享体验、社交参与、文化认同、价值认同等专门性活动开始出现在职业体育运营中，以提升职业体育消费者（球迷）的感受，增强俱乐部的消费切合度；顺应之，职业体育俱乐部（联盟）也不再单纯是赛事生产商，它们还要充分联合转播商、中介商等利益相关者当好赛事品牌运营商。

2. 从利益共同体到产业链：职业体育结构关系被改写

诚如前文所述，基于运动员人力资本的资产专用性特征，职业体育存在双层竞争合作关系：一层为体育竞赛，运动竞赛的公平性规则要求联盟内俱乐部之间必须是平等的；另一层则是市场经营，联盟内各俱乐部在自身利益最大化的同时要兼顾联盟利益。这决定了职业体育联盟内俱乐部的运营结构关系，联合生产是基本特性，各俱乐部之间的平等关系往往被广泛认同，并被作为职业体育组织的基本特征看待[①]。当然，我们要意识到，形成这一判断的依据在于职业体育根植于高水平体育竞赛的本质规定性，或者说，职业体育联盟中的俱乐部之间的平等协作关系更多的是基于体育竞赛的公平竞争规则展开的，因为只有平等的双方才能在竞技场展现出高超的运动水平，为社会大众贡献精彩的比赛。换句话说，在一个封闭的社会环境中，经济利益最大化的最优选择是供给势均力敌的竞赛，创设竞赛的不确定性，提高比赛的可观赏性，实现途径的最优选择是将联盟内的球员按照竞技实力进行均分，实现竞争平衡。因为这样，体育竞赛的不确定性越大，观赏性和吸引力越大，可以吸引的球迷数量就越多。现实中，随着全球化的推进，职业体育

---

① 张文健. 职业体育联盟的组织模式研究[J]. 上海体育学院学报，2006，30（1）：56—58.

第四章　新时代中国特色职业体育建设：语境与内涵

逐渐跳出了封闭空间，打破了原有平衡。数字时代品牌资本运营阶段，职业体育联盟（俱乐部），不仅要与其他职业体育联盟竞争，还要面对其他相似领域（诸如演艺等文化娱乐产业）的竞争。这也意味着，职业体育运营的空间扩展了，运营的逻辑变化了。以前仅仅面对属地球迷，现在需要面对更多元的消费群体；以前只要做好自己即可，现在还要比别人更强、更有吸引力、更有影响力。面对新的变化，需要联盟进行必要的整合，以维系和促进价值提升。

实践中，西方职业体育即是以人才供需为纽带，以内部市场（球员交易市场等）为平台，形成了带有明显产业链特征的俱乐部结构关系，也即英国学者丹尼尔·菲尔德森德（2018）[①]在《欧洲足球成功的秘密》所描绘的俱乐部基于其所处环境的成功之道——"财富金字塔"。在这种结构体系中，顶层是超级俱乐部，这些顶级俱乐部处于资本链的顶端，购买超级明星球员，通过诸如欧战（欧冠、欧联）、联赛等重大竞赛展现自我形象，为与赞助商、转播商讨价还价提供坚实保障。如德甲联赛的拜仁慕尼黑俱乐部过去10年一枝独秀的存在，不仅没有削弱联盟的盈利能力，相反却促进了联盟整体盈利能力的提升，德勤的相关数据即显示其总收入和盈利能力都增长了超过1倍，分别从2008—2009赛季的15.75亿欧元和1.72亿欧元增长为2017—2018赛季的31.68亿欧元和3.73亿欧元，且涨幅明显大于拜仁慕尼黑俱乐部；相似的情况也出现在诸如西甲、意甲等其他联赛。换句话说，顶级俱乐部关系联盟的总体收入增长成为现实。处于产业链结构体系下一层级的是，投资于潜能和年轻球员的主要成功者与中间成功者，它们在加强潜力球员培育的同时形成具有特色的俱乐部形象，如西甲联赛的马德里竞技足球俱乐部始终保持稳定成绩、铁血风格，而阿奎罗、托雷斯、马丁内斯、格列兹曼等明星球员的转会收入实实在在地维系了俱乐部的盈利。再向下则是边际成功者和青训机构，它们处于财富榜的低端，具有相对较小的知名度和品牌影响力，这些中小俱乐部（亦是弱小俱乐部）通过提供锻炼球员的机会，为上一层级（最好是顶级）俱乐部输送优秀球员，售卖球员的转会费作为维系俱乐部正常运营的保证。由此可以看出，进入品牌资本运营阶段后，出于

---

① [英]丹尼尔·菲尔德森德. 欧洲足球成功的秘密[M]. 高捷译. 重庆：重庆大学出版社，2018.

第四章　新时代中国特色职业体育建设：语境与内涵

整体价值增值的考虑，职业体育联盟内的俱乐部合作特征进一步深化，（原有的）竞争平衡创造利润最大化的理念逐渐被品牌效应最大化的新理念取代，而谋求获取品牌优势、吸引资本流入、实现价值增值的实践，实质性的带动了职业体育联盟内俱乐部关系变迁。事实上，北美职业体育联盟中近年出现的明星球员"抱团现象"背后也隐藏着类似的逻辑，这可能正是联盟没有采取更为强制性的限制手段的原因所在；而细想近年来中国职业足球联赛的市场价值提升，多少与广州恒大俱乐部的高效介入及其强势表现相关[①]。

在品牌运营阶段，全球范围内职业体育是个大产业，存在明显的产业链体系，形成较为稳定的价值整合和增值结构，而且这种全球范围内的产业闭环结构对谋求超越发展的中国职业体育而言，影响极大，值得进一步关注。

3. 从赛场优势到全面领先：西方职业体育获取超额利润的稳定性增强

传统意义上，我们往往将西方职业体育的赛事产品领先定义为西方强势的决定因素，也即它们有着世界上最优秀的运动员、教练员、裁判员以及高效的转播推广运营团队，所以西方职业体育牢牢把持世界职业体育的顶端位置，掠取其他国家的资源，赚取超额利润。循此思路，赶超西方职业体育的关键之策即是提升运动员水平，以此来提升职业赛事水平。在相关政策利好刺激下，我国职业体育一度开启了"快速追赶"的步伐，但很快发现高薪引援，虽然带来了些许"起色"，但是"副作用"同样明显。之所以如此，与西方职业体育进入品牌资本运营阶段的适应性变迁有关。现代经济学业已明晰，品牌具有自造产品差异性的特征，并可以依靠这种差异获得长期的、持续的超额收益[②]；或者说它天生拥有一定的市场权力，可以引领"真正意义上的产品"占有与品牌影响力相当的市场份额，从而获得相应的垄断价值。反映到职业体育品牌资本运作的价值实现过程，可以认为决定职业体育品牌价值的因素，不仅取决于职业体育品牌所代表的职业联赛（俱乐部）水平的高低，还体现为其所具有的影响力大小，更为关键的是这种影响力可以形成品牌的认知价值，并具有独特的贴附价值，可以提高其他产品或品牌的认知深度和广度，为他者（赞助商、转播商等）创造价值（溢价、市场份额增加

[①] 陈伟. 恒大足球俱乐部对中国职业足球发展的影响[J]. 广州体育学院学报，2016，36(1)：34—36.

[②] 何修猛. 现代广告学（第五版）[M]. 上海：复旦大学出版社，2004：15—17.

第四章　新时代中国特色职业体育建设：语境与内涵

等），最终实现融合提升的价值共创。由此，获取超额利润的稳定性是西方职业体育品牌资本运营所带来的显著变化。当然，这一实践的有效达成可能还与职业体育品牌运营的以下三个特征密切相关：

首先，品牌具有代理竞争性。传统的职业体育竞争更多体现在球场上，重视赛事的不确定性和吸引力，强调竞争平衡，并用以维系赛事活力，实现市场盈利。对于俱乐部而言，拥有高水平球员，提供高水平竞赛显得尤为关键，因为这有利于借助比赛吸引力来提升盈利能力。而进入品牌资本运营后，品牌价值开始成为决定联盟或俱乐部盈利能力的关键所在，并且成为市场竞争的重要内容。某一赞助商为何会选择这家俱乐部而不是另一家，考量的最为核心因素即是俱乐部的品牌区分效应，因为每一品牌资本背后都隐藏着独特的质量承诺、深层的消费导向以及附加的精神（文化）认同。或者说，品牌资本逐渐成为关系职业体育核心竞争力的关键标志。比如，英超联赛的曼联俱乐部虽然数年未获得联赛冠军（也即竞赛成绩不佳），但是这似乎不影响其由于历史传承及当下维系所形成的品牌影响力。

其次，品牌资本作为无形资产，具有全面的开放性和完美的运动性特质，为职业体育全球扩张、资本保值增值以及结构化体系的形成提供了便利。今天，全球职业体育格局的形成，更多的是基于品牌资本的社会感知共识而生的，而非完全体现在竞技场上或者现场观众多寡上。同时，职业体育品牌资本运营后，高附加值的本质规定性，使得西方职业体育在资产评估、转让中呈现出极大优势。数字经济时代，保持盈利能力、开拓新市场、增加俱乐部价值都与流量（媒体曝光率）密切相关。或者说，经济上的成功是由国内和国际体育赛场成功以及品牌价值所驱动的，这已在西方职业体育实践中被证明[①]。

此外，品牌本身具有极强的垄断性。作为一种标识，品牌资本往往是独一无二的，这也引致其具有天然的排他性和垄断性倾向，一个行业仅有一个品牌往往是内含在品牌资本的逻辑规定性中。而且这种垄断性，极易与像职业体育这样人力资本依赖程度高的文化服务行业结合，从而创造更大、也更

---

① Marc Rohde, Christoph Breuer. Europe's Elite Football: Financial Growth, Sporting Success, Transfer Investment, and Private Majority Investors [J]. *International Journal of Financial Studies*, 2016, 4 (2): 2.

第四章 新时代中国特色职业体育建设：语境与内涵

为难以撼动的超额利润。

总体上，面对激烈的市场竞争，迎合数字经济时代特质，西方职业体育以品牌运营为核心手段进一步强化了"赢家通吃"效应，保障了其获取超额利润的稳定性、持续性。更为关键的是，西方职业体育由于其先发性，并遵循品牌资本运作规范，牢牢把控世界职业体育的方向，获取巨大的垄断利益。如NBA仅在中国每年即可挣超过10亿元人民币，海外收入成为支撑其发展的关键。事实上，中国职业体育前期消费外流问题，根源上与西方职业体育所推行的品牌资本运营有关。这也提示，在西方职业体育扎堆中国、密集抢滩中国市场的背景下，转换我国职业体育运营方略，强化品牌突围具有极其现实的意义。更进一步讲，在中国特色职业体育建设实践中，提升自身核心竞争力显得特别重要。

第二节 新时代中国特色职业体育建设内涵

中国特色职业体育，字面上类同于中国特色社会主义的表达。关于中国特色社会主义，习近平总书记强调其体现了马克思主义中国化，就是"按照中国的特点去应用马克思主义，使之在其每一表现中带着中国的特性"[①]。循此思路，中国特色职业体育，如同对中国特色社会主义的字面解读，可以理解为"中国+特色+职业体育"的方式，即在中国特殊的社会背景条件按照特有的组织方式和制度体系运作的职业体育形式。关于中国特色职业体育的内涵，前期相关研究[②]认为应包含以下几个方面内容：

首先，中国特色职业体育是中国化和时代化的我国所特有的竞技体育市场化、商业化运行模式。根据职业体育的共性特征，按照市场化机制运行是中国特色职业体育所需要的，偏离市场化和商业化，就偏离了我国竞技体育改革的初衷，同时也就偏离了对职业体育的共性要求。但是，中国特色职业体育并不是完全按照西方职业体育的运行模式，完全片面追求市场机制的作用，而脱离我国国情，漠视我国行政机制的价值和功用。更多应该是利用市

---

① 习近平.关于中国特色社会主义理论体系的几点学习体会和认识[J].求是，2008（7）：3—16.

② 张兵，周学荣，沈克印.中国特色职业体育的内涵界定及其阶段特征构想[J].天津体育学院学报，2010，5（6）：506—509.

第四章 新时代中国特色职业体育建设：语境与内涵

场机制实现资源配置和运作的效率，而通过行政机制促进市场机制的形成和效率显现，并实现职业体育社会价值和公平性。其次，中国特色职业体育是社会主义基本制度下的职业体育运行制度体系，是对原有竞技体育体制的继承、完善与发展，是对原有"举国体制"的理性"扬弃"。其要实现的目标强调社会性、经济性、文化性的价值追求统一，即一方面避免过分强调竞技体育的政治功能和社会价值；另一方面，又避免过分追求职业体育的商业性，而忽视职业体育服务国家体育事业、服务社会大众体育需求的根本出发点。再次，中国特色职业体育建设又是一个在我国经济、政治、文化体制改革和社会主义国家转型的大潮中，通过实践提炼特色的过程。当然，由于其立足的社会背景特征，加之选择项目的特殊性，可能会出现其实现征途的曲折化和艰巨化。此外，中国特色职业体育作为后发的职业体育形式，可以借鉴和吸收先进的中外经验，其发展过程是一个定序化的过程，而不同于西方职业体育的自序化形成过程。当然，该定序过程首先是一个面临复杂难题的实践过程，同时也是一个特色显现的过程，更是逐渐显示社会主义体育优越性和独特性的过程，并成为借此区别于西方职业体育。

需要指出的是，作为差异于传统又有别于他国（或组织）的职业体育运行模式，中国特色职业体育内涵远比字面意义要深远。2017年10月，习近平总书记在党的十九大报告中明确提出了中国特色社会主义建设进入新时代。新时代，作为我国发展新的历史方位，是对改革开放以来中国特色社会主义建设的承继与开拓，是"从站起来、富起来到强起来的伟大飞跃"[1]，从模仿、跟随发展到创新、超越发展的根本性变革；强调中国特色、解决中国社会主要矛盾全面建设社会主义现代化强国，"贡献中国智慧和中国方案"是这一阶段的根本任务。这也意味着进入新时代以后，中国特色职业体育建设的内涵理应有所拓展，不仅仅涉及中国模式建构和通用范式遵守，还需要解决中国职业体育高质量发展问题。因为落后不是社会主义，更不是中国特色社会主义，这一理念在中国特色职业体育层面同样适用。当然，对中国特色职业体育的学理关注，重心不仅应该放在应当如何，或者肯定或者否定上，还应该回归实践层面，将重心放在回答中国特色职业体育建设议题的解答上。

---

[1] 史丹，赵剑波，邓洲.推动高质量发展的变革机制与政策措施[J].财经问题研究，2018(9)：19—27.

第四章 新时代中国特色职业体育建设：语境与内涵

一、遵循通用范式：新时代中国特色职业体育建设的基本要求

职业体育作为一种竞技体育发展的高级形式，市场化、商业化是其基本属性，也是其基本遵循。于是，遵循商业原则，也理应成为职业体育可以区别于其他运行形式的基本存在。当然，对于中国职业体育建设而言，遵循职业体育通用范式自然需要内嵌于其特色化建设之中。甚至于可以认为，离开通用范式去谈论特色是毫无意义的，因为它背离了职业体育基本规定性。于是，接下来需要把握职业体育的运行特征，找出其共性的特质。

关于职业体育的概念存在多元性，不同的学者基于不同的语境给出了差异化的表达，那么到底什么是职业体育呢？事实上，在国外的语境中是相对于业余体育（Amateur Sports）而来的。有一部分人开始专门以体育为职业以及相关专业组织（职业体育俱乐部、职业体育联盟）出现，职业体育作为一个特殊类型也即出现。在这个意义上，职业体育的显耀特征即是以职业运动员为主体的，专门性从事体育赛事经营与推广活动。循此思路，可认为职业体育的第一个特殊性是相对于业余体育存在的。强调其具有体育的特性，是一种以体育为职业，以体育运动（训练竞赛及其相关活动）来赚钱并作为谋生手段的特殊形式。

当然，认同了赚钱的职业体育特性后，如何获取经济利益就成为接下来需要考虑的问题。遵循经济学的基本理论，资源要素的配置是关系经济运行的基本问题，更是事关能否获利的关键所在。在复杂的社会演化中，按照市场机制要求行事已被作为基本经济规律确定下来。在这个意义上，一旦强调按照市场机制，遵循经济规律进行体育资源的配置，则意味着职业体育就不再单单是体育行为，而变成了商业化行为，是一种采取了市场机制作为资源配置和运作方式的运行模式，具有明显区别于我国传统专业队模式的特性。循此思路，可以认为职业体育的第二特殊性是相对于专业体育而存在的，强调其具有经济的特性，是一种采用市场机制作为资源配置手段，并以体育作为市场经营和运作客体的特殊形式。

现实中，诸如中超联赛、NFL 联盟等，职业体育往往是一个个鲜活的运营实体，上述两个的特殊性，即体育性和经济性是有机融合的，并产生了极为显著的效果。拓展看来看，职业体育的体育性体现在按照运动项目特征遵循体育竞赛规则是职业体育的基本遵守，围绕运动员等主体的体育竞赛活

第四章 新时代中国特色职业体育建设：语境与内涵

动是基本活动，有了这一活动以后，职业体育的经济性才有所依托，也即有了遵循市场机制去运营和推广体育竞赛活动（体育赛事）的可行性。当然，对于一个社会构建物而言，其间如何保障这一融合实践的有效性、常态性极为关键。现实中，内嵌于特定的社会关系和经济结构中，职业体育形成了较为严密的制度体系，用法律协议来规定各方权益、用经济手段来激励赛场表现、用道德规范和竞赛规则来约束赛场行为等，而且"这种制度机制已经深入到职业体育的本质中去，成为其存在的一个重要构件。"[①] 在这个意义上，职业体育就不再仅仅是一次性行为了，以严密制度体系为保障的确定性成为职业体育区别于一般商业性体育赛事的特性所在。循此思路，可以认为职业体育的第三特殊性是相对于一般商业体育赛事而存在的，强调其具有确定性的特质，是一种以体育为社会活动形式，在严密制度体系包裹下具有了较强专业化程度和较高确定性的特殊组织体系与运作形式。

至此，我们对职业体育是什么大体有了一个较为可观的认识，那是一个兼具体育与经济特性的，且具有确定性的特殊组织体系和运行形式。当然，仅仅在这个层面认识职业体育，其意义还不大，因为无法找到可资考察的标的。这也意味着，需要进一步探寻职业体育的运作特征，以更清晰把握其实质。沿承上述三个层次分析，我们认为，职业体育这一特殊运行形式，至少应包括以下三个方面基本原则：即体育竞赛层面必须遵循胜负二分对立原则；市场运行层面遵循联合生产的原则；系统整体层面强化自组织原则以维系再生产的确定性。

（一）体育竞赛层面的胜负二分对立原则

这是基于竞技体育自身逻辑的一条基本原则，强调的是职业体育的发展本质上是一种体育竞赛活动，在此活动中职业体育运行主体，特别是运动员、俱乐部（球队）需要无条件地服从竞技体育自有的竞争性，或者成功，或者失败。沿承之，竞技场上的成功则意味着声望、财富等随之而来；反之则将失去一切，对于运动员也好，俱乐部也罢，甚至一个职业体育联盟或联赛都是如此。竞争性作为体育的本质属性，支撑了体育作为一种特殊的社会设置得以迅速发展，且越发受到重视与关注。

[①] 张兵，周学荣，沈克印. 中国特色职业体育的内涵界定及其阶段特征构想[J]. 天津体育学院学报，2010，25（6）：506—509.

第四章　新时代中国特色职业体育建设：语境与内涵

在体育竞赛中，一方的成功必然是以另一方的失败为前提，通过否决对手来成就自我，是体育系统内置的基本理念。而现代体育竞赛仅仅是在形式和程序上，做了相应的修饰，使得依靠身体的竞争更加制度化、规范化、合理化。不论是我们认可体育竞赛脱胎于传统以靠身体竞争的战争或生存需求，还是强调其是顺应近现代社会竞争形式公平的仿真需要，不确定性是其内核所在，且这种不确定性是通过自我身体所能达成与干预的，显示更快、更高、更强已深入人心，并成为今日评判胜负的标准。之所以，运动员或俱乐部乐于投身于体育竞赛中，就是看中了这一场域的自我实现价值。如想成功就战胜对手，就比别人更加投入，做得比别人更好，别无其他选择。围绕之，体育竞赛的一个螺旋式上升通道即被型塑起来，没有最好只有更好成为关系竞赛胜负的钥匙。而这恰恰是激励一代又一代人为之奋斗的根源所在——我们要赢，我们要打破纪录，我们要创造纪录。

从整体竞赛体系层面看，胜负二分逻辑使得体育竞赛变得简单化了，或者说标准单一化了。而且这种单一化的标准显然是便于体育竞赛的制度化，使得竞赛的整体结构变得简单且恒常——一个区域的胜利者，一个国家的胜利者，然后是全球的胜利者。从观众或其他参与者层面看，依靠形式公平和胜负对立逻辑建构的体育竞赛，充分展现了其独特的不确定性，营造了一个不断向上、不断超越的境地，紧张、刺激且充满挑战的竞赛吸引了无数为之疯狂的观众，为他们提供短暂的休闲消遣的空间。作为观众，他们需要竞赛的不确定性，因为他们不需要为成功或失败买单，也不需要承担任何风险。不确定性越强，他们感受到成功的欣喜或失败的懊恼越甚，可茶余饭后谈论的话题越多。更为重要的是，感受了社会生活紧张刺激的观众，往往有一个导向，即会选择性的关注运动员或运动队（俱乐部），而且他们多崇拜成功者、摒弃失败者。运动员竞赛场上的成功即使得他们成为体育明星，或者说他们凭借竞赛胜负和竞赛成绩，成为万千观众追捧的对象。而且他们获得成就的方式，在胜负对立逻辑中具有更加的普世化，往往被看作是通过自身努力或者特殊能力在公平竞争中获得的，与依赖出生、长相、权力及家庭背景等世俗化东西有本质差异。另外，在媒体的信息时代，胜负二分的逻辑是有助于媒体操作的，并借媒体之手成就自我。因为对需要有价值话题的媒体来说，胜负清晰的竞技体育竞赛，无疑是减轻了它们的负担，选择优胜运动员或运动队，或者挖掘失败者背后的事件，都可以激发关注者的兴趣。同样，

第四章 新时代中国特色职业体育建设：语境与内涵

胜负二分逻辑的好处还有利于赞助商、政府行政管理及协会等多元主体。

艾伦·格特曼（Allen Guttmann）认为，区别于工业革命前的民间比赛，今天主流的运动具有以下七个相互联系的特征，即世俗化、平等、专业化、理性化、科层制、量化、纪录。特别是，有组织的竞技运动以强调量化为特征，任何可由时间、距离、分数来定义的事物都被测量和记录下来[①]。这为体育运动的形式和功能变迁创造了便利，也为运动融入人们生活方式提供了空间。总体来看，在职业体育赛事生产主体（运动员、俱乐部等）、观众、大众媒体、赞助商、协会及政府管理人员等相关利益主体之间构成的复杂关系网中，以运动竞赛成绩为导向的行动激励，不仅有利于保障体育运动的公平、公正竞争价值的实现，还使得相关利益分配更为顺达、明晰，符合各方的理性诉求。

（二）市场运行层面的联合生产原则

众所周知，体育竞赛活动有一个特殊性，即单一的主体是无法形成具有社会学意义的竞赛互动，或者说必须至少两个竞赛主体参与方能有效竞赛。而两个以上的体育竞赛活动，自然就产生了优劣之分，有胜利也有失败，这是体育竞赛的基本特性所在，也是它区别于其他社会活动，并吸引人之处。当然，这种特性对于单纯目的（诸如游戏、休闲等）而言没有问题，反正就是为了竞赛，谁胜谁负都是一样的。一旦在这种竞赛上增加附属物，则问题随即复杂化，因为追求刺激和不确定性是人之本性，一个稳定胜负的竞赛的吸引力自然要远远弱于一个充满悬念的竞赛。职业体育大体就是这样。诚如前文所言，体育竞赛这一体育特性是保障职业体育运营的基础，但是其目的上是追求盈利赚钱的。于是单纯竞赛规则需要被改变，竞赛结果的不确定性变得重要了。由是，出于维护消费者权益，团队生产成为职业体育的生产形式。

按照阿门·阿尔钦和霍华德·德姆塞茨（Armen Alchian and Harold Demselz，1972）的经典研究[②]，团队生产具有以下几个要素：（1）使用几种类型的资源；（2）产品生产所需资源不是每种合作资源的可分离的产出之

---

① ［美］杰·科克利著.体育社会学议题与争议［M］.管兵等译.北京：清华大学出版社，2003：95—97.

② Armen Alchian and Harold Demsetz. Production, Information Costs, and Economic Organization［J］. *The American Economic Review*，1972（62）：777—795.

第四章 新时代中国特色职业体育建设：语境与内涵

和；(3) 不是所有被用于团队生产的资源都属于一个人。职业体育恰恰满足这一要求。在体育竞赛层面，两个及以上参赛主体是基本条件；两个独立的参赛主体联合运作产生了体育竞赛产品（体育赛事），而且隔离了其中任意一方，体育竞赛产品就无法生成；这也导致了职业体育竞赛产品的生产是无法区分哪一方所有，甚至哪一方的贡献更大，哪怕是两者在竞赛表现上差距很大。总体来看，基于体育竞赛层面的制度硬约束（非胜即负）和整体经济利益上的最大化考虑，职业体育采取团队生产无疑是经济的。

职业体育竞赛产品的生成特性——互相竞争、互相依存的联合生产及职业体育产业的独特性，意味着职业体育的参与者之间存在着一种特殊的共生性竞争关系，它们既需遵循一般的市场竞争规则，又需恪守独特的体育规则，表现出垄断与竞争交织的复杂性。为了维系这种稳定的竞争合作关系，或者出于维持资产专用性，节约交易成本[①]，或者为了保持职业体育产权合法性，提升团队生产过程（体育赛事）的悬念和观赏性[②]，联合生产特性演变为组织革新——职业体育联盟作为保障各俱乐部稳定合作关系并获取高额利益的方式，被广泛采用，特别是在北美[③]。关于职业体育联盟，其至少具有以下特征：(1) 职业体育联盟的内部运作带有企业运作特性，内部各俱乐部不具有独立资格，更像是一个个生产要素，而在生产决策方面是一个类计划生产，生产、分配等都由联盟以制度形式确定。(2) 职业体育对外具有自然垄断性，且获得了国家立法上的反垄断豁免。(3) 职业体育联盟的存在，使得职业体育具有多维双边市场形态[④]，职业体育联盟、职业俱乐部、赞助商、转播商、观众等利益相关者之间形成了一个复杂网络；在该网络中，职业体育联盟充当了一个双边转换平台，对外联合竞争，对内提供竞争。

---

① 郑志强．职业体育的组织形态与制度安排［M］．北京：中国财政经济出版社，2009：66—68．

② 杨年松．职业竞技体育经济分析与制度安排［M］．北京：经济管理出版社，2006：61—63．

③ 从某种意义上讲，欧洲职业体育的典型形式（如欧洲足球联赛）也带有联盟特殊，区别于北美模式的关键在于北美选择一个具有明显经济取向的法人资格运作团队（董事会），而欧洲职业体育则选择了一个具有明显社会取向的法人资格运作团队（协会），但是两者盈利赚钱目的上的一致性，意味着他们差距不大，而现实的差距就是其涵盖的范围大小罢了，欧洲职业体育是一个跨越区域的大联盟，采用联盟套嵌关系模式，而北美则是单联盟模式。

④ 郑芳．基于要素分析的职业体育治理结构研究［M］．杭州：浙江大学出版社，2010：49．

第四章　新时代中国特色职业体育建设：语境与内涵

（三）系统整体层面的自组织再生产原则

体育运动是一种非常特殊的社会文化活动。仅仅就身体活动意义而言，体育运动是切合人的本性，从少儿的身体教育及其社会化、到相伴一生的健身锻炼，其价值即在于此。当然，体育运动又是超越人的本性，因为进入社会化以后的体育运动带有明确的规则约束性，对个体的约束成就整体意义上的价值，是其发展的基本逻辑。正因如此，美国学者杰·科克利（2003，中译本）认为，当今的运动是"制度化的竞技活动，它包括个体体能活力的发挥或者相对复杂的身体技巧的运用，个体参与运动受个体自身的愉悦和外部回报两方面因素的激励。"[1]另外，他还从四个方面对运动的制度化过程进行了界定，即活动规则标准化、规则执行机构的正式化、活动的组织和技术的专业化、活动技能学习的正规化。如果以此作为判断标准，那么职业体育显然是一种高度制度化的体育运动形态。于是，接下来的问题是职业体育的制度化实践是如何达成的呢？因为职业体育不仅仅存在体育运动竞赛层面的制度化，而且更为重要的是它还超出了单纯体育运动竞赛的层面，有着复杂的市场运作环节——并且围绕体育赛事的运营与推广还是其核心所在。

关于存在两个场域的复杂社会系统的运作机理，德国学者 N. 卢曼（Niklas Luhmann，也有译为鲁曼）有着较为成熟的研究理论范式。按照传统的结构功能主义理论，什么样的结构会产生什么的功能，抑或有反向的倒逼机制，这也为冲突论、互动论等其他社会理论提供了发展空间。当然需要强调的是，上述理论都是基于一个独立的社会系统而言的，忽视社会系统的开放性，并将其复杂的适应性过程简单程序化处理。卢曼的研究试图"将源生性逻辑和一种整合性逻辑协调起来"[2]；他认为，任何的社会系统区别于其他系统，是从建立相应的自我参照系统开始的，"自我参照与外部参照的结合也是对构成该系统的那些要素的认知、确定和再生产"[3]，循此，系统显现双循环状态，其间资本与劳动的区分，在稀缺这一经济指挥棒作用下引导着组织不断调节优化。跳出业余体育，职业体育的产生是以体育竞赛及其衍生产品可以量化交易开始的，而体育竞赛的价值显现自然保障了运动员这一核心资

---

[1] [美] 杰·科克利. 体育社会学议题与争议（第六版）[M]. 管兵等译. 北京：清华大学出版社，2003：24—25.

[2] 高宣扬. 鲁曼社会系统理论与现代化 [M]. 北京：中国人民大学出版社，2010：6.

[3] [德] N. 卢曼. 社会的经济 [M]. 余瑞先，郑伊倩译. 北京：人民出版社，2008：9.

第四章 新时代中国特色职业体育建设：语境与内涵

源的专业化发展。不同训练水平、不同竞技能力的运动员其所获得的劳动报酬不一，市场价格有差异，而且这还不仅仅体现在简单的货币化量值上（当然，数值上也是远远超过一般劳动者的），更为重要的是带来了极大的社会荣誉和影响力。于是努力成为最好的那个人，激励着无数青少年为之奋斗；同时，围绕青少年训练也随之成为一个行当，青训也就产生了。与此同时，即产生了球员市场和中介组织，面对运动员这一核心资源的稀缺，以市场方式解决问题的思路很快出现。在球员交易市场上，运动员等职业体育人力资本被货币化，转变为类似其他一般物资并与资本迅速扯上关系，体育竞赛层面的循环与经济领域的循环也就实现了对接。运动水平高的运动员，需要高价购买，而购买高价运动员的俱乐部，它的竞赛水平就会高，自然会吸引更多的人观赏与关注，会盈利更多。而这种盈利又促使俱乐部继续购买高级的运动员，并推高运动员整体收入水平，激励更多青少年投入这一项目的训练之中。如此，一个从"运动员—运动员市场—俱乐部—体育赛事—俱乐部—运动员"的自我生成系统随即产生，这种自组织的良性循环保障和引领着职业体育不断地向前（上）再生产。

需要指出的是，即便我们认同中国职业体育需要遵循通用范式，或者说西方职业体育所呈现出来的某些特质，但我们并不认同任何模式具有支配性和圆满性。事实上，任何的社会系统都具有开放性，而且正是这种内在个体无法把控的系统开放性，给予了社会事物发展的丰富空间和无限可能，区别于西方模式的中国特色职业体育才有意义，也才有可能。因为我们一直是在一个充满不确定性的、具有复杂性的运行空间中基于中国问题进行构建的，其所生成的结果自然是充满差异性的，是区别于任何固有刻画的模式，而这恰恰是中国特色的本真所在。

二、构建中国模式：新时代中国特色职业体育建设的本质取向

事实上，关于中国模式的讨论，从"北京共识"提出即开始流行起来。当然，美国人乔舒亚·库伯之所以在"华盛顿共识"风头正劲时提出这一概念，关键还在于中国模式已经引起了全世界的广泛关注，梳理总结出某种共性的特质，为中外学者所热衷。具体来说，首先是中国改革开放40余年发展所取得的成就已经超出一般发展范式，具有闪耀性，需要单列予以概况呈现其独立意义；同时，中国模式是有特色的，更进一步讲是有中国特色的，

第四章 新时代中国特色职业体育建设：语境与内涵

是可以区别于西方传统资本主义发展模式，也是有别于苏联及东欧模式。比较有代表性的观点是，郑永年（2012）[①]认为，中国的改革发展区别于苏联和东欧的爆炸式改革，具有分解式改革的特征，"先经济改革，再社会改革，再政治改革"。当然，他也认识到采取这样的一种模式，是基于中国国情展开的，且"包含有诸多的政治和政策思想"。具体来说，1978—2002年主体性改革是经济领域的；从2002年党的十六大开始社会改革的议题在"和谐社会""科学发展观"等目标提出成为主体；而党的十八大以后，全面深化改革和体制改革的深入，则预示着政治改革主体性显现。

从源头看，中国模式最早更多是基于经济快速增长的反思认识而生的，也即国内外都对中国经济快速发展感兴趣，或者是有感于中国面貌的快速改变与现实提升，或者是把握中国经验的可资借鉴之处。姚洋（2008）[②]论及经济增长的"中国模式"时，认为这个模式有四个主要内容：第一是中国政府是中性政府；第二是财政分权；第三是我们探索了一条新的民主化道路，为发展中国家的国家治理，开创了一个新的模式；第四是务实主义的政党。也即中国的发展模式包括：中性政府、财政分权、务实政党、新民主化道路4个方面。现实中，关于中国模式的认知大概存在以下三种倾向，即乐观捧杀论、悲观威胁论、不确定论。捧杀论，也即对中国模式大加吹捧，看到了中国取得的辉煌成就，认为过不了多久中国将超越美国成为世界第一号强国。对中国的发展保有乐观的态度。威胁论，主要是国外的立场，他们看到了中国的发展，并认为中国的快速发展已经开始威胁西方的地位，对西方社会构成了压力，甚至会取代西方的地位与模式，背后的潜台词是要适时的打压中国，以避免构成危害。不确定性论，即是认为目前很难客观的评价中国模式是什么样的，又会呈现什么的发展前景。这种忽视中国模式存在的论断多少带有谬误性。

认知与诉求的多元化，引领对中国经验的深入分析与探解，中国模式的内涵与外延开始拓展。在国内理论体系中，往往有这样的一个基本认识，即中国模式与中国特色社会主义道路实际上是不同语境下的同一概念[③]。有学

[①] 郑永年. 中国改革三步走[M]. 上海：东方出版社，2012：9—13.
[②] 姚洋. 是否存在一个中国模式？[J]. 绿叶，2008（6）.
[③] 张强. 中国模式的框架和特征——以党的"十七大"报告为主要分析资源[J]. 新疆社会科学，2008（3）：7—11.

第四章 新时代中国特色职业体育建设：语境与内涵

者指出，"中国模式"的主要内容包括三个方面：（1）中国发展模式，包括适合中国国情和社会需要、寻求高速增长的社会发展模式与被冠以"中国奇迹"的经济增长模式。（2）中国改革模式，涉及改革地位上强调发展导向并有效处理改革、发展与稳定关系；改革次序上遵循先易后难的渐进性改革方式；改革内容上先经济体制、后社会体制改革，先农村、后城市改革，先体制外、后体制内改革。（3）中国制度模式，既坚持中国特色社会主义道路，又强调吸收和借鉴其他制度优势①。在中国特色的议题下，比较典型的观点主要有："中国化的马克思主义""民族共产主义""一种新版的马克思主义""后社会主义论"等②。而当前较为共识的是，中国特色社会主义是科学社会主义学说与中国具体国情相结合的产物，是马克思主义中国化的产物③。从具体层面出发，中国共产党为领导、公有制为主体、马克思主义为指导"三位一体"，共同构成了中国特色社会主义的本质内涵④。以人为本，满足广大人民群众对美好生活的需求，服务于社会主义国家利益，助力中国梦实现，是我国社会主义现代化建设的出发点。

作为中国特色社会主义建设实践的重要组成部分，经过几十年的发展，中国体育取得了辉煌成就，走出了一条中国特色社会主义体育事业发展道路。关于中国特色社会主义体育事业，首先想到的是，竞技体育的举国体制以及给中国体育带来的巨大成就。与竞技体育一样，中国群众体育的快速发展，也带有明显的中国切合性，从全民健身计划出台，到全民健身日的确立，再到当下健康中国建设。对广大群众身体健康的关注，在疫情防控档口让国人感受到了党的英明和国家的温暖。在官方层面，2013年全国体育局长会议工作报告中主要从以下几个方面加以界定，即"坚持党对体育工作的坚强领导""坚持体育工作为党和国家的中心任务服务""坚持发展体育事业的政府职能""坚持以人为本，面向大众""坚持立足国情，面向世界，解放思

---

① 于金富.「中国模式"与中国特色社会主义[J].当代世界与社会主义，2011（1）：80－83.

② 马启民.国外中国特色社会主义理论研究评析[J].当代世界与社会主义，2008（6）：53－57.

③ 蒋锐.关于中国特色社会主义基本特征的思考[J].社会主义研究，2019（2）：39－47.

④ 程恩富，张杨.深刻认识"三位一体"的中国特色社会主义本质内涵[N].广西日报，2019－8－22.（005）.

第四章 新时代中国特色职业体育建设：语境与内涵

想，改革创新""坚持统筹兼顾、协调发展""坚持和完善竞技体育的举国体制""坚持发扬光大中华体育精神，培育塑造社会体育文化"。诚然，中国特色社会主义体育事业是一个不断优化的实践，发展永无止境。2014年全国体育局长会议工作报告强调，要从"紧紧围绕"改革要求，即紧紧围绕构建基本公共体育服务体系，增强社会活力，加快推进群众体育事业发展；紧紧围绕为国争光和丰富群众精神文化生活，探索实践改革创新的措施，加快推进竞技体育发展；紧紧围绕促进经济发展，增强体育事业内生发展动力，加快推进体育产业发展；紧紧围绕树立和践行社会主义核心价值体系和倡导健康文明、积极向上的生活方式，加快推动体育文化繁荣发展；紧紧围绕强化权力监督制约，大力推进廉洁体育建设；紧紧围绕提高体育管理的科学化水平，加快推进体育系统自身改革。总体来看，在党的正确领导下，以人民为中心，将满足人民群众对美好生活向往的体育需求作为体育事业改革发展的动力源泉、行动标准和评判尺度，是中国特色社会主义体育的集中体现，而其背后的发展性、开放性以及科学化、法治化方向，不断推动其完善的根本保证，也是其优越性所在。

内嵌于中国特色社会主义体育事业改革发展实践，中国特色职业体育自然兼带其特征——坚持中国共产党领导、坚持以人民为中心等。而且这为中国特色职业体育奠定了基本底色，与中国特色社会主义建设保持一致，契合于中国特色社会主义建设的目的与任务。具体来讲，中国特色职业体育建设是伴生于中国特色社会主义现代化建设和中国梦实现进程的；满足广大人民群众对高水平竞赛产品欣赏需求，服务于我国社会主义市场经济建设形成经济新的增长点以及服务于我国竞技体育转型升级助力体育强国建设，应该是推进中国特色职业体育建设的目的所在。作为新时代中国特色职业体育建设的重要议题，探寻与推进适合中国社会的模式可以基于以下视角展开：(1)中国模式的文明性视角，即基于中国传统和现实文化氛围，将中国特色职业体育与中国优秀传统文化及前期体育改革发展经验结合起来，理解中国特色所在。在此视角下，中国传统文化观念、中华体育精神、新时代社会主义市场经济建设经验等都应该被考虑在内。(2)中国模式的改革发展视角，即从中国道路这一层面出发，把握中国职业体育从建立到发展的过程性特征，回答"从何而来、到何处去"的问题。在此视角下，从易到难、从市场到组织再到体制的渐进式改革，制度建设先体育后市场的次序性以及改革优

第四章 新时代中国特色职业体育建设：语境与内涵

先选择等都是其内容所在。(3) 中国模式的政策逻辑视角，即从中国案例这一层面出发，基于中国改革启动和相当长时间内的政府主导推动属性及政策依赖性，把握中国职业体育在具体实践中，是如何进行有序推进的，政策变化实践与具体改革实践是如何有效衔接的。

此外，中国特色职业体育或者是职业体育的中国模式，不是一蹴而就的，而是一个缓慢的实践总结再实践的发展过程。在改革中发展，在发展中型塑中国特色，形成中国模式，这恰恰突出了研究的必要性——即认识与彰显职业体育中国特色模式的社会意义所在。总体来看，至少涉及以下三个方面：

(1) 从本体上看，有助于客观的评价自我，解决"我是谁"的问题。诚然，任何社会发展都存在变化的，在变化的历程中认清自我、把握自我是能否可持续发展的关键。中国职业体育发展已经经历近 30 年，是时候反思认识自我了。

(2) 从发展价值上看，有助于聚集共识，解决"向何处去"的问题。经过一段时间发展，中国职业体育的自我定位显得特别重要，我们到底发展到了什么样的程度，国人是怎么看的，国外人是怎么看的，而要回答这些问题，就需要对中国特色模式进行一个客观认识，并在该认识基础上，形成共识，找到改革再出发的方向。

(3) 从现实作用看，有助于认清现实，解决"我又该如何改进"的问题。任何的发展都不可能是绝对完美的，都会存在这样那样的问题，改进这些问题的前提是认清和把握它们。于是，系统化的、模式化的分析中国特色，具有极其现实的意义。

三、谋求高质量发展：新时代中国特色职业体育建设的题内之义

谋求高质量发展、全面推进社会主义现代化建国建设，是新时代中国特色社会主义发展的战略安排。从国家宏观经济角度看，新时代高质量发展体现在发展方式、经济结构与增长动力的转变方面，强调以供给侧结构性改革为主线，推动经济发展质量变革、效率变革、动力变革[①]。诚然，高质量发

---

① 习近平. 决胜全面建成小康社会夺取新时代中国特色社会主义伟大胜利——在中国共产党第十九次全国代表大会上的报告 [M]. 北京：人民出版社，2017：10.

第四章　新时代中国特色职业体育建设：语境与内涵

展，不仅是一个内涵极其丰富的议题，更是一个开放的实践。一般认为，伴随中国经济从高速增长向中高速增长的转换，解决了"有没有"问题的中国经济要以提升质量为中心，解决"好不好"的问题[①]。于是抛弃GDP中心主义，促进经济稳定可持续，让老百姓生活更幸福、获得感更多，让天更蓝、水更清、山更绿……开始成为需要考虑的重要内容。具体观测上，可以从社会矛盾变化和新发展理念、从宏中微观（诸如区域发展、产业结构等）、从供求和投入产出以及现实问题等角度[②]，寻找高质量发展的实践方略和现实必要性。新时代，需要新担当、新作为，对于职业体育也应如此。以满足人民日益增长的体育需求为导向，新时代体育强国建设需要职业体育高质量发展的担当，并在责任担当中推进中国特色职业体育建设。

（一）找寻新发展目标：新时代中国特色职业体育高质量发展的重要导向

传统认为，中国职业体育是与中国体制改革相伴而生的，因为从形式和内容上看，中国职业体育的产生、发展过程同样也是体育体制改革的过程，两者相互融合，无法单独割裂开。从体制改革角度看，确实我国职业体育的产生本身就是改革的产物，而且后续的发展进程也是离不开改革的推进，从红山口会议的突破，到管办分离改革的管理体制建设，再到《中国足球改革发展总体方案》出台后的全面深化改革，中国职业体育基本体系和框架已基本形成。当然，我们注意到体制改革这种制度变迁，从机理上主要涉及的是权利结构的变迁。更进一步讲是原来隶属于体育局系统的运动队和运动员变成职业俱乐部和职业运动员了，原来的国际或省市体育竞赛中的一部分变为带有明显商业性的职业赛事了，从更多依赖计划行政手段转变为更多依赖市场手段。事实上，从原来体制内变为体制外的自负盈亏、独立运营实体，还必然涉及一个重要问题，即运作机制的重建过程，依靠市场机制进行资源配置是关键。在这个方面，职业化前的我国是基本不存在的，不仅没有球员转会市场，还没有赞助、转播等市场。从这个意义上讲，我国职业体育发展又必然面临着市场重建过程，从主导机制到组织、制度，都需要不断地重建、磨合优化。此外，我们也注意到，我国职业体育的产生发展历程恰逢西方职

---

① 余斌．高质量发展的本质内涵是什么［J］．决策，2018（6）：35．
② 安淑新．促进经济高质量发展的路径研究：一个文献综述［J］．当代经济管理，2018，40（9）：11—17．

第四章 新时代中国特色职业体育建设：语境与内涵

业体育全球化加剧期。这也意味着，我国职业体育的发展不可避免地面临着全球化市场融入问题，是一个不断争取全球话语的实践。

由此来看，回顾过去30年的发展，我国职业体育经历一个艰难的"三重任务叠加期"——伴生并嵌入于体制改革、重建发展机制及应对全球化挑战，取得了较好成绩。不过，值得反思的是，过去中国职业体育改革更多是强调搭台唱戏，跟随国家相关步伐，取得的成绩有的是宏观经济发展到一定程度后的累加效应在职业体育显现出来，如职业体育消费水平提升等。进入新时代后迫切需要发展转向，找到新的突破点，实现高质量发展。也即寻找新的发展目标，比如体制改革方面落实管办分离、机制再造上强化全要素市场配置和营商环境建设、全球化方面增强国际话语权和国际市场份额等，这些都是新时代中国职业体育建设的重要内容，也是谋求高质量发展的要素之一。

（二）更好满足人民需要：新时代中国特色职业体育高质量发展的核心要求

在西方，职业体育是相对于业余体育而言的，并以其为起点演化而来的。关于业余体育，不论是西方文艺复兴后的资本主义兴起时期，还是当今社会，其本质上都带有以自我发展为目标的特征，健身、娱乐、休闲、放松等词汇所体现的意思基本上是与之追求价值相匹配的，也即强调自娱自乐的本体导向。区别于业余体育，职业体育是带有明显以他人发展为目标的，自我的发展（运动水平提升、场馆设施优化、转播技术改进等）是手段，目的上是为他人服务的。进一步讲，出于盈利赚钱的目的，"主观为自己、客观为他人"这种利己主义的价值理念贯穿于职业体育市场运作始终，服务于他人——为观众提供精彩的比赛、为赞助商提供超高的曝光度、为媒体提供丰富的话题等，是职业体育的基本目标定位。

诚然前文所言，中国社会主义国家的基本国情决定着中国共产党领导下中国社会主义建设，必须坚持以人民为中心的理念。当下，从高速发展转向高质量发展，正是基于这一理念，把增强人民的幸福感、获得感作为评价一切改革发展的准绳。反映到职业体育运行实践，首先体现在对社会大众多元化的赛事观赏需求满足上，这不仅仅需要有高质量的赛事供给，还需要兼顾不同群体的诉求，提供多层级的赛事，优化赛事结构。同时，职业体育作为相对于业余体育、专业体育而言的组织形式，在体育强国建设、体育产业快速发展中如何更好发挥作用，也具有极其现实的经济和社会价值。此外，职

第四章 新时代中国特色职业体育建设：语境与内涵

业体育，特别是诸如足球、篮球等具有影响力的赛事，还事关一国的综合影响力，甚至在一定程度上体现了一个国家的社会发展水平，这也为职业体育高质量发展提出新的要求，即需要关注如何以体育之力助推"中国梦"实现、提升中国话语权和影响等事关国家之大事。

以满足人民对高水平赛事的需要为关键，高质量发展的新时代中国特色职业体育建设在重心上需要向两个方面倾斜：一是继续加大对高端和高水平赛事的供给，千方百计提升我国职业体育赛事的国际竞争力，更好满足人民群众对体育赛事观赏的需求；同时要健全赛事体系，形成高—中—低协同的、多层次职业体育赛事体系，以满足不同层级社会需求。二是要从传统的营销模式走出来，以培养社会大众赛事消费习惯和能力为核心，强化品牌引领，增加个性化、数字化元素供给，引导社会大众消费偏好，打造支撑职业体育高质量发展的消费氛围；同时要加强与业余体育赛事、学校体育活动等的衔接力度，打通人财物流转体系，形成一体化应对社会大众多元需求的机制，以更好满足人民对美好生活的需求，助力体育强国建设。

（三）探求新发展路径：新时代中国特色职业体育高质量发展的重点所在

我们职业体育的自主盈利能力长期深受诟病，因为一个无法自负盈亏、独立运营的职业体育是无发展前途的。这也意味着我们传统的发展路径呈现了阶段性极限特征。特别是，当前新型冠状病毒肺炎疫情等非经济因素倒逼着中国职业体育必须转变发展模式，寻求新的增长路径。事实上，增长路径是有其自身运作逻辑——符合社会发展特定阶段的需要、有助于人的自我实现和全面发展、具有资源利用效率或配置效率提升性，这往往是不以人的意志为转移的。

现实来看，当前伴随人民生活水平提升，体育休闲消费与日俱增是常态，对职业体育高质量赛事与高水平运作的支撑力不断增强，而与此同时，追求自我实现和自我全面发展正成为中国现代化进程中的中心议题。同时，过分依赖"输血"的职业体育，引致的增长陷阱，与当下中国社会主要市场经济建设、与法治中国建设、体育强国建设已有众多不适应，需要改变发展模式，真正回归市场成为现实诉求。总体来看，打破传统路径依赖和利益格局，寻求新的发展路径，是当下以高质量发展为旨趣的中国特色职业体育建设的重要内容。

第四章 新时代中国特色职业体育建设：语境与内涵

（四）解决现实问题：新时代中国特色职业体育高质量发展的重要内容

任何的改革发展都不可能是一帆风顺的，都会存在发展的烦恼，面临尚待解决的一系列现实问题。对于中国职业体育而言，这一问题不仅仅存在，而且极其复杂。从内容上看，当前中国职业体育面临的现实问题，不仅仅有微观要素供给问题，也有中观机制问题，甚至还有许多需要借助全面深化改革加以突破的体制问题。比如，一方面我国职业体育联盟（管理层）与俱乐部之间在联赛运营上的分歧长期存在，俱乐部控诉协会（联盟）不考虑俱乐部利益更多兼顾国家队利益；另一面则是协会（联盟）则指责俱乐部非理性经营违背甚至侵害整个联盟（项目）的可持续发展，在透支未来。在具体领域上，后备人才培养体系的缺失，使得我国职业体育对国家竞技体育的支撑力没有有效显示出来，并影响了整个职业体育领域的社会认可度和宏观氛围；同时，也带来了职业体育市场全要素改革的滞后，以及更为麻烦的高薪引援和连带而来的球员薪资失衡状况。

事实上，中国职业体育过去的传统发展模式，自负盈亏、独立运营能力低下是不争的事实，要么是依赖母公司输血，要么是等待政府让利。遗憾的是，一方面当社会整体环境变化后，母公司输血能力不足，则俱乐部生存即存在问题，不论是天津权健，还是江苏苏宁都是相似的原因；另一方面，依靠政府让利，在当前中国经济发展方式转移和法治中国建设的双重叠加背景下，政府的作用空间不够、可资动员资源不足且内部协同不佳，已经非常清楚。如此状况下，我国职业体育唯有依赖自身的改革创新，增加自主造血和生存能力，向创新发展要动力。这也就意味着，高质量发展成为中国特色职业体育建设的重要环节。因为离开了高质量发展的中国职业体育是否可以生存都值得怀疑，哪有特色可谈。近年来，我们可喜的看到，在足球、篮球等领域出现了旨在维系联赛有序运营的举措，而且一些举措还发挥了积极的作用。

第三节 新时代中国特色职业体育建设特征的社会认同度分析

前文从建设语境和建设内涵两个层面对中国特色职业体育进行了框化，初步刻画了新时代中国特色职业体育建设的样态。但是，作为尚待建设的探索性概念，中国特色职业体育的认识是否准确，需要进行必要的判断。基于

第四章 新时代中国特色职业体育建设：语境与内涵

此，本书进行了问卷调查论证。

一、中国特色职业体育特征认同度分析的资料来源阐述

（一）问卷设计的相关说明

问卷的题项设计，基于前期相关研究提取，并集中参照了关于职业体育概念的代表性观点和中国特色职业体育的代表性观点，具体见第二章表2-2和表2-3。

问卷基本部分包括14个选项，其中前13个是关于中国特色职业体育特征判断的描述，全部为肯定性的特征描述。其中，1—3题是对中国职业体育缘起特征概况，4—8题是对中国职业体育发展过程特征的概况，9—13题是对中国职业体育发展目标特征的描述（目标特征也即是关于中国特色职业体育的属性）。当然，基于研究目的的需要，题项设置的过程中，往往对一个特征进行了多重描述，以通过调查获得关于中国特色职业体育相对合理的特征。第14道题为建议性题型，旨在反映不同层面对中国特色职业体育发展动力机制的判断。

此外，考虑到问卷调查的验证功用，故对问卷信度、效度等相关信息不作细致介绍。

（二）研究对象选取及问卷发放

职业体育从业人员涉及单项协会、职业联盟、俱乐部相关从业人员，并以足球和篮球两个项目为主；职业体育相关研究人员，以近10年在核心期刊发表1篇以上职业体育主题论文为基本条件，筛选出的对职业体育领域比较熟悉的学者与专家；职业体育关注群体（含球迷）则以对职业体育有所了解，但是又欠缺专业的一类人，同时考虑到职业体育的专业化较强，最终选择了一所高校的体育系部教师（并严格剔除掉职业体育相关研究人员）。

对前两类群体采取点对点微信推送方式进行，各推送50人，而后一群体则在工作群[①]中直接发放，有兴趣同志填写的方式进行。相关问卷回收共计133份，考虑到填写时间因素，得到有效样本130，具体如表4-3所示。

---

① 该群总量141人，剔除2位从事相关研究，1位专业裁判员。

第四章 新时代中国特色职业体育建设：语境与内涵

表 4-3 　　　　　　　　研究对象基本情况一览表

样本情况	职业体育从业人员	职业体育相关研究人员	职业体育关注群体
发放数量（份）	50	50	138
回收数量（份）	33	40	60
有效数（份）	32	40	58

二、中国特色职业体育特征的认可度分析

（一）关于中国职业体育缘起及其基本性质的认识

通过调查发现，关于中国特色职业体育的总体判断与研究设计基本一致，相应题项得分都在 3.5 分以上，如表 4-4 所示。而关于中国职业体育缘起特征、职业体育发展过程特征及中国职业体育发展目标特征（即中国特色职业体育）的均分都超过 3.8 分。这反映了前期课题组关于中国职业体育及其发展特征的把握是符合常规的，与实务界、学术界他们对中国特色职业体育的理解偏差不大。

表 4-4 　　　　　　　　中国特色职业体育特征情况整理

题项	平均值	标准差
中国职业体育源起于举国体制，是借助政府主导的转轨改革而来的	3.96	1.25
中国职业体育是顺应职业体育全球化发展潮流，中国体育产业发展到一定阶段的产物	3.74	1.09
中国职业体育是顺应中国社会主义市场经济建设要求，主动求变的竞技体育改革实践	3.73	1.20
中国职业体育改革与发展是以实现中国竞技体育长效发展、更好满足人民群众体育需求为目标的	3.75	1.24
中国职业体育改革与发展体现了我国体育发展方式优化改革立场	3.82	1.13
一个强大且具有卓越行政能力的政府是中国职业体育改革取得成效的关键所在	3.68	1.28
渐进性改革和包容性发展贯穿中国职业体育改革与发展历程之中	3.84	1.09
政府、企业（俱乐部等）和社会体育组织（协会等），三方力量融合贯穿中国职业体育改革实践之中	4.05	1.06

第四章 新时代中国特色职业体育建设：语境与内涵

续表

题项	平均值	标准差
在相当长时间内，中国职业体育以西方职业体育为模板，参照西方模式展开	3.58	1.23
搭建中国模式，谋求高质量发展是中国特色职业体育建设的重要历史任务	4.10	1.15
中国特色职业体育是职业体育运行规律与中国实践的结合样态	3.85	1.23
中国特色职业体育建设是以中国特色社会主义理论为指导的不断完善过程	3.98	1.06
中国特色职业体育建设需要将政府与市场作用同社会主义制度的优越性有机结合起来	4.02	1.14

各细分题项中，均分超过4分的有3个，分别是：搭建中国模式，谋求高质量发展是中国特色职业体育建设的重要历史任务；政府、企业（俱乐部等）和社会体育组织（协会等），三方力量融合贯穿中国职业体育改革实践之中；中国特色职业体育建设需要将政府与市场作用同社会主义制度的优越性有机结合起来。其中，"搭建中国模式，谋求高质量发展是中国特色职业体育建设的重要历史任务"，这一题项得分最高，达到4.10分，也即调查对象对中国特色职业体育目标规定性的认可度较高，且具有一致性：一是要搭建中国模式；二是要强调高质量发展。与之相对的是："在相当长时间内，中国职业体育以西方职业体育为模板，参照西方模式展开"这一个题项的得分最低，均分仅为3.58分，反映职业化改革20余年后，关于中国职业体育发展必须跳出西方模式的牵引逐渐获得各界认同，这在某种意义上也说明中国特色职业体育建设的必要性。当然，在此议题下，中国特定的社会背景环境成为关乎中国特色的重要议题，并获得广泛认同，不论是缘起特征、发展过程特征，还是目标特征，都有较高的认可度。

（二）突出经济性，强化产业属性是中国特色职业体育发展的基本遵循

诚然，中国职业体育在改革初期更多是竞技体育的改革实践，这与当时的社会背景是有关系的。一是在奥运争光战略进程中，经历1988年"兵败汉城"后急需缩短战线，集中人财物等资源于优势项目上，此时给一些相对弱势的且花费巨大的集体项目找出路成为重要议题，职业化是一个很好的选择；二是虽然1992年邓小平南方谈话在思想上解决了"姓资姓社"问题，但中国社会主义市场经济探索刚刚起步，统一的社会意识尚处于整合阶段，

第四章 新时代中国特色职业体育建设：语境与内涵

此时体育可不可以搞成产业尚是个值得讨论的议题，先实践再总结显然是符合当时情境的。时过境迁，经过 20 余年实践，中国经济社会环境已经发生了显著变化，特别是当下体育产业已经成为体育领域的闪耀因子，此时各界如何来看待该问题就显得特别有意思。

通过单因素方差分析得出，不同人群对"中国职业体育是顺应中国社会主义市场经济建设要求，主动求变的竞技体育改革实践"认可度的差异具有统计学意义（$F=4.051$，$P<0.05$），其中职业体育相关从业人员对该题项的认可度最低为 3.22，职业体育研究人员和职业体育消费群体的认可度相同为 3.90。换一个思路来解释该问题，可以认为：职业体育相关从业人员，即实务界已经开始转变了，开始认识到职业体育的本质属性是市场的，而不仅仅是竞技体育的议题。关注市场需求，遵照体育市场、体育产业发展逻辑，应该是当下或今后中国职业体育建设的基本遵守。市场是瞬息万变的，并往往带来经济观察的滞后性，这在当前中国职业体育性质理解上是有所体现的，学术界的整体认识滞后于实务界是值得提防的。当然，对于职业体育关注者（观众）来说，由于他们看的是比赛，关注的是球员或俱乐部，而这些恰恰更多隶属竞技体育的样式。事实上，问卷中的另一个题项大体也支持这一论点，即"一个强大且具有卓越行政能力的政府是中国职业体育改革取得成效的关键所在"呈现的情况也是职业体育从业人员的认同度低（3.4），且与其他两组之间有统计学意义（$F=3.457$，$P<0.05$）。由是，一个基本观点可以形成，即随着中国职业体育的深入发展，对职业体育的性质理解应该回归常识——跳出单纯的竞技体育逻辑，在需求、市场、产业的逻辑中思考问题。

（三）关于中国特色职业体育建设着力点的认识

把握中国特色职业体育的内涵与特征的意义，在于指导实践。至于具体该如何实践，可能是仁者见仁智者见智。为此，采用双因素分析法对中国特色职业体育建设着力点进行分析。研究发现（见表 4-5），不同职业类分的调查对象在中国特色职业体育建设的着力点选择上不具有统计学意义（$F=2.012$，$P>0.05$），且建设着力点因素和调查对象的职业因素不存在交互作用（$F=0.496$，$P>0.05$）。但另一维度，不同建设着力点对我国特色职业体育建设的影响，具有统计学意义（$F=11.542$，$P<0.01$）。

第四章 新时代中国特色职业体育建设：语境与内涵

表 4-5　中国特色职业体育建设着力点统计（$N=130$）

政府行政力量	1	32	3.31	1.36	0.24	0.737	0.48
	2	40	3.23	1.27	0.20		
	3	58	3.53	1.29	0.17		
	总计	130	3.38	1.30	0.11		
市场主体（俱乐部、联盟等）	1	32	4.09	1.12	0.20	0.557	0.575
	2	40	4.38	1.10	0.17		
	3	58	4.24	1.14	0.15		
	总计	130	4.25	1.12	0.10		
社会体育组织（协会）	1	32	3.56	1.27	0.22	1.905	0.153
	2	40	4.05	1.06	0.17		
	3	58	3.98	1.12	0.15		
	总计	130	3.90	1.15	0.10		
需求侧（消费群体）	1	32	3.59	1.21	0.22	0.774	0.463
	2	40	3.95	1.26	0.20		
	3	58	3.79	1.17	0.15		
	总计	130	3.79	1.21	0.11		
其他相关主体	1	32	3.34	1.26	0.22	0.059	0.943
	2	40	3.40	1.13	0.18		
	3	58	3.43	1.11	0.15		
	总计	130	3.40	1.15	0.10		

通过单因素方差分析中的 S-N-K 检验得出：市场主体（俱乐部、联盟等）力量进一步激发明显高于其他所有因素，而政府行政力量继续发力和其他主体力量明显小于球迷等消费群体作用的展现和社会体育组织（协会）力量的有效作用，具体如表4-6、表4-7所示。这一结果与前文结果相类似，并提示我们进一步相信市场，依靠市场是推动中国特色职业体育建设的关键所在。

第四章 新时代中国特色职业体育建设：语境与内涵

表4-6 中国特色职业体育建设着力点与职业类分的双因素分析（N=130）

源	III类平方和	自由度	均方	F	显著性
修正模型	79.674	14	5.691	4.043	0.000
截距	8500.538	1	8500.538	6038.313	0.000
建设着力点	64.994	4	16.248	11.542	0.000
职业分组	5.666	2	2.833	2.012	0.135
建设着力点×职业分组	5.587	8	0.698	0.496	0.859
误差	893.932	635	1.408		
总计	10088.000	650			
修正后总计	973.606	649			

表4-7 中国特色职业体育建设着力点单因素方差分析S-N-K检验检验（N=130）

着力点	个案数	子集 1	子集 2	子集 3
政府行政力量	130	3.38		
其他相关主体	130	3.40		
需求侧（消费群体）	130		3.79	
社会体育组织（协会）	130		3.90	
市场主体（俱乐部、联盟等）	130			4.25
显著性		0.917	0.465	1.000

三、中国特色职业体育特征再思考

诚如前文所述，中国职业体育缘起特征、发展特征及目标特征具有学理上的可解释性和接受性。从发展缘起上看，时代性、发展性的倾向是明确的，且带有明显的政府机制依赖；在发展过程特征上，区别于西方的自序演化秩序，转轨秩序的特征明显，其间国际惯例和中国职业体育所依存的经济社会特殊性交互作用；而在发展目标特征即中国特色职业体育建设目标上，适应和满足中国社会需求的导向，强化嵌入中国特色社会主义市场经济的本土特色创新和高质量发展是关键。当然，这些特征的产生是基于中国特殊发展语境和现实情况的反馈，是对中国特色职业体育探索历程、现实问题、目

第四章　新时代中国特色职业体育建设：语境与内涵

标期望的综合研判结果，并在一定程度上回应了前文对中国特色职业体育的语境分析。

同时，基于上述分析中国特色职业体育建设模式大概也呈现出基本脉络特征：适应中国社会需要的，切合职业体育市场运行规律、强调以满足社会需要为导向、可以充分发挥中国优势，具有与中国大国地位匹配的国际影响力，高质量发展的。这表明前文所论述的中国特色职业体育的建设内涵，是相对恰当的、符合各界对新时代中国特色职业体育的认识，是具有解释力的。

第五章

新时代中国特色职业体育建设：基点与目标

职业体育产生于西方，对中国来说是个"舶来品"。对于西方的东西，用哪个尺度衡量特别重要。原北京大学校长蒋梦麟在其带有自传色彩的《西潮》一书中，揭示了当时学人对待西方的观点，即"对于欧美的东西，我总喜欢用中国的尺度来衡量。"[①] 客观来说，用西方的尺度，那是极其便当的，因为社会背景一致性易于探索出其核心规律和运行方式；但是从功利价值来看，确实意义不大的，因为不带目的的考证一个运行模式是不经济的。如蒋先生一般，用中国的尺度，也存在难度，因为存在一个从已知到未知的过程，这时对已知的把握是否到位就特别重要。逻辑上，先知往往外在且多元，不同人基于不同视角会产生差异认知，由此探索内理，则往往会为外表所迷惑，导致学习模仿不得法。反之，则落实上难以推进，找不到切入点，甚至无法达成共识。从这个意义上讲，"化"是特别难的，是特别有技巧的东西，而其中尺度是最重要的一环。实践中，这一尺度可能也就是我们所理解的实践基点，是我们探索后续建设目标的基础所在。基于此考虑，本部分即结合实际探讨新时代中国特色职业体育建设的基点和目标，以便为后续策略找寻奠定基础。

---

① 蒋梦麟. 西潮 [M]. 昆明：云南人民出版社，2016：65.

第五章 新时代中国特色职业体育建设：基点与目标

第一节 新时代中国特色职业体育建设基点

一、改革2.0时代：新时代中国特色职业体育建设的阶段特征

伊始于1978年，中国改革开放取得了巨大成就，创造了中国奇迹。当然，中国经济社会发展中也面临着生态环境、人口老龄化等问题，转变发展方式，从高速发展向高质量发展的转变，实现中华民族伟大复兴的"中国梦"，意味着需要进一步深化改革，拓宽改革的领域，调整改革的重心。而这关键在于建构与新时代中国社会主义市场经济相协同的政治、经济、社会治理体系，消解过去改革中临时性过渡手段的风险积聚和政府、市场、社会发展不均衡问题。面对新形势、新矛盾、新任务，2013年党的十八届三中全会以全面深化改革为议题作出了《中共中央关于全面深化改革若干重大问题的决定》，树立了"完善和发展中国特色社会主义制度，推进国家治理体系和治理能力现代化"的改革目标，并从"六个紧紧围绕"进行了战略部署，引领中国改革的深入。2019年10月，党的十九届四中全会作出了《中共中央关于坚持和完善中国特色社会主义制度、推进国家治理体系和治理能力现代化若干重大问题的决定》，提出了总体要求，从13个方面进行战略部署，系统框化了"中国之治"的美好前景。在国家相关改革举措的引领下，中国体育领域以体育强国建设为目标推进全面深化改革实践。其中，职业体育作为前序改革的试点领域，率先启动，取得了阶段性成效，管办分离及协会去行政化等相继落地。那么，新时代中国职业体育到底处于一个什么样的发展阶段呢？这一阶段需要解决哪些关键问题呢？这显然对推进新时代中国特色职业体育建设极为关键。

（一）新时代中国特色职业体育进入新阶段

起始于1993年的中国职业体育改革，是中国体育史上具有划时代意义的事件。职业体育的引入，实质性开启了中国体育社会化、市场化改革的方向，引领着中国体育从传统的举国体制中解脱出来，顺应社会需要，形成了多元化的运行体制。总体上，中国竞技体育职业化改革遵循了迈向市场化、社会化的发展思路，推进建立适合职业体育市场主体运行的体制机制一直是其重心所在，解决政府、市场、社会之间关系贯穿于改革始终。在职业体育

第五章　新时代中国特色职业体育建设：基点与目标

改革推进实践中，体育内部结构和治理体系发生剧烈的适应性变迁，竞技体育为中心的样式逐渐被打破，群众体育、体育产业逐渐走上历史舞台，并占据着主导地位。然而这样的一种改革也不是没有风险的，因为我们所进行的体制机制改革隐性前提是利益驱动，并伴生着权利结构的变化与变迁①。现实中，体育领域利益结构发生了显著变化，出现了经济、社会等多元利益需求及其依附的利益集团，产生了一些过渡性体制，比如项目管理中心等，这些过渡性改革举措或组织设置，在一定程度上促进了改革，但是随着改革的深入，利益集团定型问题可能就演化成为改革进一步推进的阻碍。伴随党的十九大召开，中国特色社会主义进入新时代，职业体育改革也在管办分离改革及协会去行政化后，进入全面深化改革阶段，并以中国特色职业体育建设为核心议题。

回溯中国职业体育发展历程，从顶层设计角度出发，以国家宏观政策引领为标志，中国职业体育发展历程大体可以框分为三个阶段，即启动阶段、改革1.0时代和改革2.0时代，且各阶段所力图解决的核心议题具有逐渐提升的特征，具体如表5-1所示。换句话说，中国职业体育改革，按照自身的改革发展节奏、遵循自身的制度变迁逻辑渐进演进，在产生良好的累积成果后，进入了一个全新的改革阶段。结合其所处的国家宏观发展阶段，我们可以将当前新时代中国职业体育所处的阶段称为职业体育改革2.0时代，是一个全面深化改革的时期。

表5-1　　　　　中国职业体育改革阶段特征梳理

阶段	启动阶段	改革1.0时代	改革2.0时代
宏观改革节（起）点	1992年党的十四大	2002年党的十六大	2017年党的十九大
宏观政策依据	社会主义市场经济体制建设	完善社会主义市场经济体制	社会主义市场经济新时代
核心内容（任务）	建立新体制	完善新体制	全面深化改革
解决核心议题	职业体育联赛建立、俱乐部实体化、要素市场建设	（类）职业体育联盟建设、市场建设，管理体制改革（管办分离）	新时代中国特色职业体育建设

---

① 商晨. 利益、权利与转型的实质[M]. 北京：社会科学文献出版社，2007：146.

第五章 新时代中国特色职业体育建设：基点与目标

当前我国职业体育正处于第三阶段，全面深化改革、谋求高质量发展是这一阶段的根本任务。从机制依赖方面看，我国职业体育改革的动力机制经历着一系列变迁。从缘起上说，我国职业体育离不开政府力量，是政府行政干预的产物，并依赖政府的力量建立了联赛、俱乐部以及相应的市场；而待到市场逐渐完善后，政策效应引领下社会资本开始成为职业体育发展的动力源泉，广州恒大地产、中国上海港务集团、江苏苏宁集团等资本力量陆续进入，并在一定程度上提升了中国职业体育发展水准。随后，伴随国家经济社会改革的深入，特别是进入新时代，我国职业体育开始关注需求，重视联赛和俱乐部的社会价值提升和彰显，进入以供给侧结构性改革为重点的改革阶段，其动力机制也开始逐渐转向。与此同时，我国职业体育发展目标，也从单纯服务于国家和社会利益的专业队模式向着服务于经济利益、社会需求的职业体育转型，从国家需求、投资者需求到社会、国家、市场需求变迁。总之，顺应体育强国建设，当前我国职业体育改革 2.0 时代，即是以全面深化改革为切入点，以谋求高质量发展为重点，以型塑新时代中国特色职业体育为目标的实践阶段。

（二）新时代全面深化改革中国职业体育的重点

如果说经过近 30 年的发展中国职业体育已经解决了基本模式架构问题，那么职业体育改革 2.0 时代，后续工作重心将从以职业体育运行体系搭建、市场开发模式探索等为中心的体系架构转向以规范化运营和系统化运作为内容的治理能力建设，推进治理体系和治理能力现代建设，建构中国特色职业体育运行体制是这一阶段的核心任务和基本路向。从体育治理现代化的要素构成[①]看，新时代全面深化职业体育改革至少应该涉及以下一些内容。

1. 明确职业体育服务面向，重塑治理主体

诚然，治理是对管理的超越，改变传统的政府主导样态，给予社会主体参与的空间，发挥社会力量的功用，激发社会主体积极性，形成多元主体参与的利益共同体，是其题内之义。换句话说，治理的价值定位上就带有依赖社会大众，并服务社会大众的内在规定性。由此，在社会主义市场经济建设的新时代，以更好满足人民对美好生活的需求为导向，中国职业体育需要着

---

① 陈洪. 国家体育治理体系和治理能力现代化探析 [J]. 北京体育大学学报，2014，37 (12)：7—12.

第五章 新时代中国特色职业体育建设：基点与目标

力解决与群众体育、与休闲文化、竞技体育协同发展问题，激发和满足社会大众对高水平竞赛观赏的需求。但现实中，一方面，"职业联盟联赛让位于'为国争光'的国家队比赛，职业体育市场改革让位于国家意识形态建设"[①]现象时有发生，这种思维定式往往将职业体育发展引向"举国体制"的逻辑体系中，而背离社会大众的现实需求。另一方面，资本的逐利性是天生的，社会化改革的实践一直在强调充分发挥社会资本的力量，激发社会办职业体育的活力。但是，这种过分追求社会化和资本力量作用，也是有边界的，一旦资本力量主导了职业体育改革，便有可能出现资本力量左右社会力量，制约政府甚至政治力量，造成由于资本力量过分追求自身利益而损害社会大众利益的问题。于是，坚持服务于新时代社会主要矛盾化解的立场，转换职业体育服务面向，转变职业体育治理主体依赖，充分发挥市场的决定性作用，成为全面深化改革需要解决的首要议题。

2. 优化职业体育机制依赖，规范治理过程

近年来，我国职业体育改革进展顺利，但是市场决定性作用发挥不明显仍然是当前制约职业体育发展的最大问题。首先，政府之手没有完全（真正）退位，以前是行政主导，现在变换了"花样"，成为各种旨在推动体育产业发展的产业政策，其本质上还带有明显的政府干预色彩。其次，市场自身发展演化不够，市场机制作用所依赖的制度环境不足，使得市场自由竞争成本过大，市场主体往往自觉退缩并转而追求寻租效应。此外，在去行政化改革实践中，政府出于方便或者为了某种特殊需要（如顺应整个改革步伐等），推进了单项协会改革，并赋权于社会组织，而后续这些权力怎么用、用到什么程度及如何监管，思考不深，没有可资约束的实践举措。事实上，相对于西方的自序演化，我国职业体育制度建构的起点是计划秩序，计划秩序内在的行动逻辑是"以关系为运作空间及手段的行动方式"[②]，这也意味着中国职业体育的建构实践是从关系理性向市场理性转变的，而市场交易理性的制度化实践需要在关系理性基础上构筑交易理性。现实中，交易理性和关系理性往往会产生一些掣肘情形，实现两者均衡本身就需要有一个平台，或

---

① 黄璐.国家体育治理现代化的时代背景和广泛涵义[J].体育成人教育学刊，2015，31(1)：14—17.

② 汪和建.经济社会学——迈向新综合[M].北京：高等教育出版社，2006：129.

第五章 新时代中国特色职业体育建设：基点与目标

者更具体来说需要制度载体。当然，职业体育制度的好坏，不在于设计的完美程度，而在于能否产生实效。如此，以中国特色职业体育建设为目标，改革的好坏，关键在于是否可以有效促进职业体育的有序发展，能否在促进运动项目发展的基础上更好满足人民群众的需求；而架构政府归位后的职业体育运行体系，按照职业体育运行规律规范治理流程，成为全面深化改革的重要内容。

3. 型塑中国特色职业体育体系，保住改革成果

回溯职业体育改革历程，从建立职业体育联赛开始，借助引进国有资本和社会资本，建立职业体育俱乐部，然后逐级提升，形成独立运营、自负盈亏的市场主体，搭建体系化的联赛体系，完成职业体育的初步构建。随后，伴随中国经济社会发展，特别是中国经济体制的逐渐完善，在社会需求不断被激发的实践中我国职业体育完成了第二次飞跃，转变发展方式、依赖社会资本的力量推进职业体育改革成为时代需求，于是管办分离改革等相关举措相继被推出并落地。在相关政策引领下，中国职业体育取得了丰硕成果，不论是观众人数、球迷氛围，还是赚钱效应、市场开发能力，抑或是联赛体系、运行机制，都呈现出向好的态势。于是，如何保住前期职业体育改革取得的成绩，积淀梳理成功经验，分析把握目前存在的问题，消解近30年改革与迅速发展中累积的风险，找出可资操作的推进中国职业体育高质量发展的举措，成为当前亟待解决的重要议题。这需要借助改革提升职业体育治理能力来达成，以形成与中国职业体育快速发展相匹配的体制、机制，保住前期来之不易的改革成果。

总体而言，全面深化改革阶段，中国职业体育改革的目标不再仅仅是为了改革，相反，改革更多的是一种举措，而其最终目标必然是建立与人民对美好生活向往相切合、与中国体育强国相匹配的职业体育运行模式，形成高水平的中国特色职业体育。而此时，中国职业体育的问题，已经不是简单的产权或者管理体制问题，其边界甚至超出了政府与市场关系的范畴，体现谋求中国特色高质量发展、实现强势崛起的职责担当，而且这需要在中国特色职业体育建设实践中加以型塑。

二、市场治理复杂性：新时代中国特色职业体育建设的现实面对

遵循经济社会学的论断，即"经济是嵌入于社会的，并且是受具体的社

第五章 新时代中国特色职业体育建设：基点与目标

会结构限定的"①，那么，职业体育这一具有明显经济取向的社会运行样态显然也是内嵌于特定经济社会结构之中的。工业文明带来的城市化生活样态与现实需求、精细化的社会分工与合作关系、消费主导的社会生产结构及其全球化扩展模式等都是关涉职业体育缘起与发展之关键所在，迎合之进行的体育竞赛组织化、商业化再造实践贯穿职业体育发展过程。一旦职业体育偏离其现实的社会需求和运行背景，则往往带来灾难性的后果。这也意味着，出于职业体育有序运行和良性再生产需要，市场治理也发挥着勾连、调和职业体育与其所依存经济社会环境的作用。当然，在西方社会，这种关系主要是通过社会需求与生产满足来实现的，或者说依赖市场来达成的，遵循着市场竞争的选择原理。

在当前中国，以满足人民对美好生活需求为宗旨转变体育发展方式、推进体育强国建设成为体育领域的核心工作；在此议题下，走市场化、社会化，发展我国职业体育的基本方向是基本明确的。而回溯中国职业体育发展历程，转轨改革是其基本特征。这一转轨改革，起点是举国体制或者说专业队体制，终点是市场化趋向明显的职业体育体制，从起点到终点的过程即是转轨改革实践过程。但是这一过程，会出现多种可能。首先，职业体育作为内嵌于西方经济社会背景中的运行样态，虽然具有理论上的先进性，但是这种样态如何在中国进行再造，再造后的目标样态又会是什么样的，一旦这个问题无法把握，则改革必然从目标清晰变为摸索前进，并连带着共识凝聚的艰巨性。其次，转轨改革过程中，往往会产生一系列既得利益集团，更为关键的是，我国职业化改革中的既得利益集团往往兼具市场性和政治性双重属性，"以权力与市场因素的奇异结合为特征"，实践中"往往是权力与市场手段交替使用甚至结合使用"②，挤压着职业体育改革的空间，消减着职业化改革的动力。管办分离前我国职业体育运行中即存在这一问题，并成为改革力图解决的问题。此外，改革过程中，偶然事件往往会影响改革的走向，如北京奥运会等。已有研究③显示，我国职业体育改革中的众多调整与这种偶然性事件或者国家体育事件中重大事件有关，为了奥运会、世界杯等大赛更改

---

① 汪和建. 经济社会学——迈向新综合 [M]. 北京：高等教育出版社，2006：44.
② 刘坚. 改革思想录：《经济观察报》学者观点 [M]. 北京：当代中国出版社，2013：167.
③ 何强，冉婷. 关于全面深化体育改革几个基本问题的研究 [J]. 天津体育学院学报，2014，29（2）：113—118.

第五章 新时代中国特色职业体育建设：基点与目标

赛程赛制、为了大赛成绩调整报名与注册标准等时有发生。如此来看，区别于西方的方式，在一定程度上决定了中国职业体育问题的特殊性与复杂性。

（一）新时代中国特色职业体育建设需面对发展与治理同步局面

如果以西方成熟的职业体育市场样态为参照，中国职业体育最闪耀的特征即在于其发展与治理的同步性，也即我国职业体育既要加紧市场完善与发展，又要不断针对发展过程中存在的问题进行治理。这种边发展边治理的运行样态是后发的中国职业体育所独有的，无参照可言，无标准可循，难度极大。同时，在全球化浪潮中，中国职业体育无法独善其身，必须面对西方职业体育（欧洲足球联赛、北美职业联赛等）的竞争。更为关键的是，在全球化实践中，去地域化的竞争机会，貌似公平，实则暗含风险，甚至存在"宣扬、推销和强化西方主流的文化、经济和政治话语"[①]的维度。因为西方职业体育经过一百余年的发展历程，已经形成了规模化、成熟化的商业运行模式，具有竞技水平更高的运动员并生产水平更高的赛事，水平更高，吸引力更强，更能得到赞助商、转播商、球迷等消费群体的信赖和关注，而后发的中国职业体育，转轨发展历程仅有20余年，在赛事水平、组织能力、运营层次上都无法与之抗衡。如此，直面西方竞争，压力极大。基于上述两个背景，可以看出，中国职业体育不仅要解决自身发展问题，不断处理发展所面临的众多体制、机制等问题，同时还需化解全球化带来的运行风险，这无形中增添了中国职业体育市场治理的难度。

而且正是在此状况下，中国职业体育出现了一系列新的问题，主要显现为以下两个方面：其一，市场发育不完善，存在产权关系模糊、市场主体地位不突出、法制建设滞后、激励约束机制不健全等问题[②]，并与我国职业体育发展周期不足、运营管理体制机制不适应密切相关。当然，这种市场化欠缺既有生产力层面的职业体育赛事产品供给结构失衡的困境，也有生产关系层面的制度供给结构失衡的问题。其中，前者体现在职业体育赛事供给与需求之间的失衡，或者说职业体育赛事生产与消费之间的市场勾连不足。而且

---

① [英] 戴维·赫尔德，[英] 安东尼·麦克格鲁. 全球化理论：研究路径与理论论争 [M]. 王生才译. 北京：社会科学文献出版社，2009：167.

② 唐炎，卢文云. 制约我国竞技体育职业化改革的相关问题探究 [J]. 北京体育大学学报，2010，33（3）：20—22；张林，戴健，陈融. 我国职业体育俱乐部运行机制的主要缺陷 [J]. 上海体育学院学报，2001，25（2）：1—5.

第五章　新时代中国特色职业体育建设：基点与目标

中国职业体育的问题还不单单是失衡问题，因为现有职业体育相关需求是有的，消费能力也是旺盛的，职业联赛供给也是充足的，但中国的需求和消费不关注自己的供给，熬夜看欧洲联赛也不看中超，请假看 NBA 也不看 CBA，国内职业体育赞助虚弱而海外大肆投入即是明证。而职业体育制度供给结构失衡，并不仅仅显示为制度供给不够或者没有制度供给，而是制度供给与职业体育有效发展不配套，前者无法有效满足后者需要，甚至出现了矛盾与掣肘困境。其二，过度市场化问题。当然，中国职业体育领域中存在的过度市场化还不同于当下中国经济领域中的诸如能源等市场过剩状况，因为它不单单是市场供给超出了市场需求的供给侧问题或者结构性矛盾，而是在职业体育的某些领域、环节存在过度市场开发的现象，且多是由于中国职业体育价值追寻上的偏差引起的。回溯中国职业体育发展历程，从职业联赛推出、俱乐部和联赛的运营管理改革，其着力解决的都是如何供给问题，而鲜有关注需求。即便是旨在促进体育消费的《国务院关于加快发展体育产业促进体育消费的若干意见》（国发〔2014〕46 号），也更多是站在促进职业联赛水平提升角度从投资人和政府立场出发，而缺乏满足社会大众观赛需求的方案。在以投资人为出发点的发展状况下，资本大肆进入成为现实表征，其中尤为突出的显现为运动员市场的过热上，如"中超购全球"等一度成为社会热词。

当然，作为后发的职业体育，以发展为第一要务，需要外来力量，特别是资本力量的有效介入，依靠资本力量来实现我国职业体育跨越式发展。而且伴随国家层面供给侧结构性改革的深入，围绕职业体育人才供给、赛事供给的调整优化举措不断推出。如中国足球协会制定了《2020 行动计划》，并拟推出"职业俱乐部财务监管计划"。可以说，不因资本过度或不合理介入出现了一些问题而因噎废食，围堵资本介入；相反，应更加重视吸引和调动社会资本，科学地引导、规范和驾驭资本，多渠道引导资本合理介入职业体育系统循环过程之中，让资本运作回归生产职业体育系统循环自身，回归与职业体育高水平赛事生产密切相关的后备人才培养和赛事运营建设中去，使得职业体育发展成果为人民所享，已经基本成为共识性的观点。事实上，转轨而来的我国职业体育，首要在于市场体系建设，而促进市场体系完善一直是努力改进的地方，可以说我国职业体育 20 余年改革发展的工作重心都在此。从俱乐部企业法人化、到管办分离改革以及近期力求推进的联赛公司化

第五章　新时代中国特色职业体育建设：基点与目标

或联盟化，其背后追求的机理都是不断践行和提升职业体育相关要素的市场化水平，旨在解决市场不完善、不充分发展问题。但是，相关治理涉及面极广，牵涉资源配置、权利配置、组织协同等多方面内容，而且以集体行为表现出来的治理行动，往往有着复杂的内在症结，一旦无法有效区分问题根结，也就没有办法找寻解决问题的现实路径。从这个意义上讲，化解困扰中国职业体育的市场不完善或者过度市场化并存困局，还需要深入挖掘其背后隐藏的根源机制。

（二）新时代中国特色职业体育建设需应对市场竞争与身份竞争共存局面

诚然，职业体育是追求经济性的，以市场为主要运行机制，具有类属市场经济的规定性。关于市场经济的特征，学术界往往在两个层面进行界定：其一为"竞争为他人创造价值"；其二为"陌生人之间的分工合作"[1]。也即竞争与分工合作是维系市场运行的支撑点。遵循市场逻辑的职业体育也应如此，市场竞争与分工合作贯穿职业体育赛事生产、消费的每一个环节。即便广为诟病的全球化所涉及的"赢家通吃"，实质上是由于西方职业体育水平更高，吸引力更强，更能得到赞助商、转播商、球迷等消费群体的信赖和关注。说白了，这是由于职业体育市场竞争特征所致的，或者说决定"赢家"的要素是市场力量，而非市场外在力量（如权力关系）。当然，市场竞争与分工合作需要有所依托，需要涉及各类资源要素，需要对资本有特殊的关照。关于资本是什么？马克思曾深刻地指出，"资本不是物，而是一定的、社会的、属于一定历史社会形态的生产关系，它体现在一个物上，并赋予这个物以特有的社会性质"[2]。他又说，"毫不相干的个人之间的互相的和全面的依赖，构成它们的社会联系。这种社会联系表现在交换价值上，……每个人行使支配别人的活动或支配社会财富的权力，就在于他是交换价值的或货币的所有者。他在衣袋里装着自己的社会权力和自己同社会的联系"[3]。如此来看，以资本等资源要素构筑的市场机制运作实质上是一个重塑社会关系的实践，而其中资本（包括人、财、物等）实际上充当着一种社会关系再塑力

---

[1] 张维迎. 市场的逻辑 [M]. 上海：上海人民出版社，2010：15—17.
[2] 中共中央马克思恩格斯著作编译局. 马克思恩格斯全集（第25卷）[M]. 北京：人民出版社，1975：920.
[3] 中共中央马克思恩格斯著作编译局. 马克思恩格斯全集（第30卷）[M]. 北京：人民出版社，1995：106.

第五章　新时代中国特色职业体育建设：基点与目标

量，即是一种权力。换句话说，以市场竞争为特征的资本流通配置，表层意义上构筑了市场运行的特征，深层意义上则在不断型塑着社会关系结构。事实上，职业体育在西方的缘起与发展历程大体是即遵循这种逻辑，表面上是职业运动员、职业俱乐部、职业联赛（联盟）等资本的合法化竞争，实质上背后隐藏的是伴随工业社会深入发展的社会关系演化实践。正是在这个意义上，柯林斯（2017，中译本）[①] 指出，"运动俱乐部是运动商业化、组织和发展的结果，而不是原因"，因为藏在商业化背后的阶级区分的重塑才是其动力源泉。由此来看，跳出市场本身问题，方能找准当前中国职业体育市场特征。

回到中国职业体育发展实践，源头上看，中国职业体育来源于专业队体制，如中国足球职业联赛脱胎于全国足球联赛，中国职业篮球联赛也是如此。以足球为例，红山口会议后，职业化开启，原有队伍（多为省市足球队）与企业联合组建职业足球俱乐部，参加职业联赛。如北京足球队，1992年由中信国安集团公司和北京市体育运动委员会共同出资成立北京国安足球俱乐部，即为北京国安队；再如广州太阳神，即为原广州队，职业化后由广州市体育运动委员会和广东太阳神集团有限公司联合组建成立广州太阳神足球俱乐部。由此，中国职业体育从缘起上即具有明显的身份划分，不是任何队伍都可以参赛的。随着职业联赛的发展，原有先赋的身份权利演变为联赛的准入条件，并形成俱乐部的"壳资源"。事实上，"壳资源"之所以作为中国职业体育发展的一种奇特现象存在，是由于管理部门在联赛的准入上进行了相应设置。如中国职业足球联赛包括中超、中甲、中乙共计64支队伍，中国男子职业篮球联赛则包括CBA、NBL共计34支球队；更为关键，现有联赛规模的形成区别于西方职业体育的市场选择（如NBA等），带有明显行政设置色彩，而后期其他球队获准进入联赛的门槛提高，从而形成较为封闭的职业联赛球队圈。当然，这种制度设置在一定程度上有利于中国职业联赛水平稳定和提升，但这在无形中赋予职业联赛俱乐部以身份权利。而且这种身份权利使得投资人在职业体育俱乐部投资上的目标偏移，追求溢出效益，服务于关联母企业的现象实质性存在，并在宏观经济社会转型大背景下成为中国职业体育投资中的极具代表性的动机选择。由是观之，市场竞争和身份

---

① [美] 托尼·柯林斯. 体育简史 [M]. 王雪莉译. 北京：清华大学出版社，2017：21—22.

第五章 新时代中国特色职业体育建设：基点与目标

权利竞争并存成为当前我国职业体育市场表现的内在特征。

从理论上看，身份权利竞争和市场竞争之间具有鲜明的差异性。首先，从参与主体来看，市场竞争是讲究主体去人格化的，平等是其内核所在；而身份权利竞争却刚好与之相反，重视身份、地位，并进而依赖它们获取资源。其次，从竞争方式看，市场竞争追求公平竞争，依赖价格机制，在交易环节中价高质优者胜；而身份权利竞争则必然带着身份展开，谋求更高身份，并依赖身份获取资源，不完全、不充分乃至不公平竞争是其突出表现。此外，从竞争结果来看，市场竞争往往可以促进资源的最优配置，并进而促进社会进步，其间往往又会催生一系列带有利益共同体性质的行业组织以维系这一竞争，或者说市场竞争具有促使横向联合，推进利益共同体形成的本质规定性；相反，身份权利竞争则往往会催生特权阶层，并导致资源的不合理配置，影响社会进步效率；或者说身份权利竞争具有激发打破横向联合的动机，转而激励建立纵向的依附关系。由是观之，市场竞争与身份权利竞争具有相异性，它们同时存在又交互作用于当前中国职业体育运行中，具有较大的危害性。当然，逻辑上需要首先明显其产生根源所在。

之所以中国职业体育出现市场竞争与身份权利竞争并存局面，原因可能与我国职业体育改革发展的动力机制、路径依赖及目标追寻有关。前期有关我国职业体育发展问题，往往有一个基本判断，即竞技体育职业化改革，是顺应我国体育体制，特别是竞技体育改革的一个关键举措。循此路径，则改革的目标是解决竞技体育发展问题，使其从粗放式发展变为精细化、专业化发展，更有效率地发展竞技体育是其立足点。这也意味着，改革的目标上将优化竞技体育竞赛体系、人才培养体系等看作发展目标。笼统地说，职业体育领域从创设之初即面临双重压力：一方面是经济性，另一方面是成绩（政治性、社会性）。当然，在不同发展阶段这种双重压力表现的特征有所不同，从生存压力为主到更好发展，这一螺旋上升趋势大体反映了其生成的内在机理，而至于后续的表现则显示出双重压力上的取舍问题。而关于我国职业体育改革的机制选择上，跟随我国社会主义市场经济建设的步伐，中国职业体育的渐进式改革路径受到学术界和社会各界的认同[①]。而关于中国经济社会

---

① 丛湖平，郑芳. 我国职业体育制度变迁的方式、路径及相关问题研究[J]. 体育科学，2004，24(3)：1-4.

第五章　新时代中国特色职业体育建设：基点与目标

改革，往往被冠以双轨制的标签，即市场与行政机制双重存在。事实上，在中国职业体育改革中，也存在类似的双轨制。当然，这种双轨制还不同于我国经济层面的样态，其特殊性在于运行中我们的省市队通过职业化改革成为职业体育俱乐部，遵循着市场机制，即要求具有法人企业化性质的俱乐部，而国家队仍沿用举国体制样式，更多的是行政主导的。这一局面使得国家与社会诉求上的张力突显，一方面以经济效益和市场效率为准绳；另一方面则有强调服务整体利益，追求国家或政府效益的最大化。如此矛盾的出现可能与最初我国改革目标选择上的非定型化有关。或者进一步讲，最初我国竞技体育职业化改革不是为了实现市场明显的职业化，而只是为了完善原有的举国体制或者说奥运争光计划；而后续改革，伴随新的形势出现，职业体育改革不断走向新的路向，即完全市场化的职业体育样态。这种路径上的不确定性，使改革策略选择上政府退出的顾虑增多；加之，中国经济社会改革中政府与市场结合实践的成功鼓舞，体育领域中自然保留了行政权力的有效存在。后续这种行政权力随着利益集团的形成，逐级异化，并最终以身份权利竞争样态存在。

以运动员价格为例，职业化开始之前，我国运动员是没有市场可言的，归体育局所有，短缺与过剩并存（至少是局部的短缺与过剩，如项目地域分布不均衡等）。解决这一局面市场力量无疑是高效的，于是，转变政府职能，放开市场调配机制，进一步激发和改进运动员资源的配置效率，更好地服务于"奥运争光"的国家战略——"国内练兵一致对外"。放开运动员市场，推进职业化，当时乃至现今的基本指导思想都是"服务大局、适时推进"，也就是说，职业体育市场化发展节奏需遵循政府调节的部署，有计划地推进。当然，这一渐进推进的实践方式，有利于增加改革的稳妥性，消减不必要的风险。那么什么时候是适时的？这一命题本身就是政府无法有效解决的议题。相反，市场具有天然的敏锐性。以运动员价格为例，一旦需求大于供给，则价格上涨，并带动供给增加；反之则下降与减少。但是，中国的问题是，我们不是一个闭合的市场，而是一个逐渐融入国际化的市场。一旦内部供给不足，谋求国外资源的诉求自然产生。此时，政府管制也带有逻辑应然性，限制外援，成为政策选择。循此路径，也即形成我国职业体育运动员市场的新双轨制，即国内球员市场与国际球员市场的不均衡、区别化管理的双轨制。传导到俱乐部层面，相关政策就被变相利用，高价引援、高额薪

第五章 新时代中国特色职业体育建设：基点与目标

资不再仅仅是为了满足俱乐部竞赛需要，而变为彰显母企业经济实力和社会影响力的手段，因为俱乐部本身就是身份权利竞争的手段。由是观之，当前中国职业足球领域中，外援薪资和U23球员价格的异常，即是这种双重竞争的结果。

学理上，市场竞争与身份权利竞争的并存状况危害是多元的。诚如前文所述，它是造成中国职业体育既有市场不完善又面临有市场过度发展状况的根源所在；同时，它还在一定程度上干扰我国职业体育改革发展的有效深入，特别是对当前问题的治理。如利益共同体治理往往被认为是一种有效的治理方式选择，且西方职业体育，特别是北美职业体育联盟的有序运行即与此有关。关于西方职业体育运行规律的研究[①]已然显示，职业体育有序发展背后的逻辑是社会组织的自治，或者更准确说是社会组织基于自身利益诉求的机制选择，其产生与演化历程，恰恰切合波兰尼"双向运动"理论中的经济关系与社会关系互动演化规律。在波氏理论体系中，社会活动的增加催生社会关系中的经济行为扩张，经济扩张又推动社会组织的兴起与发展，在市场经济氛围中，或者保护自身生存或者满足发展需要大众往往寻求横向联合，自生自发的缔结各类互助性的社会组织，因为经济活动是社会生产力与生产关系互动的结果。市场经济的发展，打破了传统经济的依赖关系圈，不确定性凸显。消解之，不仅需要契约的跟进，还涉及组织的优化，以生成抗衡市场经济的市民社会。这便是市场经济条件下社会组织生成的逻辑，而且市场经济发展越充分，社会分工越细化，社会需求越发多样化，社会组织发展程度越好。这也意味着，市场竞争构筑了社会组织生成的内在动力，其结果是社会大众（市场主体）以利益协同为突破口进行内在联合，这种内在联合关系的组织化确定即为利益共同体，也即市场竞争是利益共同体生成的内在动力。正是基于此，推进利益共同体建设被认为是解决当前中国职业体育面临的市场困境的有效方向，并得到许多学者的认可。但问题是，身份权利竞争往往具有消解或者说阻碍市场竞争和利益共同体等社会组织发展的内在规定性。有研究即证实，"一个国家或地区，社会组织的发展程度与身份权

---

① 张兵.西方职业体育市场秩序演化与中国实践研究[M].北京：中国社会科学出版社，2017：122—123.

第五章 新时代中国特色职业体育建设：基点与目标

利竞争的激烈程度成反比，即身份权利竞争越激烈，社会组织发展越缓慢"[①]。如管办分离改革前，我们往往将问题归咎为政府冲在了前头，职业体育运管主体的政社不分，官办不分，既当裁判员又当运动员，基于政府利益或者国家利益推进职业体育发展，强调职业体育服务于国家意志，服务于"奥运争光"、体育强国建设。管办分离改革后，政府退居幕后，但是新的社会组织（中国足球协会、中国篮球协会）是否具有单纯的社会性，是否还沿用原有行政运行思维、机制，往往成为社会广泛关注的焦点。之所以如此，其根源即在于管办分离并没有也无法改变困扰我国职业体育改革发展的身份权利竞争问题。

总体来说，缘起方式和路径上具有特殊性的中国职业体育，受限于特定历史阶段，不仅需发展与治理同步推进，还要应对全球化影响，存在市场不完善与过度市场化并存、市场竞争与身份权利竞争共生的局面，扰动着中国职业体育发展的不确定性，引致中国特色职业体育建设的复杂性，同时也凸显新时代加快建设中国特色职业体育的必要性和紧迫性。

三、营商环境不佳：新时代中国特色职业体育建设亟待探解的重要议题

市场体制机制改革作为全面深化改革的关键领域，正在向着法治化、专业化、精细化方向迈进。从党的十八届三中全会明确"市场的决定性作用"，到党的十九大报告提出要"全面实施市场准入负面清单管理，深化商事制度改革"，再到 2020 年中共中央、国务院下发了《关于新时代加快完善社会主义市场经济体制的意见》，激发市场活力主题呈现从政府主导推动向宏观规划、精准引导转变，其中尤以营商环境打造举措最为耀目——其标志性事件即是《优化营商环境条例》（下称《条例》）的出台。《条例》强调"以市场主体需求为导向""坚持市场化、法治化、国际化原则""为各类市场主体投资兴业营造稳定、公平、透明、可预期的良好环境"。作为"企业等市场主体在市场经济活动中所涉及的体制机制性因素和条件"，营商环境不仅体现了服务市场发展的政府职责定位、调控理念和监管方式，还事关市场主体的

---

① 周雪光，刘世定，折晓叶. 国家建设与政府行为[M]. 北京：中国社会科学出版社，2012：296.

第五章 新时代中国特色职业体育建设：基点与目标

投资预期、运营成本及运营收益，被看作是决定经济发展质量的又一关键因素①。我国体育产业自2014年46号文出台后，迎来了快速发展，社会资本大量涌入，体育产业市场规模不断扩大。但是，伴生的一系列问题也逐渐为社会所重视，其中尤以体育竞赛表演业主体的职业体育领域最为显著——投资者退出、赞助转播商违约事件屡有发生，"一波未平一波又起"。作为国家和社会广泛认同的朝阳产业与热门领域，却遭遇消费动能不足、市场开发困难等运营困境，这种吊诡性显然不单单是我国职业体育发展周期不长、联赛竞争力不强等客观因素所能解释的，职业体育软环境不佳、营商环境打造不力似乎更具有解释力。

（一）营商环境与职业体育营商环境阐释

诚然，不确定性是市场经济的基本特征。诺思（2013）②即将不确定性作为驱动经济变迁的动力因子，认为正是人类对不确定性的厌恶催生了知识积累及建立在其基础之上的制度创新。遵循经济学的一般思路，多元市场主体运营实践中，围绕资源争夺，多会出现相关利益主体因目标不同而产生的摩擦、冲突，带来制度性交易成本及其复合衍生成本，需要借助外在的协同力量（如契约制度、组织架构等）予以融合化解，以促进目标趋同，降低运营风险，进而提升市场活力，实现资源配置效益最大化。一般来说，市场分工越细，市场主体就越多元，市场运行不确定性和运作风险也就越大，对市场契约的要求也越高；在另一个维度上，资产专用性越高，沉没成本就越大，也就越需要稳定的市场关系。此时，市场生态越好，专有投资越稳定，"黏合剂"作用就越大，相对的违约成本也就越高，市场运行风险则越低，资源配置效益最大化越有可能。正因如此，制度经济学即认为，旨在促进社会财富增长的一系列制度变迁都与消解不确定性的理性选择偏好有关，且与

---

① 赖先进.哪些优化营商环境政策对经济增长影响更有效？[J].中国行政管理，2020，(4)：145—152；Messaoud B, Teheni Z E G. Business Regulations and Economic Growth：What Can be Explained？[J]. *International Strategic Management Review*，vol. 2014，2（2）：69—78；Vogiatzoglou, Klimis. Ease of Doing Business and FDI Inflows in ASEAN [J]. *Journal of Southeast Asian Economies*，2016，33（3）：342—363.

② [美]道格拉斯·诺思.理解经济变迁过程[M].钟正生，邢华，高东明等译.北京：中国人民大学出版社，2013：2.

第五章 新时代中国特色职业体育建设：基点与目标

市场组织化、制度化，乃至文化氛围建设之间保有正向演进的规律性①。此外，任何市场行为都内嵌于特定的政治经济氛围中，适应宏观经济社会需求是市场主体的基本生存之道。这种经济社会嵌入性，意味着市场主体不仅仅要解决自身问题，还要积极与外环境进行互动；构建具有明显公共性的综合运营生态，对市场来说具有重要意义。由是，当市场预期、市场秩序与氛围关乎市场行为、市场绩效，具有明显嵌入性和公共性的营商环境价值即体现出来。进一步讲，消解市场运营（特别是市场交易）中的不确定性，化解多主体因不完全契约所引致的市场风险，最大限度激发资源效用，以创设和维系市场良好运营生态及其与政府、社会之间均衡关系，是营商环境建设的逻辑内核。

当然，营商环境不是一个空洞的概念，而是有着丰富且易于考核的内涵。有的学者②从软环境与硬环境角度区分和认识营商环境；有的学者指出，营商环境包含影响企业活动的社会、经济、政治和法律等要素，认为"政务环境、市场环境、法治环境、人文环境、生态环境以及国际贸易环境等既是营商环境的重要组成部分，又对营商环境发挥重要影响"③。至于营商环境涉及的指标要素，不同的学者也有区别化的视角。武靖州（2017）④关于东北营商环境优化的分析，选择将经济发展水平、政府管制和成本状况、人力资本与机会成本、涉企收费问题等作为营商环境的核心测量指标；杨涛（2015）⑤则以市场发展、政策政务和科技创新为一级指标，并对鲁苏浙粤四省进行实证对比研究，提出公平、高效、自由是关键点。而粤港澳大湾区研究院发布的《2018年中国城市营商环境评价》⑥报告，选取了软环境、基础设施、商务成本、市场环境、社会服务、生态环境6个一级指标。国际上比

---

① Thrainn Eggertsson. The Economic of Institutions: Avoiding the Open-Field Syndrome and the Perils of Path Dependence [J]. *Acta Sociologica*, 1993 (36): 223—237.
② 娄成武，张国勇. 治理视阈下的营商环境：内在逻辑与构建思路 [J]. 辽宁大学学报（哲学社会科学版），2018，46 (2): 59—65.
③ 刘智勇，魏丽丽. 我国营商环境建设研究综述：发展轨迹、主要成果与未来方向 [J]. 当代经济管理，2020，42 (2): 22—27.
④ 武靖州. 振兴东北应从优化营商环境做起 [J]. 经济纵横，2017 (1): 31—35.
⑤ 杨涛. 营商环境评价指标体系构建研究——基于鲁苏浙粤四省的比较分析 [J]. 商业经济研究，2015 (13): 28—31.
⑥ 粤港澳大湾区研究院. 2018年中国城市营商环境评价 [EB/OL]. http://www.dawanqu.org/science/science/.

第五章　新时代中国特色职业体育建设：基点与目标

较通用的世界银行年度《世界营商环境报告》涉及面更广，其一级指标包括："开办企业、办理施工许可、获得电力供应、登记财产、获得信贷、投资者保护、缴纳税款、跨境贸易、合同执行、办理破产"。事实上，"营商环境"概念即是由世界银行于2001年提出，早期关注的是私营经济发展环境，其不同年份调研核心议题不同，登记物权、税制环境、投资者保护、知识产权保护、跨国贸易、治安环境等先后成为衡量和评价营商环境的关键指标[①]。由此可见，市场主体不同，营商环境涉及的内容也会不同；同时市场主体居于不同的发展阶段、面临不同的社会问题，其所需要的营商环境建设重点也有所差异。

职业体育作为竞技体育发展的高级形态，带有市场经济特性，遵循契约精神是其本质要求。而且这种契约遵守不仅仅体现在赛场内竞赛规则的遵守，更重要的是对赛场外市场规则的遵守。同时，职业体育的一个显要特征是对高水平运动员的依赖性非常强，具有较高的人力资本专用性[②]，需要必要的专有投资关系予以维系。为此，西方职业体育演化构筑了较为稳定的人力资本供给流转体系。在欧洲，俱乐部后备人才梯队建设及其全球市场交易体系，是保障其有序运作的关键之一；而北美的职业体育联盟，不仅具有较为严密的契约组织设置，还有诸如倒序选秀、收入共享等契约制度。同时，跳出单纯体育竞赛的场域，职业体育涉及多元利益主体，而且相关利益主体的异质性非常高。如政府出于丰富大众社会文化生活和助力产业发展的目的，协会则强调运动项目发展；而职业俱乐部主要从事赛事的生产，转播商专注于赛事资源的转播及其衍生品开发，赞助商则从事与体育赛事本质上有着明显差异的行业生产。换句话说，职业体育运行中涉及政企、政社、社企等多元关系，具有运作复杂性和协作难度大的特质。更为关键的是，这又是单纯依靠市场的力量无法有效达成的，需要借助综合生态建设的力量，形成有效共识和稳定预期，建构利益共同体。现实中，促进多主体融合、维护交易可持续性、降低违约风险，职业体育即演化出较为典型的制度密集型特

---

① 索志林，金晔．"放管服"改革视阈下营商环境优化及服务型政府建构的逻辑与推进路径[J]．东北农业大学学报（社会科学版），2019，17（6）：21—26．

② 郑志强．职业体育的组织形态与制度安排[M]．北京：中国财政经济出版社，2009：44．

第五章 新时代中国特色职业体育建设：基点与目标

征——"生产、交易和消费过程涉及更为密集和复杂的契约安排"[①]。由是观之，对契约要求较高的职业体育，相较于其他领域对市场规范化、法治化水平也有着更高的要求，更需要营商环境，也更依赖于营商环境。

基于上述分析可以看出，依据消解不确定性和维系多元主体对规则、权利及机会平等追求的基本旨趣，职业体育营商环境是职业体育联盟（俱乐部）及相关利益主体在职业体育赛事生产、运营等活动中所涉及的体制机制性因素和条件的综合。保障职业体育市场主体利益、维系多元主体公平竞争、协作共赢关系是其基本立场，而有效的组织架构和制度安排是其重要内容。另外，营商环境体现的是职业体育运作及治理的综合效应。良好的营商环境，往往显示为职业体育软实力，有助于职业体育市场运营活动及其效用最大化。

（二）中国职业体育营商环境建设现状分析

与其他社会构件一样，顺应环境需要、解决现实问题是营商环境建设的根源，而实践诉求的变化往往引导营商环境内涵及其相关体制机制的变迁。职业体育作为一种特殊的竞技体育运行样式，本身就是社会需求选择的结果，是内嵌于宏观经济社会氛围的体育领域专业化发展的结果。自序形成的西方职业体育，在生成与发展过程中根据现实诉求不断增设激励约束内容，从组织建构到制度设计、再到综合体系打造，顺应西方资本主义经济氛围和职业体育运营规律形成了具有明显稳定性的维系再生产的营商环境。区别于西方，职业化之前的我国竞技体育，在政府框架内遵循事业型的行政运作逻辑，极少涉及营利性的经济利益，自然不需要营商环境这一具有市场取向的约束力量。随着职业体育的发展，市场决定性作用逐渐显现，与之相应的是行政力量在"放管服"改革中逐渐淡出微观领域，或者说原有的行政主导的约束力正在逐渐退出。而与之相对的是，竞技体育的职业化、专业化发展实践伴生了利益关系的复杂化，化解矛盾、协调关系、促进资源效用最大化和系统再生产，营商环境作为有效控制手段有了"用武之地"。更为关键的是，这一实践还具有区别于西方职业体育营商环境的特殊性，并具化为以下几个方面：

---

① 江静.制度、营商环境与服务业发展——来自世界银行《全球营商环境报告》的证据[J].学海.2017（1）：176－183.

第五章 新时代中国特色职业体育建设：基点与目标

（1）从宏观层面看，中国整体营商环境尚处于积极打造之中，良好有序的营商环境尚未完全形成。回溯中国经济改革历程，从放开消费市场开始，一般消费品的强烈需求有力带动了相关产业的发展，而后则重心放在企业改革上，围绕国有集体企业的改制的系列举措有力促进了市场主体建设。当然，不论是前者还是后者本质上都是关于市场主体培育，且特别强调市场硬件建设。而伴随中国加入世界贸易组织以后，中国改革开放实现了跨越式发展，在国际舞台上与成熟经济体的竞争实践，倒逼软环境建设的加速，以法治为抓手的营商环境建设才逐渐走上前台。换句话说，强化营商环境建设更多的是近年的事情。2013年，《中共中央关于全面深化改革若干重大问题的决定》中首次涉及营商环境的概念，提出要"建立法治化营商环境"。随后，优化营商环境，频繁出现在习近平总书记一系列重要指示和中央相关方针政策中，营商环境建设进入实质性推进阶段。内嵌于中国经济体制改革与法治中国建设进程，中国营商环境虽然有了较大改善，但是世界银行全球排名第31位（2020年）表明还有较大改进与提升的空间。从外部环境看，全球化时代，信息科技的快速发展打破了职业体育的属地性，对后发且在国际市场竞争中处于弱势地位者挤压严重，同时带来的运营风险极大。此时，实现赶超发展，不在仅仅是做足内功的事情，在提高竞赛水平和市场规范程度的同时，稳定的发展预期、良好的法治水平、有序的市场运营规范等都成为应对国际竞争的有效手段。换句话说，在开放的国际市场竞争环境中，营商环境本身就是核心竞争力所在。对于后发者而言，营商环境必然是面临边建设边实践的，不断趋于完善的历程，但是由于存在一个较为完备的、可考察的形态存在，其面临着更为复杂的外部约束和复杂境地。

（2）在日常职业体育运营活动中，营商环境建设的价值在于保证运行的秩序，因为有序的基于理性的行为往往会产生最利于社会发展的效力。内嵌于以私有产权、经营自由、劳动自由为核心内容的资本主义经济制度体系中，西方职业体育强调保障运营的机会平等，给予职业体育俱乐部、联盟以足够的经济自由和运作空间，奉行小政府主义，追求以市场自由竞争来保障主体权利的实现。如北美职业体育联盟拥有自身的权利束，外部获得了反垄断豁免，内部形成了从赛场到市场的形式平等制度架构，用以保障各方权利，从运动员、裁判员等人力资本主体，到职业俱乐部投资主体，再到赞助商、转播商、球迷等利益相关群体都可以获得较为有效的权利保护。当然，

第五章　新时代中国特色职业体育建设：基点与目标

需要指出的是，西方职业体育营商环境遵循"生产资料"中心的范式展开，或者说，其经济权利保障在理念是以有效激发生产力提升、创造更多经济效益为根本取向的，如在运动员权利方面，强调保障运动员作为劳动者的劳动权，而在俱乐部或联盟层面则重视投资者的财产权、收益权。反观我国职业体育，借助竞技体育职业化而来，其经济权利生成路径与各方主体关系型塑同步，权利保障的基础、依据及各方利益诉求都是出于一个变动的实践之中。这也决定其营商环境建设复杂性和难度。在宏观法律层面，1993年《中华人民共和国宪法》修改中将"国营经济"改为"国有经济"，从国家法层面将经济权利主体与经济权利内容加以区分，为所有权和经营权的分离奠定了法律基础，也从法理上将国家权力从市场运作中剥离出来，将市场经济活动交由市场自主运营；顺应之，国家权力（公权力）逐渐回位，成为市场调节的辅助性力量，从另一个层面保障市场主体的经济权利。在体育领域，经过"放管服"、协会去行政化、管办分离等改革实践，发挥市场决定性作用，让市场主体成为市场的主宰，成为落实中央精神，处理好政府与市场关系的基本体现。当然，沿承传统体制，政府放权以及通过法治方式规范和约束政府权力的实践无疑是困难的，而这也恰恰是营商环境建设的重要内容。同时，我国职业体育进入了一个特殊的发展阶段，全面深化改革，建构中国特色职业体育运行模式和治理体系成为当前核心议题。回溯我国职业体育发展历程，从早期的竞技体育职业化运行模式搭建，到职业体育俱乐部、联盟等组织规范建设及随后的赛场内外秩序建构，再到围绕资源效用调配的全面深化改革，不同阶段所面临的主要矛盾不同、所要解决的问题和建设的侧重点也有所差异。进入新阶段后，顺应体育强国、法治中国等国家战略，以建构中国特色职业体育、更好满足人民群众社会需求为旨趣，借助全面深化改革推进换挡升级、谋求高质量发展。而转轨而来的实践，要素市场、商业生态链不完善也是现实，甚至于呈现市场不完善与过度市场化并存、市场竞争与身份权利竞争共生的复杂局面。与之不对称的是，中国体育的顶层制度设计滞后，特别是《中华人民共和国体育法》现实适用性及修改缓慢，致使职业体育领域法律制度不健全；同时，单项协会和职业体育联盟作为新生事物，在制度供给方面也缺失相关经历，借用西方成熟模式和制度又往往受限于中国宏观经济社会、政治法律环境，导致有效的制度供给系统性不够，使得具体市场运作实践中稳定的政策预期难以形成。

第五章 新时代中国特色职业体育建设：基点与目标

（3）职业体育营商环境建设，不仅包含软环境建设，还涉及硬环境建设，是一个复杂的系统工程。其中，对于硬环境而言，职业体育管理组织体制、职业体育基础设施建设、运动员、裁判员等人才建设尤为关键。而软环境建设，则以市场法治体系和诚信氛围、治理体系和治理能力最为关键。中国职业体育遵循渐进式改革路径，在一定程度上保障了改革的连贯性，但是也衍生出了改革举措和政策上的碎片化问题，影响政策执行效果。以职业足球领域的限援限薪令为例，近年来多达7次的显著性调整，弄得俱乐部无所适从。同时，为顺应国家相关战略，全面深化体育"放管服"改革，我国已经做了大量富有成效的工作。从赛事审批权下放、到单项协会去行政化，实实在在地推动了职业体育的发展。但是，需要指出的是，我国以简政放权为特征的"放管服"改革，强调以政府建设为导向，而不太注重对职业体育资源要素的赋能，同时在缺少社会承接载体的情况下过分放权，也难免不存在问题，其中尤以后备人才培养这一关乎职业体育自组织系统存续的关键资源问题尤为突出。职业体育的特殊性在于其高质量发展离不开高水平竞赛，而这又依赖于高水平的运动员队伍及其有序的人才培养体系。长期以来，我国竞技体育以奥运争光为导向，强调优秀运动员培养的国家利用及其成长路径上的行政依赖。即便职业化后，运动员这一职业体育关键资源仍遵循行政导向性，重视国家价值和社会价值，而忽视作为市场资源配置的特殊规律性，或者说，在运动员资源配置上，市场主体无法获得平等主体看待，阻碍其实践的规则体系中更多来源于行政力量。虽然，前期以型塑政府职能的"放管服"改革稳步推进，但是涉及运动员这一特殊资源的改革并没有明显改观，相反却有强化取向，因为运动员人力资本开发的关键在于为其培养确权，形成有效的激励相容和利益捆绑机制，推进其资源配置效率提升。这一核心议题无法有效解决，在政府放权后，谁来承担后备人才培养的本质规定性没有明确，使职业体育运作中围绕人力资源有序运作的若干举措陷入"布雷特悖论"，需要再回到体教结合、体教融合的框架内为后备人才培养重搭体系，重找着力点。当前，快速发展的我国职业体育即深刻感受到后备人才成长生态的不佳所造成的恶果，甚至于在一定程度上干扰了我国职业体育其他相关运作的有效运作。是以，特别是人（如运动员、管理人才等）、物（专用场馆建设和利用等）、信息等市场交易生态欠佳，干扰了改革的进一步深入。

总体而言，降低风险、缩减成本，形成与职业体育发展相适应的治理体

第五章　新时代中国特色职业体育建设：基点与目标

系和治理能力成为当前现实诉求，而这又主要体现在以依法治理为特征的管理体制优化、完整职业体育法权关系确立及法治体系建设问题，后者恰恰是营商环境建设的重要环节。在法治中国、体育强国建设进程中，当前我国职业体育边发展边治理的同时还需应对全球化的影响；加之基础性构件建设不力，人财物信息等关系职业体育有序发展的"四梁八柱"面临着"地基不牢"的状况，这无形中增加了我国职业体育营商环境建设的复杂性，更加凸显了新时代中国特色职业体育建设的难度。

四、消费外流：新时代中国特色职业体育建设面临的重要挑战

2017年，党的十九大报告提出中国特色社会主义进入了新时代，指出"我国经济已由高速增长阶段转向高质量发展阶段""坚持质量第一、效益优先，以供给侧结构性改革为主线，推动经济发展质量变革、效率变革、动力变革"，以化解"人民日益增长的美好社会需要和不平衡不充分的发展之间的矛盾"①，成为引领各行各业改革发展的重要战略思路。顺应之，体育领域也启动了相应的改革举措，从体育休闲小镇建设和城市体育综合体建设，到体育赛事审批权放开和职业体育改革发展，适应经济社会发展所引致的体育需求变化成为当前我国体育领域改革的主旋律；当然，也带来了一系列可喜的变化，其中职业体育尤为明显。如中超联赛的电视转播权卖出高价，赞助商、观众逐渐回归。而在以中超为首的中国职业体育取得明显进步的同时，一个趋向并没有随之发生改变，且呈现加速趋向。这就是消费外流问题。本部分即聚焦当前我国职业体育消费外流问题，分析它具有什么的特性、有何种危害以及背后根源等问题。

（一）职业体育消费外流内涵

阐释生产与消费之间关系是经济领域的核心议题。一个完整的社会再生产过程，也即涉及生产、分配、交换和消费四个基本环节，其中，生产解决的是生产什么和如何生产的问题，决定着消费水平、方式和能力，消费则关系着为谁生产问题，能够带动和引导生产水平和能力的发展。对于一个封闭的国家而言，生产和消费总是在稀缺和选择这一经济学规律的导引下遵循萨

---

① 习近平. 决胜全面建成小康社会夺取新时代中国特色社会主义伟大胜利——在中国共产党第十九次全国代表大会上的报告[M]. 北京：人民出版社，2017：30.

第五章 新时代中国特色职业体育建设：基点与目标

伊定律，走向相对的平衡。而一旦走出古典经济学的理论假说，迈入开放的市场环境，则情况变得复杂，资本积累、外来资源都会打破原有的生产—消费链条，改变企业（产业）生产可能性、机会成本与边际效用，引致供给与消费均衡变化。资本主义经济危机、（后发国家的）消费外流等问题即会产生。所谓消费外流，通俗讲就是在开放市场环境中，一国的消费跳出本国生产的束缚，转而消费其他国家的产品所形成的相对本国市场的消费溢出。对于一般的实物商品来说，消费外流主要涉及境外消费、国内购买进口商品或购买外资商品等形式，其中尤以境外消费最为突出[①]。

当然，对于职业体育消费而言，其呈现形式更为复杂。具有现代服务业性质的职业体育，其消费实践具有特殊性，不仅涉及现场的竞赛观赏和附加产品购买，还涉及赞助消费和电视（网络）转播的非属地消费。从消费渠道看国内职业体育消费大概有两个主要途径：其一为国内消费渠道，也即在中国境内消费（观赏）职业体育赛事。当然，国内职业体育消费不仅包括国内职业体育赛事资源和赛事产品，还包括国外职业体育赛事的国内分销，如NBA、欧洲足球联赛等。据不完全统计，国内现在通过电视转播、网络转播可以观看到数百个职业体育赛事。事实上，这种在国内消费国外的职业体育赛事，属于典型的消费外流行为，而且这种消费外流形式还具有一定的隐蔽性。因为虽然其消费行为发生于国内市场，但是消费所体现的购买力和生产拉动力却变相的转向国外，形成对国外职业体育生产系统的支撑力。其二为国外消费渠道，涉及对国外职业体育俱乐部投资、国外职业体育赛事赞助和国外职业体育赛事观赏消费等形式。这一类消费的整个消费行为发生在国外市场，是一种显性的消费外流。基于此，职业体育消费外流可以认为是某一国对国外职业体育赛事资源消费而产生的溢出现象，涉及国外赛事国内分销（转播消费）、国外赛事赞助、境外观赏消费以及国外职业体育俱乐部投资等具体形式（见图5-1）。从一般意义上讲，消费外流意味着一国的职业体育消费能力是充足的，但是对本国的消费又不充分，存在消费不足情况。

---

① 刘畅.高端消费外流刍议：动因、影响及破解[J].中国流通经济，2013（11）：96-100.

第五章 新时代中国特色职业体育建设：基点与目标

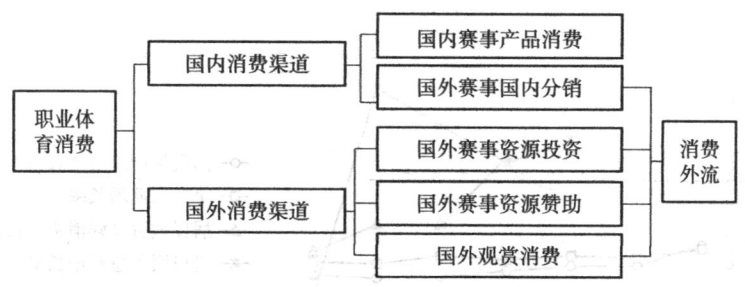

图5-1 职业体育消费外流及其方式

事实上，伴随中国经济社会发展，中国经济实力的增强和人民生活水平的提升，带来了中国社会消费能力的自然提升。如图5-2所示，与我国国内生产总值快速增长同步，职业体育消费隶属的第三产业增长率与教育文化娱乐消费增长率都呈示快速提升的趋向，这与经济学领域关于人均生产总值超过4000美元以后，服务产业的增幅明显提升的论断相一致；另外，作为发展中国家，我国进口服务总额总体上也呈现随着国民经济增长而增加的趋势。在此背景下，我国职业体育赛事消费外流也呈现加速趋向。以转播权而言，近年苏宁体育旗下的PPTV在四大欧洲主流足球联赛（即英超、西甲、德甲、意甲）中国地区的赛事版权上的花费就高达14.71亿美元。而2018年世界杯期间，国际足联（FIFA）售出的19个赞助席位中，中国企业占了7席；其总计收获的24亿赞助费中，中国企业就贡献了8.35亿美元，超过总金额的三分之一，远超美国的4亿美元，成为第一大金主。再如，中国企业苏宁投资的意甲国际米兰俱乐部，连签中国品牌赞助商15家，合计给国际米兰俱乐部带来2亿多欧元收益，相关赞助甚至高于中超联赛2017赛季整体商业赞助收入（15.9亿元）。此外，中国企业（资本）的海外职业体育俱乐部投资，到了国家需出台相关法令予以缓解的局面。总体来看，当今主流的体育赛事，不论是欧洲职业足球联赛、北美职业体育赛事，还是奥运会、世界杯足球赛，它们的消费群体中中国元素日益增多。与此相对的是，中超联赛、中职篮等中国职业赛事却面临着市场开发难、盈利能力欠缺等问题。换句话说，现实存在的我国职业体育消费外流问题已然影响了我国职业体育的有序发展。

第五章　新时代中国特色职业体育建设：基点与目标

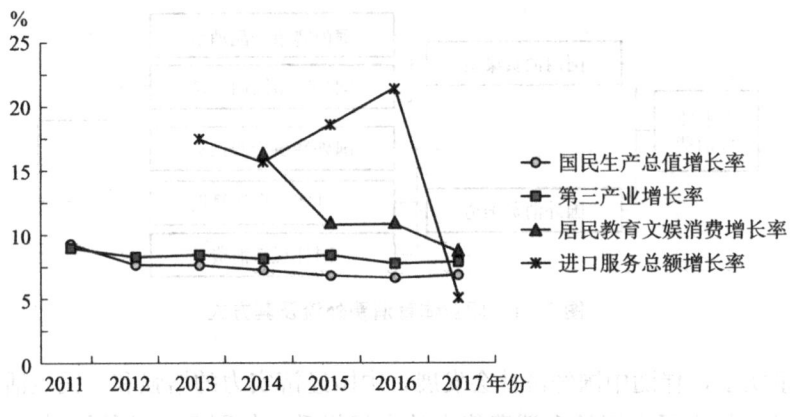

图 5-2　中国消费增长涉及的相关指标统计

资料来源：国家统计局网站。

（二）我国职业体育消费外流的危害性剖析

经济学一般规律显示，随着经济发展，人民收入水平随之提高，并带动生活水平的提升，对高端消费品需求将逐渐增加，并诱导资源的重新配备，低端消费品生产企业逐渐被淘汰，而高端消费品生产企业获得更多资源，从而最终实现产业结构的换代升级。当然，这种存在于经济发展、消费升级、产业优化之间的正向激励机制，是有条件的。其可以实现的基本条件是不存在外来供需，因为一旦出现外来供需，则生产、消费的匹配结构被打破，外部市场供需改变内部市场供求态势，内部市场的价格形成机制被扰乱，并进而使资源流动呈现复杂化，或者生产外流或者消费外流。就生产外流而言，由于外部市场存在充足的中低端市场需求，则意味着内部市场消费升级引起的低端市场生产企业的淘汰机制失灵；而对于消费外流而言，由于外部市场提供了充足的优质高端市场消费供给，则在一定程度上打压了内部市场生产企业的转型升级，甚至挤压它们生存空间。也就是说，不论是生产外流，还是消费外流在一定程度上都是影响产业的优化升级的，是不利于产业整体水平提升的。事实上，消费升级引致产业结构优化这一机制在职业体育领域同样如此，英超联盟的产生在一定程度上就与此有关[1]。但问题是我国当前职

---

[1] Giulianotti, R. Sport Mega Events, Urban Football Carnivals and Securitised Commodification: The Case of the English Premier League [J]. *Urban Studies*, 2011, 48 (15): 3293—3310.

第五章　新时代中国特色职业体育建设：基点与目标

业体育面临的是消费外流问题，国外优质的职业体育赛事资源长期霸占中国消费市场，成为中国企业、中国观众、中国资本追逐的对象，相反中国职业体育赛事提升则面临困境。相关影响突出表现在以下几个方面：

首先，消费外流引致职业体育赛事价格机制紊乱，影响中国职业体育运营策略，干扰赛事优化升级实践。在全球化的市场中，由于国外优质职业体育赛事的大肆进入，中国职业体育赛事市场呈现出西方主导的结构样态，中国职业体育市场主体失去赛事的主导定价权，甚至无法准确感知市场需求变化，从而造成依赖市场激励提升赛事水平的驱动失真，要么盲目跟风"虚高定价"，寻求机会主义行为，要么停滞在原有水平，进一步恶化我国职业体育赛事的消费体验。更为关键的是，在西方职业体育强势介入背景下，中国职业体育出于自身生存与发展需要，往往以短期行为为主，而忽视赛事资源的后续开发、联赛和俱乐部品牌培育以及针对赞助商、球迷等主体的消费服务，其结果必然是赞助商流失、社会关注度下降，并最终引致运营收益下降，失去支撑赛事优化、经营改善的必要资源，最终落入产业结构陷阱。

其次，消费外流往往伴随国内消费者福利损失，进而影响职业体育赛事价值开发，阻碍中国职业体育运营环境的改善。伴随我国经济和社会文化发展，更高层次的体育赛事消费需求和体育赞助诉求需要实现，在国内职业体育赛事水平不高的层次下，选择西方职业体育赛事，但是西方职业体育赛事资源基于其成熟品牌，往往采取"溢价"手段进行对华营销，而国内消费群体，不论是赞助商群体，还是通过转播商媒介的球迷群体，都没有足够的议价资本和议价能力，只能被迫接受"溢价"，从而造成其消费福利受损。而且，这种消费福利受损还具有传导性，确切地说由于消费西方职业体育赛事的福利受损，影响对职业体育赛事资源的价值误判，并最终回归到中国职业体育发展中，影响其招商和运营。

再次，消费外流干扰中国职业体育相关政策的制定及政策效用的发挥。诚然，中国职业体育从缘起上就具有一定的政府推动性，而其后的发展无一例外带有政策驱动痕迹。但是，消费外流现象往往干扰了政策的制定和执行环节，影响其正常效用的发挥。如在职业足球领域，伴随《国务院办公厅关于加快发展体育产业的指导意见》（国办发〔2010〕22号）的出台，中国足球超级联赛迎来了一个迅速发展的机遇，广州恒大的强势介入，扰动了平静的中国职业体育发展局势，资本大肆进入，大牌球员大举来华，联赛关注度

第五章 新时代中国特色职业体育建设：基点与目标

逐渐提升；而后国家又制定、出台了《国务院关于加快发展体育产业促进体育消费的若干意见》（国发〔2014〕46号），旨在进一步促进体育产业发展，带动体育消费提升，但反映到中国职业足球领域，则演化为资本的竞赛，特别是球员投入的竞赛，高溢价球员成为热词；在此背景下，中国足球协会不得不在2017年出台《关于限制高价引援的通知》，借助征收引援调节费来遏制恶性的高薪引援问题。事实上，从源头上看，消费外流是相关问题出现的关键所在，因为在政策驱动下，中国职业联赛处于快速发展阶段，中超电视转播、俱乐部门票等收益激增，扩张投资驱动在无定价权支持条件下，必然催生盲目的消费外流，而消费外流又实实在在地干扰了中国职业体育正常运营秩序，背离了前期相关政策的初衷，甚至需要相左的后续政策予以纠偏。

（三）当前我国职业体育消费外流的根源

站在消费者所属国家的立场上，消费外流往往对本国职业体育发展产生一系列影响，特别是对于一个尚处于完善与发展的国家而言。当然，对于一个后发的国家而言，消费外流现象的出现可能与众多因素有关，不仅源自内部因素，还与全球化的职业体育整体运行方式关系密切。

在经济领域，自恩格尔的经典研究伊始，消费随着经济社会发展，特别是国民收入增长的规律逐渐引起世人重视。经济学理论体系中，消费与收入保持着稳定的函数关系，消费往往伴随收入增加而增加，在消费具体实践中，又会出现选择性消费问题。也即当达到一定收入水平（国际上较为认可的是4000美元）以后，随着收入增加，生存性边际消费倾向越低，相反发展性消费倾向更为明显，已有研究[①]显示我国已经进入该发展阶段。如此，在我国职业体育尚处于不完善有待提升发展阶段，职业体育消费增加了，但是供给不充分、不平衡，无法满足更高的、多样化的消费诉求。由是，探解我国职业体育消费外流问题，首先要从内部原因找。

谈及引致我国职业体育消费的内部因素，首先涉及我国职业体育水平低下，发展周期不足，吸引力不够，无法有效满足社会大众日益增长的对高水平赛事欣赏和企业扩大影响参与国际竞争的需要。近年来，我国职业体育伴随经济社会发展，特别是在相关产业政策利好驱动下，取得了辉煌成绩，联

---

① 张翼. 当前中国社会各阶层的消费倾向——从生存性消费到发展性消费 [J]. 社会学研，2016（4）：74—97.

第五章 新时代中国特色职业体育建设：基点与目标

赛水平有了明显提升。但是，相较于国外成熟的职业体育联赛，中国职业体育，不论是中超联赛（CSL），还是中职篮（CBA），其品质、品牌及服务水平还是落后的，竞赛及其相关服务产品质量并未随着职业体育规模扩大和体制机制改革创新同步提升。从另一个侧面看，我国职业体育的发展不充分，还引申出我国职业体育演化机制上的特殊性。前期研究显示，中国职业体育市场演化次序是，先有消费市场、后有竞赛市场；不过，中国职业体育的消费市场是西方外来职业体育构建的。这也意味着，我国职业体育消费外流问题内嵌于中国职业体育形成过程，时间上甚至早于中国职业体育市场主体（联赛、俱乐部）的形成。如此，我国职业体育作为市场后入者，必然面临自身建设和参与市场竞争并进的局面。更为关键的是，我国职业体育发展成长，参与市场竞争的背后逻辑是挤出原有的消费外流，逐渐占据原本属于西方先发职业体育的份额。换句话说，我国职业体育消费外流带有明显的历史性，是后发的我国职业体育形成发展过程中必须面对社会现实。

后发的我国职业体育存在发展动能偏差问题。我国职业体育发展始于20世纪90年初。1992年全国足球工作会议，明确了中国足球走职业化道路，确立了组建职业足球俱乐部和足协实体化改革的改革构想，中国职业体育改革序幕由此拉开。缘起上依赖政府主导推进的我国职业体育，推行俱乐部体制（实体化、企业法人化改革），架构职业联赛运行体系（中超公司等），乃至当前的职业体育管办分离改革，其背后的动力机制都源自政府。从发展动能上看，早期的中国职业体育发展具有明显的政府改革（投资）主导的特征。而伴随我国经济体制改革的深入发展，体育产业作为一个全新业态逐渐为社会所接受。2010年《国务院办公厅关于加快发展体育产业的指导意见》出台，包括职业体育赛事在内体育产业成为我国经济发展的新领域，得到广泛关注，大量社会资本开始进入体育产业领域，广州恒大、上海上港、江苏苏宁等企业陆续开始职业体育俱乐部投资。随后，《国务院关于加快发展体育产业促进体育消费的若干意见》出台，进一步激发了体育产业发展热情和社会资本关注度，中国职业体育也随之迎来了新的发展热潮。当然，细究这一轮的发展，其动能更多在于社会资本的深度介入，具有明显投资人投资驱动的特征。由是观之，我国职业体育发展动能大抵经历了"政府投资动能主导""投资人投资动能主导"的两个发展阶段。而社会需求消费动能的缺失，造成我国职业体育前期在市场建设方面跑得太远，社会没有跟得上，极易出

第五章 新时代中国特色职业体育建设：基点与目标

现消费与供给脱节问题。而一旦职业体育被认为是"政府玩得事情"或者"企业资本玩得事情"，那么问题就严重了，因为任何不与社会需求勾连的生产产品、市场行为都是危险的。西方职业体育发展中那些无法激发社会需求的职业体育联赛（如北美职业篮球联盟的 NBL、ABA 等），相继倒闭即是明证。后发的我国职业体育，虽然赶上了我国经济社会发展催生了巨大职业体育消费潜力潮，但消费引导与培育不力，供需脱节的矛盾重生，其最终结果必然是加剧消费外流。

此外，我国原有体制干扰了我国职业体育市场开拓和消费引领的效果，并在一定程度上推动了消费外流。缘起于计划经济转轨改革而来的我国职业体育，投资审批、赛事转播权资源垄断、行政干预过度等问题持续存在，这些问题在转型发展的"漩涡"中极易形成各色垄断的利益集团，阻碍我国职业体育的有序发展。以赛事转播权为例，由于中国体育电视媒体运营发展周期不长，即便是到了 21 世纪初，中国也仅有中央电视台体育频道一家覆盖全国，而"长期以来我国优秀体育电视版权资源被中央电视台垄断，国内体育赛事资源被国家体育总局垄断，分别形成了国内体育电视媒体一枝独秀发展不均衡，职业体育不发达的局面"[①]。现实中，"我国职业体育联赛转播权在较长时期内都是由国家及各地方的公共电视台低价购得"[②]，电视转播权市场不完善，电视转播及其衍生品运作不规范，职业体育赛事节目的水平不高、吸引力不强，形成职业体育赛事与电视转播之间的恶性循环问题，影响我国职业体育消费市场培育，对我国职业体育消费外流起到推波助澜作用。

当然，在全球化背景下，"社会问题和经济问题，似乎不可分地与国际问题混在一起"，因为全球化打开了全球生产、消费同质化的通道，"使世界每个角落的生产与消费出现了同一性"[③]，世界各国成为全球性生产和消费体系的组成部分。同样，任何一国的职业体育已然无法孤立运作，而是作为全球化职业体育市场体系的一个分支而存在。之所以这种境外扩张可以达成，可能与职业体育全球化运营机理有关。从物质资源的全球争夺、到跨国联合

---

① 安福秀，黄丽娟，宁猛. 中国体育电视媒体发展困境与出路 [J]. 成都体育学院学报，2014，40（11）：1-6.

② 杨铄，冷唐蒝，郑芳. 职业体育转播制度安排的国际比较研究 [J]. 体育科学，2016，36（4）：20-32.

③ [美] H.G. 威尔士. 文明溪流 [M]. 袁杜译. 南京：江苏人民出版社，2010：234.

第五章　新时代中国特色职业体育建设：基点与目标

运营，全球化在20世纪六七十年代后，随着科技的快速发展出现了新的转向，构建全球的消费主义文化成为其目标所在。事实上，职业体育运行实践即是遵循这一逻辑而不断发展与演化的，并进而开启全球化运作实践，催生后发国家消费外流问题。我国职业体育消费外流的产生，当然也受此影响。

总体来看，全球化作为当今社会无法逃避的时代背景，在增加了新时代中国特色职业体育建设复杂性的同时，也对其建设提出了更好要求——主动融入全球市场，不断提升国际竞争力。当然，也唯有如此，中国职业体育的消费外流问题才能有效解决，并从根源上实现新时代中国特色职业体育更好满足社会大众对美好生活之观赏赛事与休闲娱乐的需要。

五、要素供需失衡：新时代中国特色职业体育建设不可忽视的问题

在西方，职业体育是在业余体育的基础上转化而来的。业余体育是什么？它作为体育的一种运行样态，实质上是一种有效的组织体系和人才培养供给体系。当经济社会发展到一定程度后，一部分优秀运动员跳出业余，走上了职业的道路，但是，这种转变过程中，职业体育从来没有打压业余体育的发展，而是形成了一种很好的激励和引导作用，有效带动了业余体育水平的提升。也就是说，职业体育虽然是"谈钱"的，但是其隶属于竞技体育、根植于业余体育的本性没有改变，离开了高效有序的后备人才供给体系，则西方职业体育也就失去了根本。事实上，在国际竞争激烈的当下，职业体育引领了竞技体育的融合发展，蕴含着市场的全球化、资源的国际化、训练的全球化、保障的一体化，以及群众体育、竞技体育、体育产业、体育文化的深度融合。西方职业体育的有序强势发展，正是建立在此基础上的。

改变原有竞技体育举国体制格局，逐渐建构形成具有市场经济制度特征的职业体育体制，我国职业体育发展的发动与开局阶段更多是遵循理性建构主义理念，采用自上而下的实践方式，由政府行政力量推动，待到时机成熟后，围绕市场效用发挥开启密集的制度变迁，最后谋求形成具有中国特色的职业体育。这是我国职业体育发展演化路径的内在规定性。

由于我国是竞技体育举国体制起步的改革，走向上倾向于自由、市场、社会带有逻辑必然性，按照一般规律，其走向上必然是自由主义的，这一实践则意味着带有一定程度上的逆国际潮流的特征，如何找到一个度就显得很重要，即便是我们认可在政府与市场之间没有一个稳定的界限和模式。事实

第五章 新时代中国特色职业体育建设：基点与目标

上，走向市场的改革实践，在自由主义理念下，碎片化发展往往是实存的。首先，我国职业化发展是发展取向的，优先保障市场的力量发挥，实现类职业体育运营是关键，于是在建设重心上自然发生相应倾斜。其次，我国职业体育改革与发展，内置的关键变量是权利重新配布，依靠社会政策推进的这一实践，往往伴生权力分配的不均衡，碎片化作为结果带有逻辑必然性。同时，改革举措上，先易后难、先试点然后逐级推进的渐进式改革策略，本身就是带有碎片化改革的特质。再次，我国职业体育改革与发展内嵌于宏观经济社会氛围之中，不可避免地带有宏观改革发展的特征。回溯我国经济社会改革，起步于经济改革，然后是行政体制改革及其连带的社会改革，最后是整体的法治化和政治改革的跟进，这一实践本身就会滋生一定程度的碎片化问题。现实中，我国职业体育改革也是如此。此外，伴随改革的深入，职业体育领域往往产生一些新生的利益集团，并在一定程度上影响我国改革的进程，有利于他们的政策落实较好，反正则效果较差，碎片化成为现实。随着改革的深入和复杂性的加强，单一的改革，又往往陷入碎片化的境地，影响效果的显现，甚至阻碍后续改革的深入推进。

脱胎于专业体育，这是我国职业体育与西方最大的不同。专业体育的内核是涉及国家、省、市为主的三级专业运动队结构设置的竞训赛体系，它的有序运行保证了我国竞技体育人才的有效供给，取得了极其辉煌的成就。在中国，职业体育早期的发展更多是相对专业体育而存在的，随着社会发展才增加了群众体育的业余元素。由是，一旦单纯追求外在的经济性，而忽视背后的专业体育及其人才培养，则我国职业体育难免失去了支撑力。如此也就不难理解，以足球、篮球为代表的我国职业体育市场向好的同时，中国足球也好，中国篮球也罢，却举步维艰，冲出亚洲成为问题。

我国职业体育面临的供需矛盾还不仅仅体现在后备人才培养方面。诚如前文所述，我国职业体育经历了以政府主导型驱动模式与社会资本投资型驱动模式为样态的两个发展阶段，取得一定成效，但是也累积了一定的风险。因为遵循经济社会演化观，生产的扩大是经济增长的结果，或者说是消费需求带动的社会劳动扩张的过程；而前期我国职业体育的发展背离了社会需求拉动的一般规律，更多的是按照政府意愿或资本逐利性展开，其后果往往伴生供需错位。当然，这种供需错位不仅仅是信息不对称、不完备所致。如伴随《国务院办公厅关于加快发展体育产业的指导意见》（国办发〔2010〕22

第五章 新时代中国特色职业体育建设：基点与目标

号）、《国务院关于加快发展体育产业促进体育消费的若干意见》（国发〔2014〕46号）等相关政策陆续出台，大力发展体育产业、促进体育消费成为体育改革实践中的一个新亮点，并在一定程度上带动了职业体育的快速发展。不过一个倾向迅速出现，即政策的实践往往被市场所曲解，大量社会资本进入职业体育领域，引致中国职业体育走向一个新的阶段，即投资人驱动阶段。投资驱动型发展，从源头上讲符合经济学家的一般思路。在奥地利学派的语境中企业家精神是经济发展的主要动力，因为"获取利润是企业家行为的唯一动机"[①]，在利润驱使下，企业家会不断地创造性破坏，不断尝试各种资源、信息及其组合方式，并承担创新的风险。而且这种新的生产方式和市场组合结构，更有效率，也更能满足社会需求（不仅在量上还在质上），产业升级由此产生。当然，企业家精神的发挥，在职业体育领域是有条件的，因为职业体育竞赛的优劣离不开运动员竞技水平，而这又需通过运动员长期的训练来达成。于是，在运动员人力资本一定的背景下，投资驱动的后果，更多是运动员人力资本的重新配置，而非运动员人力资源的挖掘与培育，结果往往会催生人力资本的价格变化。近年来，我国运动员虚高的身价和薪资即与此有关。进一步说，投资驱动的发展模式往往不可避免地产生供需矛盾，要么是生产与需求之间的矛盾，要么是内部资源要素配置之间的供需矛盾，抑或是国内供需与国外供需之间的矛盾。更为关键的是从政府行政驱动而来的我国职业体育，前期的政府与市场之间的关系并没有得到有效解决，两者的叠加催生了当前我国职业体育的发展困境。

从特征上看，中国职业体育现有的发展更多是追求工具理性，实践中追求对俱乐部和联赛的控制，更多将目光盯着联赛的产权上，力图通过资产（人财物等）投入，获得更多的利益分配权，而忽视联赛的社会价值以及扭曲非权属性社会供需关系，也就脱离了人们的体育竞赛消费诉求，走向异化或过度物化的境地。事实上，随着我国经济社会的发展，人民生活水平逐渐提升，社会大众对美好生活的向往伴生着消费需求的不断增加，并由此带动"职业体育需求旺盛，潜力巨大"[②]。而消费需求的增长，我国职业体育赛事

---

① ［奥］路德维希·冯·米塞斯. 人的行动：关于经济学的论文[M]. 余晖译. 上海：上海世纪出版社，2005：299.

② 江小涓. 中国体育产业：发展趋势及支柱地位[J]. 管理世界，2018（5）：1—9.

第五章 新时代中国特色职业体育建设：基点与目标

供给不足问题也随之凸现出来。以足球为例，与北京经济总量相当的英国首都伦敦，拥有13家职业足球俱乐部，平均5.77万人即拥有一家，而北京则仅有4家职业足球俱乐部，平均538.55万人拥有一家。即便是不能完整意义上以伦敦的人均俱乐部数量来类推北京的足球俱乐部需求，但是90多倍的两者差距，多少意味着我国职业体育供给的不充分。再看我国职业体育联赛的体系。一方面我国职业体育赛事数量整体偏少，分布不均匀。如2018赛季中国职业足球联赛（中超、中甲、中乙）、中国职业篮球联赛（CBA、NBL）、中国排球超级联赛（男子）共计113家俱乐部中，有69家俱乐部分布于东部省份，中西部省份相对较少，分别为24家和20家，而且近70%的相关俱乐部分布于所在省份的省会城市，非省会城市相对较少，特别是中西部地区。建立与我国经济社会发展，特别是与社会需求相适应的优质联赛结构，还有一定差距。另一方面，过度重视顶级联赛培养而忽视基础铺垫赛事的培育，致使我国没有形成从业余联赛，到地区联赛、再到全国次级联赛、最后到全国性顶级联赛的自下而上金字塔式的赛事体系，并导致两难的发展困境。一边是顶级联赛的支撑体系不健全，赛事运作面临着孤立化；另一边则是顶级联赛的拉动引领作用发挥不明显。由此可见，我国职业体育不仅存在市场要素环节的供需失衡状况，还存在明显的供给结构和水平问题。

如此来看，供给侧结构性改革在全面深化职业体育改革实践中具有必要性与紧迫性。可喜的是，近年来国家在相关领域做了大量卓有成效的尝试，体教融合、管办分离等，在一定程度上有助于缓解新时代中国特色职业体育建设中面临的要素供需适配问题，为其后续有序发展创造了有利条件。

第二节 新时代中国特色职业体育建设目标

从某种意义上讲，中国特色职业体育是一种理念，当然这种理念会带来现实的改变及其意义表达。同时，中国特色职业体育不是凭空而生的，既涉及对过去体育运行模式的承载、调节和优化，也隐含着立足时代现状的未来期望。事实上，我们无力也不能对未来进行精准预测，虽然预测的意义是可以为我们打开宽阔的空间与视野。如此，我们想做或者能做的，只是基于过往的经验教训和理论依据，具体地分析当前趋势，在未来众多不确定交织的进程中找到具有决定性的因素，并以此来构想未来中国特色职业体育的美妙

第五章　新时代中国特色职业体育建设：基点与目标

图景。接下来的分析，大体就基于这一思路展开的，不致力于明晰给出新时代中国特色职业体育完整图景，而是从某些显耀方面进行刻画，以为后续建设路径找寻服务。

一、高质量发展：新时代中国特色职业体育建设的基本目标

关于社会主义发展的内在规定性，邓小平同志曾有一个极为经典的表述——"落后不是社会主义"。因为以人民生活水平提升为目标，更好地服务于社会大众需求是有条件的，而且这个条件极其浅显，即社会大众需求的满足需要与之配套的供给能力，可以提供相应的服务。从另一个层面看，特色显现也是有条件的，"鹤立鸡群"是特色为人所见、所知的基础。如此来看，高质量与独特性之间有着天然关联性。只有高质量发展，中国特色才有意义；进一步讲，也只有高质量发展才能适应新时代要求，新时代中国特色职业体育才有了丰满的内涵，才能更好实现其价值，在体育强国建设中有所作为。

如表5-2所示，近年出台的旨在推进我国体育强国建设的专门性或专项文件中，大多包含职业体育的内容，涉及职业体育的建设目标、战略定位、实践机理、优化方向等，并在一定程度上明确了国家体育事业与职业体育作为整体与分支之间的关系，指明了职业体育发展的目标任务。事实上，伴随体育强国建设进程，我国职业体育从无到有，再到作为体育产业的一种样态存在，其背后动力与我国社会需求（特别是体育需求）的变迁密切相关。我国社会主义市场经济建设以及所带动的人民生活水平提升和消费需求多元化，需要提供更为多样化的体育竞赛产品与服务，而职业体育所带来的专业化、高水平、常态化的体育竞赛产品能够更好满足人民的需要。这种基于需要满足的特性，改写和优化了原有体育资源要素的组合方式，体育的功能与价值随之多元化起来，并带动体育运作方式专业化、优质化，产业升级由此发生。我国职业体育高质量发展，正是在这样的语境中才显得有意义、有价值。于是，顺应新时代要求，回归职业体育本真价值，必须给工具理性增设前提——以满足人民日益增长的美好生活需要为出发点，扭转职业体育本位主义、利益至上取向，将职业体育赛事变成人民生活中的一分子，明确新时代职业体育的服务面向。同时，要立足社会需求从提升竞技水平入手，切实提高中国联赛的观赛体验和社会影响力，从模仿建设变为本土化、特色

第五章 新时代中国特色职业体育建设：基点与目标

化再造，以更好适应新时代发展需要，走中国特色职业体育发展道路。

表5-2 近年国家相关政策文件中涉及职业体育目标任务一览表

序号	文件名	职业体育目标任务（发展重点）
1	《国务院办公厅关于加快发展体育产业的指导意见》	探索中国特色职业体育发展道路；拓宽体育发展渠道、扩大体育社会参与、发展大众体育；促进规范健康发展，不断提高职业体育水平
2	《国务院关于加快发展体育产业促进体育消费的若干意见》	拓宽职业体育发展渠道，鼓励具备条件的运动项目走职业化道路。逐步提高职业体育的成熟度和规范化水平
3	《国务院办公厅关于印发中国足球改革发展总体方案的通知》	改革完善职业足球俱乐部建设和运营模式：（1）促进俱乐部健康稳定发展。（2）优化俱乐部股权结构。（3）推动俱乐部形成合理的人才结构
4	《国务院办公厅关于强化学校体育促进学生身心健康全面发展的意见》	鼓励专业运动队、职业体育俱乐部定期组织教练员、运动员深入学校指导开展有关体育活动
5	《国务院办公厅关于进一步扩大旅游文化体育健康养老教育培训等领域消费的意见》	以足球、篮球、排球三大球联赛改革为带动，推进职业联赛改革，在重大节假日期间进一步丰富各类体育赛事活动
6	《国务院办公厅关于加快发展体育竞赛表演产业的指导意见》	着力发展足球等职业联赛，鼓励网球等有条件的运动项目举办职业赛事。积极探索适应中国国情和职业体育特点的职业运动员管理制度，推动实现俱乐部地域化
7	《国务院办公厅关于印发体育强国建设纲要的通知》	鼓励具备条件的运动项目走职业化道路，培育形成具有世界影响力的职业联赛

由此，新时代体育强国建设，对我国职业体育高质量发展的要求至少体现在以下几个方面：

（1）职业体育竞赛产品的高质量。顺应新时代要求，回归职业体育本真价值，将职业体育赛事变成人民生活中的一分子，形成体育消费习惯与内需层面的深层驱动力，满足人民日益增长的美好生活需要，这自然需要我国职业体育发展水平高，具有完备的产业链，可以提供高质量的赛事产品。而且这种赛事产品不仅需与我国经济社会高质量、高水平相一致，还需顺应我国体育强国建设目标，在国际职业体育领域有地位，有竞争优势。要积极为全球相关国家的体育观赏需求提供可资选择的赛事，丰富大众的业余生活；同时，要为许多像中国一样的职业体育后发国提供一个快速健康有序发展的模

第五章 新时代中国特色职业体育建设：基点与目标

板，这是一个大国职业体育应有的责任担当。如此，我国职业体育竞赛产品的高质量对内主要反映在与人民高质量需求相吻合上，对外则体现在与大国相匹配的有影响力、有地位上。

（2）职业体育行业结构的高质量。中国现有的职业体育赛事，更多集中在传统西方发展较好的项目，如足球、篮球、排球等。相关项目大多面临着西方激烈竞争，发展难度极大，市场话语权争夺激烈。为此，在强化传统项目职业赛事发展的基础上，还需积极探索推进切合我国老百姓生活的竞技项目职业化，如强化乒乓球、羽毛球等深受中国大众喜爱的职业赛事发展，开拓新业态。同时，顺应人民赛事需求的多元化，还应补齐诸如冬季项目职业联赛等短板，最终形成传统项目职业联赛丰富有竞争力、新型具有中国特色的项目联赛强势且无明显短板的职业体育赛事结构。

（3）职业体育赛事布局的高质量。一方面，以满足人民日益增长的体育需求为导向，兼顾城市经济社会发展水平，形成以一二线城市为主体、三四线城市为补充的中国职业体育赛事布局体系。另一方面，在各个项目职业体育赛事内部，形成顶级联赛引领、次级联赛铺垫、大众健身赛事为基础的金字塔式赛事布局体系，释放赛事联动活力，以更好满足社会需求。

（4）职业体育发展路径的节约化。作为后发的职业体育样态，发展与治理并存、国内与国外兼顾，如何少走弯路、以最小代价获得最大成果，也应作为考察是否高质量发展的关键指标所在。于是，遵循职业体育演化规律，与我国体制、与我国社会大众需求相匹配的，谋求中国特色职业体育发展道路成为需要。也即，我们不仅要汲取西方职业体育的经验教训，还要善于总结过去近30年的发展成绩和心得，找出适合中国的职业体育高质量发展之路。

二、治理现代化：新时代中国特色职业体育建设的重要目标

伴随人类社会的进步发展，劳动分工的专业化、资源要素的多元化和社会关系的复杂化相伴而生，顺应之社会的运行风险增加，协同管理的难度增大，多元主义作为一种理性准则在西方社会兴起，治理的理念从管理实践中孕育而生。从缘起上看，治理的出现与西方福利国家的现实压力有关，即在西方福利国家政府负担过重、供给不足的情况下，多元主体参与成为化解矛盾的有效手段，传统政府主导的管理顺应性地变成为多元主体（社会、市

第五章 新时代中国特色职业体育建设：基点与目标

场）与政府共担责任、分享权利的治理。也就是说，治理的现代出现，事实上与统治和管理存在不足有关，因为对于统治与管理而言，确定方向上的流程控制最为关键，而随着社会变迁，更多的可参照点（组织、机制等）发生了实质性的变化，使得统治与管理决策目标量度大于行动者的能力量度，则问题（不确定性增加）随之出现。解决问题的方式，无非有以下两种：其一为简单化问题，使得基于参照点的决策量度减少；其二为提升行动者能力。第一种解决方式，在社会分工和经济复杂化背景下，显然是不现实的；而第二种方式，方向上意味着增加统治管理规模，或提升统治管理效率，将更多的人引入统治管理之中，成为解决问题的可行方式。这种方式实质上就是治理。如此来看，治理是统治管理问题延伸的社会选择结果。

治理在经济领域的出现，首先源于企业经济学的研究。随着管理学理念的成熟与现实应用，企业生产与市场交易行为得到进一步提升，当然这还不够，新问题的出现，催生经济学家开始关注生产单位（企业）之间的关系或企业与其他社会组织之间的关系问题，以找出更有效路径。20世纪30年代资本主义经济大萧条后，人们开始更为关注企业的结构、内部组织、企业生产与社会需求之间关系以及企业供应链上下游企业关系问题，致力于解决企业内部有效协同及其与相关企业之间的资源合理配置问题，企业研究的范畴或者企业问题的解决也就不单单是自身管理体制优化的实践，包括多元要素介入的新型运行方式被用来解决企业网络体系中面临的不确定性、风险性，企业治理随之而来。企业治理就是企业借助内部组织结构关系和运行机制优化，有效化解内外环境变迁所带来的社会风险加剧、不确定性增多的实践。静态上，企业治理表现为企业运行结构和运行关系的组合样式；而动态上，则带有运行机制优化升级的意蕴，是一个解决问题的实践过程。在现代经济社会，企业治理的主体不仅包括企业的投资者、经营者和相关工人等企业要素，还包括政府、债权人及其他利益相关者。而其反映的关系，也"不仅仅是股东与经营者之间的委托—代理关系，而是股东、债权人、经营者、职工、客户、供应商、政府、社区居民等利益相关者及社会各界之间及其内部错综复杂的利益冲突与权利博弈"[①]。也即在充满复杂性和不确定的市场环境

---

① 刘汉民. 企业理论、公司治理与制度分析[M]. 上海：上海三联书店、上海人民出版社，2007：157.

第五章 新时代中国特色职业体育建设：基点与目标

中，企业治理跳出了企业的边界，多元主体博弈生成的利益共同体治理成为消解运行风险、提升运营收益的应然选择，并被积淀定型下来。西方职业体育即是在这样的氛围中发展起来的，"沾染"了这一治理理念，从解决生存问题起步，适应性变迁，形成切合发展的运行模式和实践机制。

从时间上看，职业体育产生于西方资本主义社会成熟期。一方面，市场经济运行理念已经深入人心，并显现为将交易理性构筑在关系理性基础上，实现经济与社会的双向互动，强调"竞争是制度变迁的关键"[①]。在由交易理性主导的机制作用中，交易行为往往掩盖了背后的关系理性，制度变迁遵循市场理性，不断更新、沉淀已经博弈成型的规则并将其体系化。另一方面，西方市场发育已较为完备性，法律文化体系基本健全。与资本主义所有制性质协同，盈利最大化的产出导向、公平交易的流程规范以及多元互补的市场体系，成就了西方社会的市场繁荣。如此环境下，职业体育在"维护体育竞争的真实性"[②] 基础上，强化职业体育联盟设置、内外法律约束体系架构及经济利益激励与分配机制建设，并依赖高水平运动员及其竞赛表现，实现资源高效配置和社会风险消解的治理目标。

回到中国实践，在治理现代化议题下，新时代职业体育改革的关键在于重构政府—社会—市场的关系，构建三者之间协同运作的体制机制，也即实现从政府—市场的二元治理向政府—社会—市场的三元治理的转变。在这样的一个多元治理体系中，决策权益的共享是多方合作治理的特征所在，因为生产的裁量权是合作治理的核心[③]，而实现之需要多方在自我利益的表达、分享的博弈和协同上基本平衡。循此思路，在新的治理体系中，促进社会组织功效的发挥，更精确说如何发挥单项协会的作用，促进其定位的复归，真正充当联系政府与市场的功能，是能否达成合作治理，并取得良好效果的关键所在。当然，在市场经济条件下，各种利益冲突与矛盾问题主要依靠市场化的协调机制来解决，手段上首推规范化的组织体系建设，依靠组织体系建

---

① [美]道格拉斯·诺思. 理解经济变迁过程 [M]. 钟正生，邢华，高东明等译. 北京：中国人民大学出版社，2013：55.

② 高升，王家宏. 职业体育治理的制度逻辑、现实冲突与协调思路研究 [J]. 天津体育学院学报，2019，34（5）：417—424.

③ [美]约翰·D. 多纳林，[美]理查德·J. 泽克豪泽. 合作：激变时代的合作治理 [M]. 徐维译. 北京：中国政法大学出版社，2015：52.

第五章 新时代中国特色职业体育建设：基点与目标

设来解决企业（市场主体）应对市场风险、提升资源效能问题；其次，则围绕市场机制，借助制度设置化解市场运行中的各色利益冲突；最后，追求资源配置的有效性、高效性的特质，必然要求形成约束化、可预期的行为。实践中，这些要素相互协同、共同作用，构筑了市场经济的基本特征。换句话说，对于市场运行而言，仅仅有了组织、有了制度规范，还不一定会产生想要的结果，关键还要看市场行为，因为市场行为才是决定市场运行成熟度的核心所在。反映到职业体育治理议题上，则意味着我们不仅要解决好组织结构、制度体系建设问题，还要重视运行规范化、专业化建设，也即要处理好治理体系和治理能力之间关系。或者是，中国职业体育治理现代化的规定性中就暗含着解决好治理体系与治理能力之间的关系。

一般意义上讲，治理体系是一个结构问题，而治理能力则是一个水平展现的过程；前者是表面工作，后者是实质工作。治理体系建设实质是服务于治理能力建设的，或者说前者是为后者的推进搭建科学合理的治理结构，确定各治理要素的位置及互动关系，架构各利益相关群体的协同与耦合机制。前者是手段，后者是目的，这两者关系是不可以乱的，切不可用治理体系建设带代替或充当治理能力建设。举例来说，中国足球协会推进职业体育联盟建立，说白了解决的是治理体系问题，很少涉及治理能力。这也意味着，职业联盟成立了，不意味着治理能力就会提高。而后续如何扎实推进治理能力建设才是关键。从另一个层面看，相比于治理体系建设，治理能力提升更为复杂，难度也更大。因为即便有了一定的治理体系，形成了较为完备的治理制度，但是要使得这些制度协同作用也面临着一系列难题，比如制度的社会需求切合、制度的执行力提升等都需要在现实的职业体育运行中加以解决。由此，深化职业体育改革不仅要重视治理体系建设，更要强化治理能力提升。在具体实践中，要树立系统思维，从一体同构关系维度看待职业体育治理体系建设和治理能力提升，要认识到职业体育的发展成熟必定是两者有机融合的结果；同时，要认识到职业体育作为一种高度专业化运行样式，是一个多领域集成体系，不仅涉及光鲜的高水平赛事、丰富多彩的传播运营，还包括体系化的后备人才培养与供给、高效专业的竞技训练、协同有序的组织管理等。单一领域的推进，往往受到的阻滞较大，唯有全面系统的推进，方能释放高效的发展动能。

此外，需要重视的是，从宏观上看推进我国职业体育治理体系和治理能

第五章 新时代中国特色职业体育建设：基点与目标

力建设仅仅是手段，目的是促进中国职业体育高质量发展，并进而架构中国特色职业体育发展模式。为此，治理体系和治理能力建设中必须牢固树立以人民为中心的价值取向，着力解决职业体育发展不充分、不均衡问题，不断提升职业体育服务人民对美好生活需求的供给能力和服务体育强国建设的贡献度。

三、有竞争力：新时代中国特色职业体育建设的重要目标

诚然，职业体育具有明显的经济性，遵循经济运行规律是职业体育的基本要求。经济学认为，产品是否有竞争力，主要取决于能否更高效的生产出为市场所接受的产品，并主要涉及产品的生产成本和产品的独特性（即品种、性能、质量等方面的差异性）；往往生产效率高、具有独特价值、市场影响力大的产品会赢得市场竞争，并成为优胜者，反之则会被淘汰。同样，生产有竞争力产品的企业，往往会成为该产业的领先者，具有市场竞争优势，可以有序发展，而那些无竞争优势的企业，则很难获得好的发展机会。循此思路，意味着推进新时代中国特色职业体育建设的目标内涵中必然涉及竞争力要素，因为离开之则中国职业体育能否获得良好发展机会、能否有序发展都成疑，也就无法谈及中国特色建设问题。

诚如前文所示，职业体育具有联合生产特性，并在组织结构上显示独特性。从外部看，职业体育联盟是一个企业，具有较为统一的组织运营规范，并通过整体职业赛事水平和质量表现出竞争力来；从内部来看，在联盟内部的各俱乐部多具有独立法人和财务体系，它们自身也具有展现竞争力的能力和机会；跳出一个联盟来看，在一个国家内部可能就存在多个同项目的职业体育联盟，若考虑其他相关项目则联盟数量是倍增的，而且它们在满足一国观众观赏需要、助力体育产业发展等方面具有相同性或可替代性。如此，则意味着对职业体育竞争力的定位成为首要考虑的问题。事实上，关于产业竞争力的研究已经揭示，"企业是产业竞争的实体，产品（服务）是产业竞争的最终比较物"[1]。也即，产业是由无数个具有相同属性（产品、服务）企业组成的，它们与同类产业之间交互作用，围绕利润的争夺形成了产业的竞争力。由是，职业体育竞争力可以理解为一国（地区）职业体育与其他国（地

---

[1] 金碚. 产业国际竞争力研究 [J]. 经济研究, 1996 (11): 39—44.

第五章 新时代中国特色职业体育建设：基点与目标

区）同类产业的竞争力。

从比较维度上看，职业体育竞争力主要涉及以下两方面：一是与国外同行比，即在国际职业体育竞争中居于什么的地位，是否具有与中国大国地位相匹配的国际影响力、国际竞争力，也就是我们经常讲的，我国职业体育是否具有竞争优势。二是与国内同业比，即在国内体育产业及相关观赏展演类产业中占有多大的市场份额，是否具有与西方发达国家常态匹配的社会影响力、市场竞争力。其中前者，主要考察的是国际竞争力。在全球化背景下，任何一国的职业体育都无法离开国际市场而存在，此时相对于其他国家（地区）的竞争优势不仅关系职业体育现实的市场运营、利润获取，还往往上升为国际话语权、规则制定权等，关乎其生存和可持续发展。而后者则主要考察的是，相对于其他行业或产业的竞争优势。因为，如果我们从产品角度看待产业，与职业体育同类或具有可替代性的产品，就不仅包括体育领域的观赏性赛事，还包括其他领域的可观赏性文化产品，比如影视、戏曲等行业都成为职业体育竞争的对象，也成为关乎职业体育发展的重要力量。需要指出的是，上述关于职业体育竞争力的分析是基于产出维度的，现实中这些产出是需要成本的，于是也就此产生了重要维度——成本控制与可持续发展方面的竞争优势（见图 5-3）。

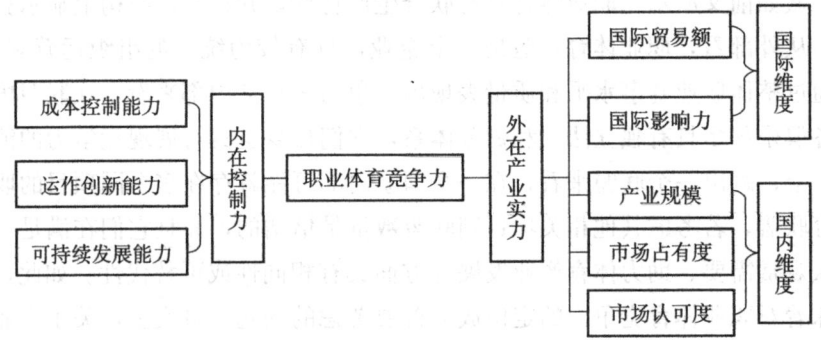

图 5-3 职业体育竞争力结构示意图

现实中，我国职业体育的市场竞争力还有很大提升的空间。如在国际贸易额方面，据清华大学体育产业发展研究中心发布的《2020 年中国体育服务贸易发展报告》所知，2020 年中国职业体育竞赛表演类服务贸易进口总额为 26.4 亿元，出口总额为 0.3 亿元，逆差达 26.1 亿元；同期体育赛事赞助类

第五章　新时代中国特色职业体育建设：基点与目标

服务贸易进口总额则为24.8亿元，出口总额为5.6亿元，逆差达19.2亿元；而各类体育赛事版权交易类服务贸易进口总额高达40.4亿元；三项总计则意味着，中国职业体育国际贸易以进口为主，逆差85.7亿元人民币。同样，中国职业体育及其隶属的体育竞赛表演活动在整个体育产业发展占比中地位并不突出，如2019年中国体育竞赛表演活动总产出为308.5亿元，仅占29283.4亿元的体育产业总产出的1%，与其作为产业链位置极不相符。这也提示，我国职业体育竞争力提升势在必行。

此外，产业竞争力作为关涉较广的综合能力，受到多方因素的影响。波特经典研究[1]指出，影响产业竞争力的六大因素为：要素条件、需求条件、相关与支持产业、企业策略结构与竞争、机遇和政府作用；花建等（2005）[2]则从市场拓展能力、成本控制能力、整体创新能力和可持续发展能力4个方面提出文化竞争力的关涉要素；而马成顺（2009）[3]的博士论文指出，体育竞赛产品市场竞争力由产品质量能力、产品价格能力、传播影响能力、品牌忠诚能力构成，产品质量、价格、传播促销和品牌成为影响竞争力的四个要素。由是，即便是差异化的领域，影响产业竞争力的要素还是较为明显的相似性，即通过产品的市场表现来衡量和检验。从现有状况来看，中国职业体育竞争力提升的关键又体现在立足于满足国内消费者对职业体育产品和服务的品质要求，大力提高我国职业体育赛事水准，充分把握消费升级带动产业升级的内在机理。实践中，解决我国职业体育竞赛水平的提升，根本上又要回归职业体育本源，立足竞技能力提升，顺利实现职业体育竞赛水平升级，因为未来我国职业体育能否具有竞争力，主要是靠竞赛水平的支持，依赖高水平的运动员与高效的赛事组织运作。当然，这一过程是一个久久为功的实践过程，在正确的方向上需要数年乃至数十年的努力方能形成较为显性的成效。

四、可持续发展：新时代中国特色职业体育建设的重要目标

在论述人类社会发展处境时，雅斯贝斯[4]指出，"人类形成的第一步，就

---

[1]　美国迈克尔·波特（Michael E. Porter）是产业竞争力理论的创始人，它通过实证分析总结出了影响产业竞争力的因素，即"钻石模型"理论或"钻石体系"理论，提供了相关分析框架。详见：迈克尔·波特. 国家竞争优势［M］. 李明轩，邱如美译. 北京：华夏出版社，2002：68.

[2]　花建等. 文化产业竞争力［M］. 广州：广东人民出版社，2005：20.

[3]　马成顺. 我国体育竞赛产品市场竞争力研究［D］. 北京体育大学博士学位论文，2009.

[4]　卡尔·雅斯贝斯. 历史的起源与目标［M］. 李夏菲译. 桂林：漓江出版社，2019：155.

第五章　新时代中国特色职业体育建设：基点与目标

是由他自己完成的驯化"，也即人类社会创造了一个新环境——社会。更为关键的是，"这种社会是一个建立在有意识的交往基础上的自我生成系统"①。对于一个社会系统而言，以自我为参照的要素之间再生产性，是实现这一系统继续存续的关键性所在。当然，卢曼还强调，任何组织的运作过程和任何系统的适应性，都依赖于其环境中各种难以预见和无法控制的偶然性因素的活动已经该系统对于这些偶然性因素的简单化程序②。如此，一个开放的自我生成系统，就具有了环境适应性，并支撑秩序的维系与发展。

　　就职业体育而言，其在西方社会的产生与发展是自序的。工业革命及城市化，使得原有的贵族体育市民化，社会普通工人阶层可以接触到体育运动，同时贵族的俱乐部组织样式和体育运动风气也随之普遍化。一部分人或者由于兴趣或者是其他原因，开始热衷于体育竞赛运动，获得超出一般人的技能，并带动社会整体运动技能和对该项目喜爱程度的提升；与此同时，体育竞赛的影响力和社会关注度逐渐提升，体育竞赛的赚钱效应开始出现，以体育运动和竞赛为职业的一类人开始出现，职业体育作为一种组织样式逐渐得到承认。于是，从职业体育产生伊始，"运动员—赛事—市场—运动员"这一激励循环就具有决定性作用。当然，在西方特定社会氛围中，利润追逐的本性不断加速职业体育专业化的实践。围绕运动员，从自然选择变为社会选择，开始出现了专业的训练机构（青训机构）、中介组织（经纪人）和交易市场；同样，围绕赛事进行必要包装和推广，特别是伴随科技的发展，从球场内变为球场外，电视网络转播将赛事从一个地区事件变为全球事件，并依靠广泛的社会影响力带来巨大的经济收益，支撑着职业体育主体的扩张（球员投入、球场投入、市场优化等）。此外，在市场环节，原有赛事的直接生产消费逻辑被打破，生成与消费之间的价值链被拓展，更多的经济效益开始出现，并进一步刺激市场价值链的扩张，形成明显的激励机制。总体来看，职业体育作为一个具有稳定特征的社会运行业态，具有再生产的自洽性，存在不断维系着自身再生产的机制。

　　当然，职业体育的自我生成机制涉及两个平台，即球场和市场，而且两个平台之间本身就是自洽的，良好的球场内表现才会有与之匹配的市场表

---

① N·卢曼.社会的经济[M].余瑞先，郑伊倩译.北京：人民出版社，2008：33.
② 高宣扬.卢曼社会系统理论与现代性[M].北京：中国人民大学出版社，2010：6—7.

第五章 新时代中国特色职业体育建设：基点与目标

现，而市场表现又会支撑和激励球场表现，形成内在的统一。实践中，这种统一更多是围绕三个核心要素展开的，即运动员、赛事和影响力（注意力）。当然，与市场经济中的其他运行样态类似，职业体育运作中将上述三个核心要素进行了货币化处理，以体现资源要素的稀缺性和使用价值。事实上，正是这样的一种体系保障了西方职业体育的有序健康发展。相反，一旦某一环节或某一核心要素出了问题，产生了不协调现象，往往就会产生一定程度的紊乱，阻碍和束缚职业体育的有序发展。以外来资本瞬时扩张投资来说，它就往往无法给职业体育整体发展带来好处，反而更多是增加发展困境，因为按照职业体育自我生成系统，自洽性和内部循环的稳定是常态的。一旦资本过度进入，则迅速带来相关要素价格和稀缺性的变化，常态的是造成职业体育赛事生产过程与运动员等人力资源失调。如果资本逐利性的投入现有俱乐部，则往往会导致运动员等人力资本稀缺性提升，引致其价值紊乱，高工资、高转会费随之而来，并整体推升联盟的薪资结构。中超的"金元时代"的表现及其当下走势，即是明证。若资本过度投入未来，即青少年后备人才培养，可能也会产生同样的结果，只不过相关影响具有滞后性罢了。由是观之，维系职业体育系统稳定再生产的核心机制及要素，成为关系职业体育有序发展的关键所在，也理应成为中国特色职业体育建设的重要内容。

（1）强化职业体育运作平台建设，促进两者有序衔接。职业体育涉及两个主要运行场域，即球场与市场，而且两者之间是紧密联系的、相辅相成的，任何一方的落后都无法支撑整个系统的有序运行和和谐发展。在具体的运行实践中，球场讲究程序合理，遵循竞赛的规律，更好体现体育竞赛或体育赛场区别于其他场域的特殊性及独特价值；而市场则要追求完备性，从产权制度、到市场组织、再到消费需求保障遵循市场规律要求，最大限度激发资源效益，将球场产品的经济价值发挥到最大化。

（2）把握核心资源要素运作规律，保障资源充足有序。与其他行业一样，当资本无力支撑职业体育市场运行时，则职业体育自然趋于削弱；不过不同于一般行业，资本过度介入职业体育也往往会干扰职业体育正常再生产循环，出现扩张悖论。这是由于职业体育具有自身独特的资源要素配置规律，它的产出过程涉及两个平台，具有独特的内循环系统。遵循现有对职业体育规律的认识，围绕体育竞赛的市场化运作构筑了这一系统不断扩张的基本特征，或者更明晰地讲，资本投入职业体育赛事生产体系中，以运动员、

第五章 新时代中国特色职业体育建设：基点与目标

教练员等为主体的各类生产要素密切合作产生出赛事资源，而赛事的消费实践生成剩余价值，并再行转化为资本投入到生产体系中，如此形成围绕体育竞赛赛事市场运作的不断扩张的循环系统。当然，在该循环系统中，运动员等人力要素的不断循环生成尤为重要，而且运动员等人力要素还往往涉及既有的运动员群体，即现有球员和后备人才队伍。事实上，两者的平稳有序，是职业体育系统稳定再生产的关键所在。

对于中国职业体育而言，在人力资本开发方面还有一个问题，即如何利用好外援问题。仅仅从提升职业体育竞赛水平提升角度看，短期内引进高水平的外援可能是有效的；但是，高水平外援带来的一系列负面影响则可能会干扰我国职业体育的可持续发展，如改变薪资结构问题、压缩后备人才培养问题等。这就需要进行取舍，在短期利益和长期利益之间找到平衡点，以维系联赛的健康有序发展。当然，站在中国特色职业体育建设立场上，立足中长期，重塑我国职业体育后备人才培养体系，切实提升我国运动员训练绩效，并进而提升我国职业体育赛事观赏水平和商业价值，是必需的。现实中，2015 年中央深化改革领导小组通过的《中国足球总体改革方案》即为此提供了发展指向。

（3）推进职业体育运行程序规范化，保障自我生成的平稳有序。作为一个成熟的运行系统，职业体育必然有其独特的运行程序。从体育竞赛到赛事包装、再到赛事消费，切合赛事运行规范和符合市场规律的专门化组织、制度、机制是保障职业体育价值实现的关键力量，正是它们的存在，使得职业体育作为一种业态不断演化、生成与发展。同时，考虑到我国职业体育的后发性，具体实践中还需要站在市场化、规范化、国际化立场上，对职业体育运营体制进行改造，提高我国职业体育自主发展能力，谋划我国职业体育品牌升级、价值升级、服务升级、产业升级的实现路径，以顺应消费升级的现实诉求，促进其可持续发展。

第六章

新时代中国特色职业体育建设：路径与机制

在社会学视阈中，行动具有某种意义的至上性。"行动是目的性的活动，它不仅仅是行为，而是由于价值判断而产生的行为。行动指向明确的目的，并以关于特定手段之适合性与否的观念为指导。"① 通俗讲，行动是有选择意义活动，任何精准谋划都需要在实践中加以落实。由是，我们理清了中国特色职业体育的理论与实践脉络，分析了新时代中国特色职业体育建设的语境和内涵，把握了基点与目标，逻辑上需要探寻如何推进新时代中国特色职业体育建设的方略，找出可行的实践路径和有效的作用机制，以服务实践。

第一节 新时代中国特色职业体育建设路径

一、融入体育强国建设进程，推进新时代中国特色职业体育高质量发展

紧扣新时代命题，进一步深化改革，推进我国职业体育高质量发展，成为当前贯彻中央精神、落实强国战略的根本要求。当然，推进中国职业体育高质量发展，还必须结合中国职业体育现有发展困境，在明确方向的基础上，提升核心竞争力、搭建发展支撑力、架设发展持续力，并落实到具体行

---

① ［英］杰西·洛佩兹，［英］约翰·斯科特. 社会结构［M］. 允春喜译. 长春：吉林人民出版社，2007：2.

第六章 新时代中国特色职业体育建设：路径与机制

动上，以达成最终目标。

（一）把握重点环节，提升新时代中国特色职业体育高质量发展的核心竞争力

不同于西方自序演化发展样态，我国职业体育更多带有建构主义色彩。而建构主义，在初始阶段具有明显的优势，可以迅速地建构其基本的运行模式和运行机理，短期效果明显，或者通俗地讲"搭起台子、唱起戏"是便利的，但是也存在一定问题。由于信息不对称等问题的存在，一方面模仿别人搭的"台子"，是否存在水土不服情况首先需要客观审视；另一方面，"台子"搭好以后，要将"戏"唱得有水平、有竞争力，可以吸引全世界的目光，还需要在内功上做文章。

为此，首先要搭建适合中国、有中国基础作为支撑的"台子"。我国职业体育发展实践遵循"试点—铺开"的推进路径，早期选择的项目，不论是足球、篮球都有西方成熟的运行模式可资参考，现实中也大多学习了西方，并使我国职业体育赛事更多集中在一二线城市且东部城市为主的布局特征。这对于一个新创设的行业来说，具有明显的经济性，但是与满足群众观赏需求的初衷之间存在鸿沟。早期中国足球联赛的"裸奔"（冠名商缺失）、上座率不足等问题，多少说明了我国职业体育前期"搭台"过程中存在建构主义理性的桎梏。职业体育是一种按照市场方式运营的行业，其布局和结构选择的主角应该是市场、是消费者（观众）。如此，放开市场准入的行政监控，转而依靠市场准入制度进行"搭台"成为决定其能够高质量发展的先决条件。同时，赛事的供给，也应放弃传统的样式，依据人民群众消费需求而定，而非便于管理，或者其他。当然，前提是必须明确职业体育作为一种赛事供给服务主体，什么时候供给、供给什么、供给多少是由消费者决定的，这类似于去餐馆选择就餐和点餐一样。唯有明白了这个道理，才能搭建出适合中国人"口味"的职业体育"台子"，在满足需求的基础上推进职业体育的发展。

其次，要有高素质的人才作为支撑。职业体育说白了是竞技体育商业化的运行模式，运动竞赛水平的高低是其"生命线"。或者说，是否具有高竞技能力的运动员是关键。事实上，西方职业体育联赛，不论是北美四大职业体育联盟，还是欧洲足球联赛，它们的高水平都是因为网罗了世界顶级球员的结果。今天，我国职业体育联赛水平不高即与此有关。由是可知，让"唱

第六章 新时代中国特色职业体育建设：路径与机制

戏人"水平提升尤为关键。进一步讲，在吸引全世界最优秀人员的同时，首先需要解决自身人才培养质量，让中国联赛的后备人才培养质量提升了，有了这个基础，喜爱与优秀运动员为伍的世界其他国家的优秀运动员才会来到中国的"舞台"上，才会切实提升我国职业体育赛事的水平。

再次，有了好的"舞台"和"演员"后，还要有好的机制，保障能够唱出高水平的"戏"。这就涉及良好的运营与治理机制建设。事实上，从世界范围来看，职业体育赛事运营方式存在多元化的特征，职业体育俱乐部也存在多样化的产权结构，而它们之所以能够有序运作的关键在于找到了与之配套的治理体制与机制。如北美职业体育联盟，采用封闭的职业联盟样态，与之配套的是公司事业部制的委托经营方式，这不仅保证了联盟整体利益最大化达成的可行性，还使治理成本大为节约。鉴于当前我国职业体育处于转轨阶段的现实，后续通过管办分离改革强化以单项协会为主体的运营、治理体系建设可能更具经济性。为此，需进一步推进协会改革，规范协会治理。政会脱钩以正当充分发挥协会职能为导向，以协会能力培养为源头，以权责利一致性为原则，将协会能干的事情给协会干，协会应该承担的职能让协会承担，明确协会地位，推进协会管理能力建设，规范协会在职业体育项目发展规划、项目推广、赛事服务等方面运作流程；同时，加强对协会的指导、监督管理，建立政府与协会委托和购买服务制度，促进兼顾国家队、职业联赛、职业俱乐部多方利益的协同机制，建构具有中国特色的政会互动机制，最终形成具有中国特色的职业体育管理与运行体制。

此外，强化对"观众"的引领也是必要的。事实上，回溯西方职业体育发展的历程，可以清晰地发现：欧美国家职业体育主体（俱乐部）往往扎根于城市社区，以满足市民观赏、娱乐参与等为目的，以深受人们喜爱的、具有牢固群众基础的运动项目竞赛为依托，以高水平运动竞赛为手段，在勾连、对接城市社区体育的实践中形成独具特色的自我生成系统，维系自身有序发展[①]。而带有建构色彩的中国职业体育，不论是政府主导推进阶段，还是资本主导推进阶段，都没有有效实现职业体育赛事与城市、与城市社区、与社会大众的勾连。于是，谋求高质量发展的我国职业体育还需补齐这一

---

① 张兵，仇军.经济社会学视域下中国职业体育市场生成逻辑及发展策略选择［J］.体育科学，2017，37（7）：10—16.

第六章 新时代中国特色职业体育建设：路径与机制

课，回归城市、回归社区、回归大众生活，找准自身的发展定位。同时，需要指出的是，在当前信息社会，网络覆盖的全面化也给职业体育深入消费群体带来新的空间，即网络空间的平台建设显得尤为重要，也尤为快捷。

（二）理顺多方关系，建构新时代中国特色职业体育高质量发展的支撑力

作为后发的我国职业体育，由于其发展周期短、社会影响力欠缺，在职业体育领域的国际影响力和发言权不够，无法在市场交易环节中获得更多话语权。中国职业体育竞技水平不高，后备人才培养体系欠缺，加之运营经验不足，运营方式上存在需要改进之处，无法对我国职业体育有序高质量发展提供足够的支撑力。中国职业体育相关问题与中国职业体育发展方式关系密切，因为不论是政府主导型发展模式，还是社会资本投资型发展模式，都带有某种片面性，导致政府、市场、社会之间关系的脱节。如表6-1所示，摆脱当前发展困境，需要转变发展方式，重塑社会消费驱动型发展方式，遵循供需逻辑，重视职业体育内涵建设，促进我国职业体育高质量发展。

表6-1 不同发展方式下职业体育运行特征

发展方式	政府驱动型发展方式	社会资本投资型发展方式	社会消费驱动型发展方式
动力源泉	政策：权利资源调拨	生产：产业资本主导	消费：商业资本主导
核心能力	行政能力	生产能力	消费能力
核心机制	利益分配	资本投入	市场营销
支撑体系	重平台轻内涵	重内涵，尤重硬件	重内涵，尤重软件
发展逻辑	行政逻辑	利益逻辑	供需逻辑

事实上，在中国职业体育各不同发展阶段，相关主体的功能也发生着明显的转变，特别是政府与市场的关系即是如此。如协会，从最早的带有行政色彩的"一体两面"，变为联系政府与市场的桥梁，再演变为利益组织，其间的运作机制与运作方式明显发生变化。而职业体育发展方式的转变，必然涉及政府、市场、社会关系的处理问题。遵循职业体育的本质运行规律，在这三者关系之中，核心是市场，需要解决的关键又在于政府与市场、市场与社会的关系。策略上，首先要深化政府体制改革，推进和落实"放管服"改革、管办分离改革成果，真正转变政府职能，引导政府归位。要明确政府在职业体育发展中的职责定位，发挥其引导、服务、保障等作用，合理利用职业体育联赛中的国有股份导引职业体育发展方向；同时从规范政府行为入手

第六章 新时代中国特色职业体育建设：路径与机制

切实解决职业体育领域中存在的"与民争利"问题，"扬民权、废特权、束公权"[①]，引导政府顺应民意，从职业体育发展的社会整体利益、从服务于人民需求的角度出发，而非基于管理或者部门利益展开，或者为民意所挟持。其次，进一步激发市场活力，真正让市场在资源配置中发挥决定作用，利用市场竞争的力量，将资本、管理、人力资源（运动员等）等多种要素的活力竞相激发出来，使得职业体育市场运营更有效率。建立和完善职业体育联盟，让联盟成为联赛运营的第一责任主体，真正让其承担联赛推广、运作、资产保值增值的责任与义务；让职业体育俱乐部在职业体育运作中享有公平竞争的权利，促进其成为注重联赛长久发展的战略投资者，而非短期投机者。此外，要强化社会组织建设，促进职业体育中介组织、球迷组织等相关社会组织的健康成长，让球迷、赞助商、转播商、媒体等职业体育消费者有机会、有能力参与到职业体育的发展之中。

总体而言，遵循职业体育运行规律，只有架构了政府管理服务到位、市场高效有活力、社会参与有力的格局，依赖市场、依赖社会，不断激发释放市场、社会活力，方能形成良性互动，为职业体育高质量发展提供强有力的支撑。

（三）推进体制创新，做实新时代中国特色职业体育高质量发展的持续力

职业体育是市场（商品）经济的产物。按照市场体制的一般规律，职业体育存在复杂的运行主体和运行客体结构，其中主体包括职业体育联盟、职业体育俱乐部、职业体育监管机构（政府、单项协会组织）、媒体以及运动员和教练员等，而其客体则有职业体育俱乐部、职业体育运动员、职业体育赛事等。更为重要的是职业体育主客体在现实运行中存在交叉和互动，比如在赛事运作层面上，职业体育联盟通常作为运作主体，而俱乐部和赛事资源是其运作的客体系统，而事实上，职业体育俱乐部也存在一定的运作空间，可以进行相关内部资源的经营运作，这无疑增设了相关运作的复杂性。针对这样一个复杂的运行体系，需要从内外两个方面入手，进行相关的制度、体制建设，按照职业体育系统与内外环境协调共生的秩序发展规律，保障其长效高质量发展。

从职业体育内部运行体制来看，主要涉及以下三个方面问题：（1）完善

---

① 汪玉凯. 界定政府边界 [M]. 北京：中国友谊出版公司，2010：59.

第六章 新时代中国特色职业体育建设：路径与机制

产权和要素市场制度配置，削减不必要的行政干预，保证市场能够按照利益机制进行生产要素平等交换，遵循市场逻辑激励和约束职业体育经营活动。(2)全面完善公开公平、透明高效的职业体育市场治理体系，促进其内部治理法治化程度提升，保障其职业体育督查调控和市场中介制度化、机制化，维系职业体育有效运行。(3)建立健全内在联动机制，形成从后备人才培养、运动员雇佣，到俱乐部准入与运营管理，再到职业联盟运作与利润分配一体化的行动机制，并在此基础上搭建国际化、现代化的职业体育市场运作体系。

而从外部看，重点需解决以下四个方面问题：(1)解决职业体育与竞技体育、群众体育、体育产业的关系问题，基于人民日益增长的对美好生活需要构筑一体化的职业体育运行生态；(2)树立长期发展管理与短期宏观干预相结合的调控理念，建构国际交流合作互动机制，保障其对外影响力和竞争力的逐渐实现；(3)搭建职业体育与社会的互动平台，以解决职业体育如何与社会发展保持一致性问题；(4)完善职业体育所依存的经济、社会、法律等宏观氛围建设，包括促进人民生活水平提升，激发职业体育消费能力；建全职业体育发展所需的宏观法律制定体系、优化诚信社会风气等。

事实上，如果说职业体育高质量发展是一个关于常态发展方式转型与内涵提升实践，那么，该实践必然伴随着复杂的社会运行机制变更。同时，该实践也必然是作为国家的社会经济文化事业高质量发展的一个组成部分。国家经济社会的发展、体育事业的发展所产生的良性运行机制，必然隐射于职业体育发展实践中，并作为基础条件促进职业体育高质量发展过程中各个方面的良性互动、协调均衡，并最终内化为职业体育持续发展的动力源泉。

二、通过借力全面深化改革实践推进新时代中国特色职业体育治理建设

经过近30年的改革发展，我国职业体育不可避免的步入跃升期、攻坚期、深水区；跃出深水区，谋求中国特色建构，实现治理现代化，成为新时代全面深化职业体育改革的核心任务。在改革中发展、在发展中改革。然而改革再出发，需要勇于担当的责任意识和"不破楼兰终不还"的奋进精神，需要规范改革流程、强化法治建设，更需要明确方向、找准"险滩"和"陡坡"。结合现实，借力全面深化改革，服务于中国特色职业体育建设目标，成为激发我国职业体育治理活力，赋能发展的新路向。而具体实践上，需要

第六章 新时代中国特色职业体育建设：路径与机制

重点处理好以下三层关系：

(一) 处理好政府、市场、社会之间关系，推进主体协同发力

源起于计划经济、靶向市场经济的我国改革，必然涉及政府与市场、社会关系的调适过程，并以释放市场运作空间、型塑市场经济体制为显著特征。当然，在社会主义市场经济建设进程中，"官退民进"是需要条件的。不遵守规律的政府"撤退"行为，往往会导致不良后果，而且特别是在市场体系不完备、市场规则不成熟、市场竞争不充分的状况下，相关危害甚大，过去的假冒伪劣商品泛滥，当前环境问题、结构性失衡问题可能都与此有关。于此，跳出传统一味放权让利的"纯粹市场化"思维，思索市场运行中的问题，并基于问题展开政府职能调整，成为全面深化改革实践中政府、市场、社会关系调整的基本定位。一方面，要跳出有关政府和市场孰大孰小、孰强孰弱的思维误区，打破分领域治理的错误观念，转变传统以框化政府与市场作用范围的改革倾向；另一方面，要认识到，政府与市场是扎根于现实的社会之中的，它们之间的关系要经过社会的中介作用来型塑，并受制于社会需要，也即顺应社会需要时，两者可以都强，反之两者也可以都不强。

长期以来，我国职业体育改革遵循建构主义理性，相信行政管理精英或专家的智慧，认为只要是懂行的人或足够聪明的人来搞就可以有效化解问题、导引改革走向成功。这种思维，多少违背了秩序产生的试错实践性，因为"真正有效的秩序，都是在无序之中通过当事人自己的相互交易、契约和反复试错逐步形成的"①。职业体育涉及多元化的利益相关者主体，其中尤以投资者和消费者最为敏感，也最有话语权；相对而言，政府所代表的行政力量往往不直接参与运行实践，对职业体育市场风险和运行不确定性自然是感知不足的，而一旦他们把握了职业体育发展方向和运作权限，则难免不出现信息不对称等问题，阻碍职业体育的有序发展。事实上，随着我国职业体育的发展，我国已经初步实现了从以政府为中心的一元治理到"政府—市场"的二元治理转变，顺应之，职业体育的推进方式上也实现了从政府主导推动到政府主导推动与社会资本参与推动的双轮启动模式转变。当然，双轮启动和二元治理都涉及一个问题，即没有发挥社会的功用，特别是没有发挥社会需求拉动和社会大众参与的功效。一方面我国职业体育改革经历了政府主导

---

① 樊纲. 制度改变中国：制度变革与社会转型 [M]. 北京：中信出版社，2014：96.

第六章 新时代中国特色职业体育建设：路径与机制

推进和市场主导推进两个发展阶段，相较于政府与市场的力量激发，社会组织功能缺位是显著的；另一方面，产生于传统的举国体制框架之中，我国职业体育社会组织，即体育单项协会（如足协、篮协等）的权力来源于上级主管部门或依附于"一体两面"的政府行政部门，选择迎合上级部门或资源来源部门的行为是常态，相反拉动社会大众以及自序进行社会资源支配的能力和经验不足。于是，如何给单项协会赋能成为关键。实践中，前期围绕政府的"放管服"改革和职业体育管办分离改革实践即力图解决这一问题，更好发挥单项协会在组织运营职业体育发展中的作用。当然，前期相关举措更多是给了单项协会自主运营的政策环境，考虑到单项协会的社会动员能力不足问题，这可能还不够，而后续如何进一步给予实质性的扶持政策是需要解决的重要议题。

伴随我国职业体育改革的深入推进，政府逐级放权的实践必然催生多元化的利益主体，如市场主体（职业俱乐部）、社会组织主体（单项协会）等相继被赋予了多元的权力。此时，迫切需要一种协调与平衡机制使得多元主体的利益得到兼顾，形成新的秩序。事实上，西方职业体育发展过程中也经历过从混乱无序到规范有序的历程。比如在美国，由于"多元主义"的经济社会特质[①]，大量自主性的、代表不同利益的社会团体形成强大的社会行动力量，竞相作用影响美国政府决策，而政府行为更多是对社会不同压力集团的平衡。这种政治经济文化，反映到职业体育运作实践中，则演化为选择了联盟模式，并取得成功。北美职业体育运行实践中内隐着竞争合作的关系，利益共同体意识是其骨子里的。在职业体育联盟中，俱乐部、中介组织、消费组织、球员组织、转播商、赞助商，他们围绕高水平赛事供给及其附加值生成组织起来，相互之间博弈共赢，达成平衡，谁也没有能力对他者进行控制与干预。相较于西方成熟的经济社会运行氛围，我国职业体育所面临的情况则更为复杂，因为我国职业体育是伴随社会主义市场经济型塑而演化的，与职业体育有序运行相关的内外要素都处于联动共建、磨合演化之中。

由是，鉴于我国职业体育深化改革的复杂性，可能仅仅强调建构涉及政府、市场、社会等多主体的利益共同体是不充分的，后续如何促进利益共同体的有效作用甚是关键，也即要在规范约束多元利益主体的博弈并引导之产

---

① [美]彼得·F. 德鲁克. 管理的新角色：社会生态学视野下的美国[M]. 王灏译. 北京：华夏出版社，2011：15.

第六章 新时代中国特色职业体育建设：路径与机制

生有利于我国职业体育可持续发展的新机制、新路径上下功夫。为此，至少要做好以下几件事：(1) 切实促进政府归位，改变过去基于行政便利的政府治理倾向，放弃政府可以更有效率推进职业体育市场能力提升的念想，转而借助市场机制，强化资源配置的约束功用，释放更多的市场和社会参与激励；同时，转变政府职能转型，专心做好托底工作，注重政府行政的监管力，适时发挥政策引导效能。(2) 加强职业体育运行制度建设，建构符合中国社会要求的职业体育治理规则和治理机制，充分发挥制度纵向治理效能。(3) 推进包括单项协会、中介组织在内的相关社会组织建设，强化执行环节规范，激发组织横向治理效能。(4) 强化对社会大众、媒体组织培育，积极发挥他们在消费选择引导和自下而上参与治理的动机和能力。

（二）处理好顶层设计与"摸着石头过河"之间关系，推进方式赋新能

客观而言，我国职业体育改革，步骤之快、期待之高是令人吃惊的，我们用了不到 30 年就走完了西方 100 年方才走完的路，并期望再用 30 年乃至 15 年达到或超过西方的水平。这种过高的期望，令人鼓舞之余也可能会衍生出一系列负面的效果。比如中国职业足球与中国国家队之间的关系协调难题，根源即与我们对职业足球联赛国家队贡献度的期望太高有关。同时，改革步骤过快，难免有思考不到位之处，而一个错误的决定，可能需要一代人去用 10 倍的努力方能弥补过来。比如，当前大力打造的"五系一体、两心一赛"的新时代中国特色足球青训体系，可能就在弥补职业化初期竞技体育后备人才队伍率先职业化及其后对后备人才队伍建设监控不力的问题。职业体育，表面上是竞技体育的市场运行体系，实质上内涵极其丰富，需要专业化的人才培养与供给体系、成熟化的竞赛与观赏消费体系、完备的中介与配套服务体系。这些体系的建立都需要经历长期的磨合积淀而成，而非一纸命令，一个时间表即可以达成的。这就意味着在全面深化改革的进程中，需要我们重新思考我国职业体育的实践方式。

渐进式改革一直被认为是中国改革取得成功的关键所在。渐进式改革，通俗来讲就是"摸着石头过河"、逐级推进的改革方式。当然，如果说"摸着石头过河"是被历史证明的有效举措，那也是因为它是特殊背景下的改革策略选择，是切合我国改革的现实需要的；而一旦改革的情况发生变化，则理应对其进行必要的优化。事实上，现代职业体育是一个巨大而复杂的系统，经历了百余年的西方演化与改良实践才逐渐形成的，这样一个全面而系

第六章　新时代中国特色职业体育建设：路径与机制

统的工程，需要宏观把握、精细落实，而不能仅靠"摸着石头过河"尝试实践所能实现的。如职业足球联赛中的外援配额制度，作为"一种辅助性的制度安排"，实质上是保护和促进本土运动员培养、平衡俱乐部支付能力以及顺应职业足球运动员劳动力市场国际化趋势的手段；具体选择什么样态，取决于三者力量的博弈，当然，长期来看"一个经过各方努力和投入才渐渐出彩的联赛，需要政策的稳定性和科学性"。如表6-2所示，近年来，中国足球协会在中超外援配额上"大伤脑筋"，反复调整。当然，原因也是多方面的，首先，中国职业足球后备人才体系不健全，职业联赛对国家队的贡献度不够，需要转变运作方式，给更多中国球员以机会，特别是年轻（适奥、适世年龄）运动员机会，限制外援数量是一种选择；其次，伴随近年体育产业的红火，大肆资本涌入职业体育赛事，中超联赛赚钱效应乍现，俱乐部运营投入提升，加之更大球迷观赏到高水平足球赛事的需求激发，吸引高水平外援、增加外援数量，提高比赛观赏性成为一种选择；此外，中超外援转会市场的不规范，外籍球员薪资过高、溢价之甚违背国际运动员市场规律，同时加重了中超俱乐部的财务风险，于是，限外援限薪就成为应然选择。事实上，如此复杂的局面必然伴生着错综复杂的利益，如果想到哪改到哪，哪里好改就改哪，难免不会出现混乱，违背改革的初衷。因此，脱离全局谋划，没有顶层设计就很难保证职业体育改革的成功。正是如此，习近平总书记强调"任何一个领域的改革都会牵动其他领域，同时也需要其他领域改革密切配合。如果各领域改革不配套，各方面改革措施相互牵扯，全面深化改革就很难推进下去，即使勉强推进，效果也会大打折扣。"

表6-2　　　　　　　　中超联赛外援注册制度变化一览表

时间（赛季）	注册（人）	报名（人）	上场（人）	其他
2020赛季至今	6	5	4	限薪300万美金
2018—2019赛季	4	3	3	取消亚外
2017赛季	5	4	3	U23上场要求
2009—2016赛季	5	4+1	3+1	一名亚外；其间2010—2013赛季，短暂实行7外援注册制
2007—2008赛季	4	3	3	—
2004—2006赛季	3	3	2	

资料来源：中国足协公布数据。

第六章 新时代中国特色职业体育建设：路径与机制

总体上，基于现实改革问题，强化顶层设计谋定而动与过去"摸着石头过河"的探索式路径并不矛盾。全面深化职业体育改革实践中，不仅要充分承继把握中国职业体育改革经验，还要根据现实情况做出必要的改进，系统灵活地运用顶层设计与"摸着石头过河"两种推进方式。实践中，由于我国职业体育改革的探索式特征，沿用渐进式的"摸着石头过河"将是基本方式遵循，而且从现实效用上看，"先试点、再推广"的实践方式在我国职业体育改革风险控制是极其有效的。同时，对于事关大局、牵连甚广的改革领域，需要注重整体性、系统性、强化顶层设计。可喜的是，近年来我国职业体育改革在顶层设计上进行了极具成效的尝试，特别是《中国足球改革发展总体方案》的出台。当然，在新时代体育强国建设进程中，择机出台"中国职业体育改革总体发展规划"具有必要性和急迫性。

（三）处理好中国实践与西方理论之间关系，构建中国特色治理体系

弗雷格斯坦（2008，中译本）[①] 指出，"社会结构、社会关系和制度并不是在市场社会中被自动创造的。它们已经成为持续存在于所有工业社会中的长久的历史工程，这些工业社会都已历经了数波危机的洗礼。……这些事件促使人们思考他们需要什么样的组织方式以及创造和利用市场机会。……这些力量并非外在于市场社会，而是内生于这种社会关系之中的。"沿承这一观点，则意味着研究某一市场如何进行有序运行或者之所以有无秩序，需要首先分析其基础性的社会关系架构，然后才是找寻其市场结构（市场关系架构）。当前中国职业体育存在的市场治理问题，如果将市场运行特征作为经济的表层东西，而起背后的社会基础作为深层因素，那么显然我们前期立足实践的不论是职业体育商业化竞赛体系、还是管理体制或者组织样式，这些显然都是职业体育运行的表层东西，带有"头痛医头、脚痛医脚"特征；更为关键是我们将此作为发展目标，以为形成了类似西方职业体育的竞赛体系、搭建好职业体育管理体制和运行机制，也就形成了有序的职业体育市场运行状况。

细数其问题，大体存在两个方面：其一颠倒了建设目标和建设手段之间的关系，将职业体育市场化仅仅限定在市场范畴内，以市场关系及管控调整

---

① ［美］尼尔·弗雷格斯坦. 市场的结构：21世纪资本主义社会的经济社会学［M］. 甄志宏译. 上海：上海人民出版社，2008：2.

第六章　新时代中国特色职业体育建设：路径与机制

为手段来推进市场化建设，而忽视职业体育作为带有现代性的市场与社会关系的本质特征，在一定程度上是对马克思理论体系中生产力与生产关系之间逻辑规定性的偏离，其结果是职业体育市场依存基础缺失，并引致治理问题。其二则表现为陷入西方话语体系中而背离了中国实践与中国问题。在西方话语体系中，职业体育运行中存在如下的理论预设：（1）运行程序是万能的，有投入就有好成绩，就有好收益；（2）市场是完备的，从产权制度到市场组织、再到消费需求；（3）人力资源是充足的，从成熟的运动员后备人才培养体系，到完善的运营管理人才体系。延伸至全球化实践中，程序有效往往被认为是既定的，而一旦某一职业体育出现问题，则首先回归到其理论范式中，首先查找市场是否完备、产权是否清晰、管理制度是否切合等；其次才是查找是否具有成熟的、适合的运动员后备人才体系。这种无视历史和国情、忽视历史发展脉络和现实复杂条件的思维，往往会引致偏差，因为他们偏爱"普世模式"和"万灵药方"，企图一劳永逸地解决所有发展问题，或者急功近利、欲速而不达，或者冥顽不灵、贻误战机。事实上，回溯近年我国职业体育改革实践，多少带有遵循西方话语体系的套路，将问题归咎于没有形成类西方化的产权制度、市场设置、市场机制及配套体制。诚然，任何发展模式都内嵌于特定经济社会背景，都是在特定的时空中展开并不断发展和变化的。在此思路下，一国职业体育的问题可能首先要探寻程序是否有效的问题，或者说治理模式是否有效用，是否实事求是地融入并最大限度彰显了该国的自身特质。

扭转不利局面、消解市场治理不确定性，则意味着需要遵循职业体育市场的社会嵌入性机理，跳出单纯的市场建设逻辑。而之所以要跳出单纯的市场建设逻辑，因为：其一，由于身份权利竞争的存在，中国职业体育现存的许多问题是单纯依赖市场逻辑无法解决的，需要依赖政府、社会的力量介入；其二，即便是认同市场是实现需求满足的有效方式，但是其无法有效解决满足谁的需求问题，也就无法保证职业体育市场发展的成果最终落到满足人民对美好生活的需求上；其三，职业体育具有市场经济其他运行体的社会嵌入性，也即市场自身是有存在基础的，对于转型经济体而言，单纯的市场建设往往会带来市场跑得太快、社会无法有效跟上的问题。

于是，基于中国现实，跳出西方职业体育市场演化的原教旨，中国职业体育市场治理建设宜在政府—社会—市场三者协同关系维度上展开，融政府

第六章 新时代中国特色职业体育建设：路径与机制

的顶层设计、社会的支撑发展、市场的维序主体与整合机制于一体，构建中国特色职业体育市场治理模式，如图6-1所示。事实上，近年在中国宏观经济社会改革的推动下，伴随管办分离改革方案和中国足球协会（中国篮球协会）去行政化的实施，"转变职业体育管理体制，完善协会内部治理结构、权力运行程序和工作规则"取得了阶段性成果；加之前期围绕联赛体系、俱乐部建设等方面的积累，可以说我国职业体育在类市场化建设目标已然达成，而后续如何进行深入改革，显然要在我们前期欠缺的方面入手，重点需做好一些工作：（1）从俱乐部建设、联赛建设及其相关运行机制建设向市场维序主体完善和整合机制方向推进，形成完备的职业体育市场运行与维系体系；（2）从改善俱乐部与俱乐部关系、俱乐部与联赛关系、联赛与监管部门关系向深入发展，重视俱乐部与球迷、联赛与赞助商、转播商等关系优化，形成支撑中国职业体育市场发展的利益共同体基础；（3）将体制机制改革引向深入，重视切合社会发展的共同价值理念塑造，强化职业体育市场支撑结构的培育。

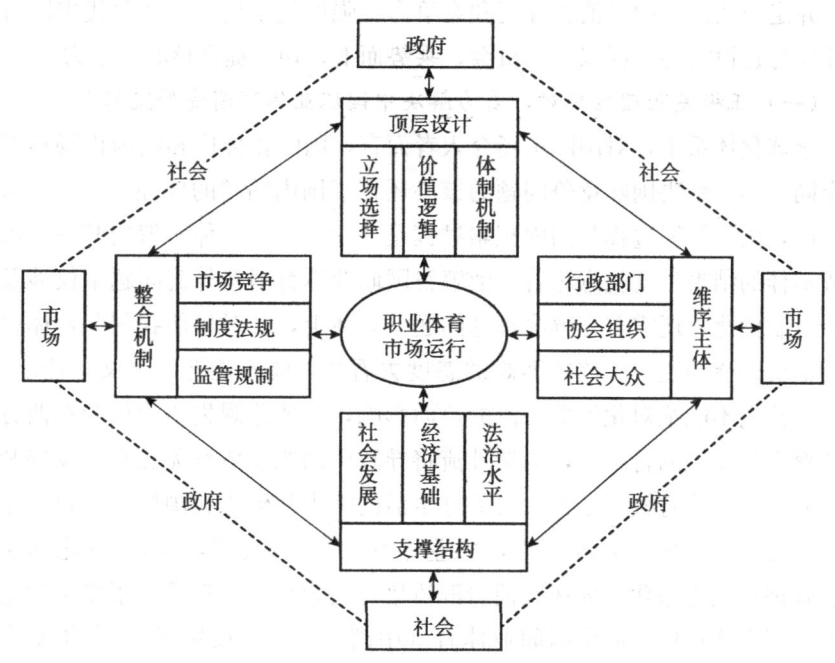

图6-1 中国职业体育市场治理建设逻辑体系

第六章 新时代中国特色职业体育建设：路径与机制

三、通过嵌入双循环实践推进新时代中国特色职业体育国际竞争力提升

在当前国际贸易摩擦不断升级以及我国新时代消费结构升级的双重推力下，我国经济的高质量发展需要贯彻落实供给侧结构性改革，着力解决不平衡不充分发展问题，提升发展质量和效益，并以此顺应消费升级，带动产业结构升级，充分发挥消费在经济增长和社会生活中的作用。为此，国家出台了一系列政策，引导服务业发展，以满足人民日益增长的消费需求。然而，在体育领域的消费引导问题，特别是职业体育领域的消费外流问题并未受到足够重视，缺乏有效应对，在一定程度上影响了我国职业体育的有序发展，干扰相关政策的出台与执行。现实中，我国职业体育消费外流问题有着多元的内外部原因，并致使有效应对与化解举措的复杂性。从这个意义上讲，精准发力，引致我国职业体育消费回流，型塑我国职业体育核心竞争力极其重要。当然，后发国提升核心竞争力，特别是国际竞争力，尤为困难。正是在此背景下，以国内大循环为主、国内国际双循环相互促进的新发展战略提出，并走向实践。面对消费外流和竞争力不强的复杂局面，新时代中国特色职业体育建设需要把握双循环机会，乘势而上，切实提升核心竞争力。

（一）正视差距理性应对，着力解决中国职业体育消费外流问题

全球化体系中，对国际市场介入者而言，国际化推广和国内市场塑型是一个同一体，解决国际竞争问题的核心还在于国内问题的处理。当然，对于后发国，国际拓展过程与国内积累过程是一个矛盾统一体，偏向其一，都会造成不佳的结果。这就意味着，消解我国职业体育消费外流问题不仅涉及体制、机制优化，还需首先解决理念问题。总体上，针对目前我国职业体育存在的消费外流问题，应该持客观的态度去看待，既不能悲观，又不能激进。首先，我们不能绝对化消费外流的负面影响，不能悲观失望地认为在西方职业体育强势介入的背景下，消费外流将导致中国职业体育无法有序发展和快速提升，更无法有效满足人民对美好生活的需求和促进我国体育项目国家竞争力的提升。事实上，在西方，职业体育联赛体系、俱乐部企业化和实体化、管理体制定型化、球迷等消费群体培育与定位等，都是用了半个世纪以上的时间方才达成，而中国职业体育（中超、CBA）仅用了20余年基本上就解决了。有资料显示，从上座率指标来看，中超联赛已经排到了世界第五位，稳居亚洲第一位。当前，伴随中国综合国力的迅速提升，在相关体育产

第六章　新时代中国特色职业体育建设：路径与机制

业政策利好刺激下，中国职业体育的发展潜力无疑是巨大的，其国际竞争力必然随之而迅速提升，有能力在激烈的国际竞争中占据一席之地。其次，片面出于保障自身落后的职业体育赛事，而限制国外优质赛事资源的流入或者限制国内企业的海外职业体育赛事赞助与投资行为，可能也是不可取的。诚然，生产外流和消费外流是贸易得以维系的基础，同时也是社会进步的一种体现。关于贸易的好处，亚当·斯密时代就已然认识清楚，贸易是交易双方专业化生产的集中体现，因为"双方都专业化生产其低成本的商品并进口那些在国外可能更便宜生产出来的商品"①。这样一来双方都有利，而且整个社会的生产成本下降了，社会财富和社会福利自然随之增加。职业体育市场运行中也是如此。循此，采取激进的方式保护我国职业体育，将其"养在温室"中，这种"温室花朵"又如何具有国际竞争力呢？而且如何让其承担满足人民对美好生活需求的责任呢？

事实上，对更高水平职业体育赛事消费需求的增加是中国经济社会发展的必然结果。随着经济社会发展，我国社会大众的生活水平得到明显的提升，过分追求物质消费的传统随着生活方式的改变而发生明显转变，休闲、娱乐成为人民对美好生活向往的现实表达。相关需求的满足背后蕴含着对休闲娱乐业态的诉求增加，优质的职业体育赛事即是其重要内容。同样，伴随中国经济发展，越来越多的企业开始走向世界。作为后入者，参与国际竞争的中国企业需要一个宣介的平台和载体，国外成熟的职业体育赛事大多具有相当的社会影响力，恰恰可以充当这一个平台。从这个意义上讲，对更高水平职业体育的需求和消费不断提升，这是我国经济社会发展到一定阶段的产物，是一个持续快速增长和迅猛转型的国家所经历的客观过程，而且伴随我国经济社会的不断发展，这种需求仍会持续增加。因此，容忍一定程度的消费外流是一个快速崛起的开放大国应有的立场。

当然，即便是容忍当前我国职业体育消费外流的存在，采取相关举措还是需要的。在体育强国建设背景下，职业体育领域应树立长期发展管理与短期宏观干预相结合的调控理念，分层次、分阶段的实施消费回流扭转战略。长期发展愿景与战略目标上，我国职业体育应以人民日益增长的对美好生活需要中的体育赛事需求满足为导向，强调职业体育发展目标的社会性回归。

---

① 黄威. 经济的逻辑 [M]. 武汉：武汉出版社，2010：187.

第六章 新时代中国特色职业体育建设：路径与机制

为此，在国家层面应出台中国职业体育发展规划，切实推进我国职业体育长效发展，形成与我国国际地位相匹配的职业体育发展水准和格局；同时制定相关产业政策，引导我国职业体育相关主体首先立足占据国内市场，然后再谋求国际竞争，有计划地实现消费回流。在国家体育总局及相关职业体育管理部门层面，应采取行政、市场等多种手段推动发展规划的执行落实，适时发挥中国特有的社会动员力量，引领和影响市场主体的决策，特别是社会需求与消费决策，将职业体育市场运行体系嵌入中国社会结构和体育产业结构优化升级实践中来，寻求具有中国特色的职业体育累积性变迁路径。

（二）把握双循环战略要义，深化职业体育供给侧结构性改革

始于1978年的改革开放给中国带来了巨变。回溯40余年发展历程，中国经济经历了显著性发展阶段，从放开内需开始，然后是外向型发展时期，接着是"三驾马车"时代以及当前的新时代。也就是说，中国宏观经济存在一个特别显著的外循环发展阶段，其峰值在2006年，当时我国的外贸依存度达64%，随后开始下降，到2019年仅为31.9%。之所以如此，既有外部因素，也有内部因素。外部来看，近年来国际形势发生了显著变化，贸易保护主义抬头，世界经济秩序重新洗牌，中国经济发展环境变得更为复杂，特别是中美经济摩擦持续升级，外贸经济产业链循环阻断风险加剧。与此同时，伴随我国经济社会发展，人民社会水平有了较大提高，广大群众社会需求也向着更高层次迈进，此时进一步提升经济适配性，打通堵点，提升国内消费水平和贡献度，调整优化国内供给体系以服务人民群众对美好生活需求，助推中国梦的实现，成为新时代应对内在诉求变化的选择。双循环发展战略即是基于此而来的。在谈到之所以要形成以国内大循环为主体、国内国际双循环相互促进的新发展格局时，习近平总书记强调指出："当今世界正经历百年未有之大变局，新一轮科技革命和产业变革蓬勃兴起。以前，在经济全球化深入发展的外部环境下，市场和资源'两头在外'对我国快速发展发挥了重要作用。在当前保护主义上升、世界经济低迷、全球市场萎缩的外部环境下，我们必须充分发挥国内超大规模市场优势，通过繁荣国内经济、畅通国内大循环为我国经济发展增添动力，带动世界经济复苏。"[①]

---

① 习近平．在企业家座谈会上的讲话［EB/OL］．http://www.qstheory.cn/yaowen/2020-07/21/c_1126267637.htm. 2020-07-21．

第六章　新时代中国特色职业体育建设：路径与机制

不过，不同于宏观经济，我国职业体育并没有过明显的外向型发展阶段，或者说并没有完整的外循环体系，而且其内循环体系也不够完备。如此，借力双循环新发展格局，职业体育的双循环重点是对接国内需求培育供给体系，完善国内产业链，提升国内大循环水平，并借此促进国际循环，从而实现高质量发展。而实践关键点在于深化中国职业体育供给侧结构性改革，以扩大内需。结合现实，深化职业体育供给侧结构改革，首先要深化管理体制改革，切实提升职业体育治理能力，保障循环的顺利进展；其次要畅通我国职业体育要素循环体系，提升场地、资金等方面保障能力，为循环提供支撑；最后，要立足我国职业体育竞争力提升，多策并举提升后备人才培养水平，补短板、强弱项。

此外，要放眼长远，引导我国职业体育精心培育发展基础，选择有序提升发展路径。策略上，同时，要坚持"两条腿走路"原则，强化内功占领国内市场为主导，但不可以忽视"走出去"参与国际竞争的重要性，走内源型发展与外向型发展相结合之路，适当时间可以出台我国职业体育海外拓展扶持政策。

（三）转换发展动能，助推中国职业体育国际竞争力提升

从世界经验来看，后发国家的产业发展，往往存在两种可能性：一是由于发展定位准确，措施得力，发展与创新同步推进，物质基础、人力基础、制度建设等相关积累充盈，存在加速发展的可能；二是刚好相反，前期发展定位不准确，举措不得力，积累了过多发展矛盾，恶化了发展环境，提高了发展成本以及引起了竞争对手重视，面临发展减缓甚至停滞倒退的可能。客观上，上述两种可能应该是同时存在的。当然从促进产业发展角度，更倾向于排除第二种可能而强化第一种可能。要做到这一点，首先，要加强领导，保证有一个稳定、连续的发展战略。在全面深化改革和大力推进落实"放管服"改革的当前，强化国家对职业体育发展的坚强领导显得尤为重要，因为唯有在顶层设计上的做足文章，将短期发展目标与长期发展目标结合起来，才能保障我国职业体育走科学发展之路，防止其发展波动与起伏不定的局面出现。

事实上，近年随着我国经济社会发展，消费规模逐渐扩大，消费升级与引导已然引起相关部门的重视，相关政策也密集出台。如2015年国务院发布了《关于积极发挥新消费引领作用加快培育形成新供给新动力的指导意

第六章 新时代中国特色职业体育建设：路径与机制

见》，提出以新消费引领新供给新动力的总体思路。2016年国家发展和改革委员会联合多部门发布了《关于促进消费带动转型升级的行动方案》，给出"十大扩消费行动方案"。2017年国务院办公厅又下发了《消费品标准和质量提升规划（2016—2020年）》，进一步规范消费品生产，提升质量，以更好满足人民消费需求。不过，相关文件中涉及体育领域的内容不多，且不够具体。而现有关于体育消费的文件，即《国务院关于加快发展体育产业促进体育消费的若干意见》（国发〔2014〕46号文）更多的是基于市场供给主体的优化举措。如此，出台相关政策以引导消费回流，提升国内消费循环水平成为现实诉求。策略上，应出台体育领域供给侧改革优化方案，并将职业体育赛事供给优化与消费引导作为重要内容提出。一方面，化解困扰我国职业体育赛事运作的机制问题，切实推进审批权放开后的赛事服务体系建设，做实职业体育赛事转播和招商中的垄断机制化解，解决职业体育市场运作与政府偏好协同及其引申出的职业联赛与国家队关系问题，从源头上给职业体育运营主体松绑，并为其发展提供服务，改善其经营不佳和提升困难问题。另一方面，则需加强对职业体育赛事消费的合理引导。可以动用体育彩票基金、社保基金、体育产业引导基金等支持和引导居民进行我国职业体育赛事的消费；加大对海外职业体育赛事高额转播费、赞助费的监控与审查，规范其运营行为，减少垄断和溢出收益，规范职业体育赛事转播和赞助市场；同时加强对媒体海外转播权资源竞购、海外俱乐部投资的监管力度，完善相关监管制度，建立海外职业体育消费资金监控机制，防范资金外流。

可喜的是，2018年9月国务院办公厅下发的《完善促进消费体制机制实施方案（2018—2020年）》中涉及了解决职业体育消费外流的一些机制问题。如"加快制定赛事审批取消后的服务管理办法，建立体育、公安、卫生等多部门对商业性和群众性大型赛事活动联合'一站式'服务机制。……推进体育赛事制播分离，积极打造国家体育传播平台，引导有条件的地方电视台创办体育频道。打破大型国际体育赛事转播垄断，引入体育赛事转播竞争机制，按市场化原则建立体育赛事转播收益分配机制。积极培育冰雪运动、山地户外运动、水上运动、航空运动、汽车摩托车运动、电竞运动等体育消费新业态。"随后，2019年初国家体育总局联合国家发展和改革委员会发布《进一步促进体育消费的行动计划（2019—2020年）》。这反映了政府已经开始重视相关问题。当然，后续如何更好地推进政策的落实还有许多工作要做。

第六章 新时代中国特色职业体育建设：路径与机制

第二节 新时代中国特色职业体育建设机制

一般来说，事物在不同发展阶段会面临不同问题，需要针对性地解决问题办法。诚如前文所述，新时代中国特色职业体育建设区别于传统发展样式，谋求高质量发展、内涵式发展也不宜采用传统的方式方法，而是要转变发展理念，在创新发展机制上下功夫，以推动新时代中国特色职业体育建设的深入有序发展。

一、以创新为抓手提升新时代中国特色职业体育核心竞争力

关于创新的必要性，最经典的解释应该是李斯特的"梯子理论"，讲的是：当任何人到达了成功的顶点之后，他往往会采取一种常见的聪明手段，就是把自己爬过的梯子踢走，目的是使他人无法沿着同一副梯子追赶他。而韩裔英国学者张夏准在《富国陷阱：发达国家为何踢开梯子?》一书中更是旗帜鲜明地提出：当今发达国家正在试图踢开那个"梯子"，以阻止发展中国家爬到顶端。如此情形下，发展中国家所能依靠的手段只有一个，即自主创新。当今世界正经历百年未有之大变局，新冠肺炎疫情使全球格局正在发生重大变革，中美贸易摩擦持续升级，逆全球化浪潮加剧。当我们从跟随者变为追赶者，甚至是战略竞争者时，"玩法"立即就变了。从芯片危机，到集成电路、操作系统、精密仪器困局，传统力图借助全球化实现产业升级的路径依赖亟待调整，创新驱动自主突破关键核心技术成为新时代中国高质量发展的必然选择。

顺应宏观经济运行也好，基于后发理性也罢，始于20世纪90年代的中国职业体育策略性地选择了"跟随跑"战略，在过去20余年发展中"节省"了"体力"，取得了应有成效。2019年国务院办公厅下发的《体育强国建设纲要》，站在中华民族伟大复兴的立场上，强调要推进包括职业体育在内的中国体育发展，积极探索中国特色发展道路，最终建成符合中国国情和中国实践、与中国国际地位相匹配的现代化体育强国，全面拉响了从"跟随跑"向"并跑领跑"进发的号角。这意味着，中国职业体育也逐步进入依赖自主创新的发展新阶段。从目的上，以创新为抓手，旨在形成中国核心竞争力，其关键又在于发展动能的转换，需要在运营管理、竞赛组织、后备人才培养

第六章 新时代中国特色职业体育建设：路径与机制

等领域下功夫，型塑中国模式。

诚然，任何的创新改革都需要落地，都需要人去实践，去变为现实。而这种将创新理想变为现实的人，即企业家恰恰是当下我国职业体育所面临的一个大问题。即便是当前疫情防控背景下，我国也不缺少职业体育投资者，但是有投资者不意味着就可以承担其引领中国职业体育创新发展的重任。事实上，恰恰相反，企业家精神缺失的投资者众多恰恰是引致我国职业体育现实困局的关键，也是制约中国特色职业体育创新发展的核心要素。现代经济学界对投资者（或商人）与企业家有着明显的区分——前者以赚钱为目的，注重职业体育投资的工具性；而后者则以服务社会发展为己任，注重对职业体育本真价值的追求。近年来，我国职业体育领域的"退出潮"为我们观察商人的实践表现提供了机会与可能，总结起来可能至少涉及以下几点：

（1）离钱太近，离使命太远。职业体育投资者的目的是为了赚钱或者说为了谋求赚钱的渠道，比如获得社会地位、提升社会影响力、搞好与政府之间关系，最后可以成为政治人物，获取政治权利。从本质上看，这种商人定位本来是没有问题的，因为一旦我们定义职业体育是遵循市场规律的经济运行样态，在商言商、赚钱获利是必然的。但问题是职业体育的一大特殊性在于其无法单纯依靠金钱就可以解决问题的，需要初心——热爱体育（或者是参与爱好者、或者是球迷、或者是其他）。有了这一使命感，方能正确引导俱乐部走出金钱崇拜的异化实践，脚踏实地地搞好职业体育。

（2）离市场太近，离体育太远。对于一个市场社会而言，消费者的需求是关键，这就要求企业接近社会，对接与依赖消费者，服务好消费者。对于职业体育而言，就是要为球迷提供精彩的体育比赛，为赞助商提供有影响力的赛事。但是，在中国实践中这一逻辑发生偏移，追求职业体育赛事的衍生效益而不是本真的效益，热衷于知名球星、著名教练引入而忽视后备人才培育、球迷文化和俱乐部社会责任打造。

（3）离机会太近，离规则太远。这一问题在近 10 余年特别明显。2010 年《国务院办公厅关于加快体育产业发展的意见》（国办发〔2010〕43 号）出台以后，中国职业体育迎来了快速发展，大量资本进入职业体育领域，投资与运营门槛进一步拉高。当然，这些新进的投资者之所以进入职业体育（足球、篮球等）可能并不是因为他们喜爱足球、篮球或者其他运动项目，真实的想法是进入体育产业这一蓝海，至于是"玩"体育，还是"玩"房地

第六章 新时代中国特色职业体育建设：路径与机制

产或互联网，那些不重要，重要的是这个市场是有潜力的、有政策预期的。把握这个机会特别重要。而片面追求对机会的追求，便会失去理性，而压低风险又自然衍生出规则意识的淡薄。

当然，我们也认识，后发的中国职业体育尚处于完善与发展之中，同时中国宏观经济社会环境的快速变化，特别是需求的快速涌现和法治化尚待建设，这可能在一定程度上造成了中国职业体育投资者的盲目跟风等不良行为出现。具体原因可能至少包括：（1）社会转型阶段，社会氛围的影响。宏观实践中企业家精神的缺失，赚钱多少成为评价一个人成功的核心指标，也是企业存在的唯一目标。如此背景下，企业的目的即在于赚钱，为了赚钱甚至于社会公德都可以违背（近年的社会公德违约事件）。现实的职业体育投资主体行业分布大体也是呈现出相类似的特点，大多数企业集中在最赚钱的、能快速赚钱的行业。如20世纪90年代前的煤炭行业、近些年的房地产、物流、互联网行业等，都成为各类企业热衷进入的行业。体育行业作为近年的朝阳行业，职业体育赛事这一关键领域自然少不了得到资本的关注，而进入的资本也往往遵循相近的逻辑，跟风赚钱，而缺乏久久为公、持之以恒的追求与格局。（2）中国职业体育自身盈利能力不足，产品附加值低且开发困难。前者大体从行业亏本情况即可看出，没有办法自主生存是当前中国职业体育（俱乐部）的基本状况。一度引起很大轰动的广州恒大足球俱乐部的上市与退市即可证明这一点。具体来说，产品附加值低指市场简单、赚钱渠道不足，而开发困难则是运营成本降低困难。（3）中国职业体育整体营商环境不佳。相关内容将在前文已有专门论述，不再赘述。

鉴于此，后续强化市场选择，从制度、文化等层面强化法治建设、增强社会责任意识，以实现中国特色职业体育经济效益与社会效益的有机统一。当然，更重要的是，这一过程是具有明确导向的——是需要在中国特色职业体育的创新实践中得以实现的。

（一）创新我国职业体育运营管理，在规范化上做文章

职业体育是在市场机制中形成的，遵循市场原则进行资源要素配置是其显著特征，也即效率至上、效益优先是职业体育进行运营管理的基本坚持，从组织设置、到机制选择，都是应如此。比如在西方，职业体育联盟的产生，就是这种原则的集中体现。从协会层面看，由于自身管理事务的复杂性而无暇顾及、抑或自身专业化程度不够以及还有更为有效的利益追求，此时

第六章 新时代中国特色职业体育建设：路径与机制

就需要其他组织来代为运营职业体育，联盟即是明智之选；从俱乐部层面看，则可以看作是利润最大化的表现，说白了归谁管都一样，但是联盟比协会更节约；从联盟自身来看，是边际效用最大化的结果；从外周环境看，是法治化、社会组织化、社会治理等理念运作的结果；从政府监管角度看，符合政府运行的多元主体思路，将鸡蛋放在多个篮子中，即俱乐部、协会、联盟中，这样便于管理和相互制衡。总之，贯彻市场原则，最大限度调动多元主体积极，更好提高资源配置效率，是职业体育运营管理的基本特质所在。进一步讲，遵循职业体育一般范式，强化市场机制效用，推进新时代中国特色职业体育建设，需要在规范市场组织主体关系、规范运作流程等方面下功夫。

1. 规范职业体育市场组织，选择适合中国的职业体育运营组织

诚如前文所述，当今世界职业体育运营主体存在多样性，有的是协会，有的是联盟，还有的共同体运营或政府运营，到底选择哪一个，是基于特定市场背景选择而定的。那么哪一个具有市场运营优势，哪一个就是适合的，这是非常浅显的道理。目前，中国职业体育大体也存在至少3种样态，即政府运营（项目管理中心运营）、单项运动协会运营、完全联盟运营（如CBA），并且短期无法简单评估孰优孰劣。不过一些特征是可见，即越是接近市场的运营样式，越需要政府或协会去托底。如CBA联盟的发展，需要低级联赛NFL或CUBA为之提供人才供给，而后者又需要更多的公共资源去支撑，因为他们的盈利能力不足以维系自身生存。由是，后续推进市场化改革的实践，不论是强化联盟建设，还是强化协会实体化运营，都离不开非市场力量（政府公共服务支撑力量）的作用，因此将职业体育与新型举国体制结合起来的方式也需是适合中国职业体育。具体来说，这一体系的上端以市场机制为主体，追求资源配置效率并依靠"三员"[①]的高收入来牵引下层发展；下层则以满足社会大众参与或青少年发展需要的政府公共服务供给为支撑；联系中间的是资源配置效益和需求满足收益，并以职业体育的经济价值和社会价值的形式表达出来。

2. 规范资源流动与配置，寻找适合中国的职业体育运行机制

首先其核心是构建符合中国现实需要的职业体育后备人才培养体系、赛

[①] 即运动员、教练员、裁判员。

第六章 新时代中国特色职业体育建设：路径与机制

事体系、运行体系，进而实现资源的流转顺畅与效能延展，从而保障各方获得满意的结果。职业体育作为一种竞技体育市场化运行模式，归根到底是要追求经济效益的。而在追求经济效益的同时如何充分发挥职业体育的社会效益，必然涉及相关利益补偿，但是补偿的额度、范围等需要规范化、制度化。如职业运动员在国家队竞赛中的权益保障，特别是涉及伤病问题时，只有各方职责担当、权益划分明确了，才能消解阻隔，实现共赢。其次，职业体育有序运作离不开人力资本的规范确立，职业运动员、职业裁判员的身份确认及其在市场运作实践中的权益保障是解决相关市场主体"后顾之忧"的关键所在。由是，规范中介市场，建立相应的法律制度是必要的。此外，职业体育运作实践中还涉及众多微观事物的法律保障问题，如电视转播权合同规范及相关分销机制、球场控制及暴力事件处理等。实践中，相关法律的出台应多立足服务职业体育有序运行、保障健康发展的立场，在权利规范、利益协调和机制保障上下功夫，适时制定出台"职业体育条例"以全方位规制中国职业体育发展，化解不必要的运行风险，促进职业体育勾连群众体育、竞技体育的价值实现，释放其在新时代体育强国建设中应有的新动能。

（二）创新我国职业体育竞赛组织，在科学化上下功夫

在中国，体育职业化是指部分专业化的高水平竞技体育项目转化为职业体育的过程。高度职业化的体育运动走向产业化的方向，最终形成了真正意义上的体育产业。体育运动项目职业化道路有两种，一种是以职业体育俱乐部为主体，如中超联赛俱乐部；另一种是以赛事组织为主体，如上海F1赛事、上海大师杯网球赛、北京国际网球公开赛等。现实中，两者走了两条不同的改革发展道路，前者往往在市场管理体制与机制上下功夫，后者则往往被作为打造品牌赛事来看待，割裂两者之间联系的局面亟待改善。而这也恰恰是后续中国特色职业体育建设的重要内容。职业体育改革问题是一个极其广泛的问题，以更好满足需要的竞赛组织科学化方向是极其重要一环。

职业体育的产生，首先是竞赛的专业化，要求球员的专业化、职业体育组织的专业化，商业化的组织模式开始进入职业体育领域；其次，管理运营的专业化，需要专业人员从事职业体育运营管理，职业体育经理人开始出现，组织复杂化，委托代理关系出现。伴随着中国职业体育的深入发展，科学引导各相关利益主体的发展，更好畅通要素配置和运作流程，依靠市场激发各种利益主体积极性，是下一步工作的重要内容。

第六章　新时代中国特色职业体育建设：路径与机制

职业体育竞赛组织的目的是为了满足社会大众观赏需求，或者说职业体育产品供给是以服务消费者为主导的。现实中，迎合主要消费者的利益取向，呈现随之改变而改变的特质。如早期的消费者以现场球迷为主，则职业体育重视赛事产品自身的叙事；随着传播媒介进入并成为大客户后，迎合传媒要求，或者改变规则（如 NBA 电视暂停等）或者改变形象（职业足球赛场的布置和用具球服颜色等差异化的要求等），创设更大的盈利。这是符合理性的选择结果。当前，随着数字时代的来临，网络成为新的载体，需要职业体育在竞赛组织上更加多元化。由是，面对中国互联网迅猛发展，新时代中国特色职业体育建设需要跟随时代发展脉络，沿着增设新体验、扩大社会大众参与度的改进路径，灵活赛事组织与运营方式。

此外，遵从职业体育的内在规定性，更多依赖社会和市场的力量，重新思考中国特色职业体育理论依托和实践路向成为必须。基于当前我国职业体育所处的特定经济社会环境，尝试建构中国特色职业体育发展模式，需要转变"大锅饭式"的职业体育均衡发展思维，把握数字经济时代职业体育发展规律，容许和鼓励少数联赛、少数俱乐部"先富"起来，做大做强这些"先富"者，然后"先富"带"后富"，也即利用"先富"打造有竞争力的职业赛事品牌，提高联盟竞争力、盈利能力，进而提升中小俱乐部生存能力，最终放大联盟规模效益。

（三）创新我国职业体育后备人才培养，在体系化上强保障

在西方，职业运动员作为具有特殊体育运动能力并以体育为职业的人，是由西方社会广泛认同的运动人（sportsman）演化而来的。早期西方体育运动员，多为具有社会地位（如贵族绅士），其余暇时刻的体育竞赛实践往往又带有贵族所特有的气质，并无形中型塑和彰显独特的体育精神。这一体育精神，涉及"技艺、技能""地位、资格、身份""伦理、规范"[1] 等特质。换句话说，由西方贵族主推兴起的现代体育，从其产生伊始就明显带有鼓吹绅士风度，宣扬具有伦理取向的体育风尚；而其参与者应展示出相应地技能、行为和举止以及被期望的伦理规范。随后，随着经济社会发展，特别是城市化的加速，绅士体育逐渐走向世俗化，大众体育参与得以蓬勃发展，竞

---

[1] 雷萍. 伦理、政治和体育家精神：19 世纪英国体育精神的伦理释疑［J］. 中国体育科技，2015, 51 (3)：121—126.

第六章 新时代中国特色职业体育建设：路径与机制

技体育运动出现职业体育分支。而且，不论职业体育运行目标、运行模式，抑或运行样态、运行机制如何演化，但是其内嵌与西方资本主义经济伦理之中的规定性，保障了其主体（职业运动员等）行为上的合规范性、合伦理性。由此观之，西方职业运动员从其产生开始就带有明显的合社会规范约束的伦理保障体系，且这种体系是内嵌于职业体育运行体系之中的，是自带的。同时，职业体育之所以能够跳出传统竞技体育的范畴，变为一种独立的、特殊运行样态，在于其运动竞赛的专业化、职业化，不是高精尖的运动人才是无法进入职业运动员领域的。换句话说，西方职业体育形成时，职业运动员就是代表着具有最高运动技能和职业意识的一群人，也正是在这个意义上，早期才出现关于奥运会职业运动员与非职业运动员的争论。而随着西方职业体育的发展，西方形成了较为成熟的运动员培养体系，并站在培养社会精英人才的思路上推进职业运动员的培育，将运动员培养成为一个融竞技能力、职业道德、社会责任于一体的全面发展的人。当前，主要用两者比较常见的职业运动员培养体系，一种是以学校为中心的模式，并支撑着北美职业体育联盟的发展；另一种则是俱乐部为中心的模式，在足球等欧洲职业体育联赛中广泛存在。当然，不论是哪种模式，其都带是顺应职业体育市场化发展实践中逐渐制度化的，并形成了程序规范和行为规范的双重保障体系。而且，正是这种嵌入式的协调均衡，保证了西方职业体育的全球领先地位。

依赖体制转轨而来的我国职业体育，在解决基本赛制设置、俱乐部建设和联赛运营建设的同时，逐级注重职业运动员培育工作，推出了一系列重要举措。在CBA，大学生运动员的选秀加入已经不再是新闻；在中超联赛，鲁能足校、恒大足校等已经被业界认同。当然，在肯定成绩的同时，必须清醒认识到：我国现有职业运动员综合素养已经远落后于职业体育发展的现实需求，职业体育深度发展迫切需要更多受高水平教育的运动员。厚重的职业体育人才积淀才是支撑我国职业体育发展及中国特色职业体育建设的关键。结合当前现实，创新职业运动员培养理念，重塑职业运动员培养体系，宜在以下方面下功夫：

（1）回归育人本质，明确职业体育后备人才培养目标。要将职业体育后备人才培养纳入整个国家青少年发展计划之中，摒弃为了培养"运动员"或者"体育从业人"的不良习惯，重回育人路径。为此，要以"全人"教育和终身教育理念，培养符合现代社会发展所需"四有"人才，这既符合国家社

第六章 新时代中国特色职业体育建设：路径与机制

会发展趋势，又突出运动员全面发展的先进理念。

（2）转变运动员培养理念、明晰培养路径。2021年举行的东京奥运会，充分证明了科学化训练在运动员培养方面的功效。这一成功的经验，值得我国全面推广，特别是在职业后备人才培养上更应如此，强化科学选材、科学训练、科学管理。同时，在凝聚各方共识之下，充分调动社会及个人参与职业体育发展积极性，以科学发展观为指导，统一培养路径与模式，发挥各培养模式实际效用，做到"人尽其才，物尽其用"。

（3）深度融合体育与教育两大系统，优势互补，资源整合，使人才培养全面高效。与此同时，要建构完善的继续教育体系。现有体制沿革缓慢的情况下，建立起高效的继续教育体系，以弥补培养路径中文化和综合素质教育的缺失，也不失为一种有效的措施。

总之，竞技体育职业化进程中，高质量人才培养是关键。亟需改变传统体育人才培养体制中"重训轻学"的培养理念，以培养全面发展的人为出发点，重塑人才培养路径；改变体教结合模式"鸡肋"的现状，有效促进体、教两条培养路径真正深度融合，形成运动员培养"体教一体化"的大格局。

二、以开放为支撑引领新时代中国特色职业体育向纵深发展

对外开放是我国经济社会快速发展的重要动力源泉，这是用了40余年实践证明的。进入新时代后，国内外形势发生了显著变化。国外层面，一方面是数字经济兴起，智能化提速，新工业革命到来，全球治理逐渐复杂化；另一方面是民粹主义抬头，逆全球化加剧，贸易摩擦，特别是中美关系变化，预示外部环境呈现恶化倾向。国内层面，新时代社会主要矛盾发生变化，满足人民群众对美好生活的需要对高质量发展提出了更高要求，而渐进式增量改革进程中累积的体制、机制问题，在经济不确定性中被进一步激发出来，并显示为运行风险加剧。面对百年未有之大变局，将对外开放进行到底，成为把握机遇应对挑战的重要支撑力量，也是全面深化职业体育改革、推进中国特色职业体育建设的题内应有之义。

诚如前文所揭示的，我国最早接触到的职业体育本身就是西方职业体育全球化发展的结果。20世纪80年代后期的NBA、意甲联赛开始通过中央电视台走进中国社会大众；而关于职业体育运营特征也伴随"兵败汉朝"的业

第六章 新时代中国特色职业体育建设：路径与机制

界反思变得清晰。这之后才有了中国职业体育的发展实践，从足球、篮球、排球，逐渐拓展开来。在一定程度上，国内层面改革开放在体育领域的尝试与国际层面的职业体育全球化扩展的一次相遇，催生了中国职业体育。当然，在中国职业体育发展过程中，西方职业体育不仅没有停止全球化发展，还变换了发展思路，值得重视。

（一）树立共生理念，引领新时代中国特色职业体育走向世界

全球化，作为当今人类社会生活、经济生产等实践活动的重要依存，在一定程度上预示人类能力的扩张。其中，最为显著的便是将人类利益结构的单位从国家中释放出来，使得各国利益高度交融的"地球村"成为可能。当然，多民族、杂信仰的人类社会，特别是经过国家发展"洗礼"后，如何保持这一利益链条的完整性、合理性，成为难题。现实中，贫富差距、环境污染等即是在为人类社会的可持续发展敲响警钟。求同存异，关注共同利益显然是切合全球化发展的。在这一方面，中国共产党和中国政府提出的"人类命运共同体"值得推崇。事实上，早在2012年党的十八大即提出："要倡导人类命运共同体意识，在追求本国利益时兼顾他国合理关切"[①]。关于人类命运共同体，习近平总书记[②]强调，"构建人类命运共同体，关键在行动"，指出："国际社会要从伙伴关系、安全格局、经济发展、文明交流、生态建设等方面作出努力"。具体来说，就是要"坚持对话协商，建设一个持久和平的世界"；"坚持共建共享，建设一个普遍安全的世界"；"坚持合作共赢，建设一个共同繁荣的世界"；"坚持交流互鉴，建设一个开放包容的世界"；"坚持绿色低碳，建设一个清洁美丽的世界"。在另一个层面，党的十八大以来，"共建、共治、共享"的社会治理理念与实践已经在中国产生显著的成效，有效增强人民群众的获得感、幸福感、安全感。

20世纪日本学者尾关周二在《共生的理想》[③]一书中，将共生与社会发展阶段联系起来，认为共生的三种类型，即圣域共生、竞争共生和共同共生，分布对于前现代社会、现代社会和后现代社会。按照苏国勋教授的解

---

① 中共首提"人类命运共同体"倡导和平发展共同发展[EB/OL]. [2012－11－11]. http://en.youth.cn/Inter_Channel/ads/201211/t20121112_2606611.htm. 2021－09－20.

② 习近平. 共同构建人类命运共同体[J]. 求是，2021（1）.

③ [日]尾关周二. 共生的理想：现代交往与共生、共同的思想[M]. 卞崇道等译. 北京：中央编译出版社，1996.

第六章 新时代中国特色职业体育建设：路径与机制

释，圣域共生更多带有涂尔干机械团结的意味，与宗教社会联系密切；竞争共生则是现代市场经济背景下的行动逻辑，遵循理性人立场在"看不见的手"指引下追求效益最大化；而共同共生则带有超越民族、国家，乃至人与自然关系的立场，强调和谐共生的价值，切合中国传统文化的思维模式[①]。诚然，我国职业体育的兴起发展于全球化潮流之中，是西方职业体育文化拓展的内在反应结果。后发性，是中国职业体育在全球体系中的基本定位。循此定位，在处理与西方关系上需要遵行共生发展理念。为此，首先要摈弃传统的单面思维，抛弃世界上只有一种职业体育运行模式和作用方式的固有观念；同时还要扬弃零和博弈逻辑，借鉴东方文化的历史综合逻辑，用和谐共生理念指引下的双赢、多赢游戏逻辑取代零和游戏逻辑，建立长期相互依存、共同发展、损益与共的运作方式。

其次，要跳出体育利益或者经济利益的职业体育全球化运作定位，转而放在文化全球化的立场之中思考。在文化发展层面，全球化实质上是不同文化相互传播、密切接触、多元交融、共同发展的过程，丰富生动、多元共生、更好满足多样化需求是全球化立场中文化运作之道。于是，在全球化这一实践之中，交流创造是主导的方向；相反统一、同化则意味着剥离了文化原本的色彩和土壤，其结果必然是导致文化的消亡。也即，出于满足不同地区、不同背景、不同诉求的需要，职业体育这一社会文化构建物也应遵循多样性的发展路向，以适应外部环境。

此外，树立大国担当意识，在重塑职业体育世界体系实践中锤炼本领，切实提升自身实力和影响力，引领中国特色职业体育走向世界，成为展现中国特色的一张新名片。俗话说，"打铁还需自身硬"，"没有金刚钻不揽瓷器活"。在世界多极化、复杂化不断加剧调整时期，唯有中国职业体育展现了超出常态的竞争力、具有了足够的话语权，方能在全球化实践中发挥其功能。于是，立足自身发展，在全球化大潮中锤炼本领，是中国特色职业体育建设的重要内容和任务。

（二）跟随全球化潮流，拓展新时代职业体育对外开放宽度

诚如前文所述，全球化所引致的职业体育现实发生着，从资源链、价值链到产业链。而且全球化实践中职业体育的产业链整合，不仅发生在联盟

---

① 苏国勋. 社会理论与当代现实［M］. 北京：北京大学出版社，2005：181-189.

第六章 新时代中国特色职业体育建设：路径与机制

内，还实实在在地型塑和维系着全球职业体育产业链结构体系。在这样一个层次化体系中，各国职业体育根据自身的竞争力、对产业的影响以及其他相互关系，选择性（或被选择性）地占据特定位置，共同遵循品牌规则，维系全球范围内的职业体育大产业。当然，由于西方职业体育的先发禀赋，在曝光度、影响力等品牌力方面具有明显的领先优势，这直接决定了它们占据第一梯队，而其他国家联赛为辅助补充的职业体育布局特征。以职业足球为例，赛事供给链的主体是欧洲五大联赛；人才供应链以欧洲和南美为主体；赛事需求则扩展到全球，形成了一个较为完整的产业链体系。

当然，职业体育全球化也不是一成不变的，相反根据现实需要时刻发生变化是常态。于是，把握世界潮流，优化发展路径，在融入全球化进程中，最大限度提升中国特色职业体育建设水平，需要进一步反思我国职业体育改革实践，以更加积极的心态去应对全球化，以期在对外开放中实现推进中国特色职业体育建设的目标。

1. 反思发展定位，以全球视野定位我国职业体育发展目标

从发展定位上看，我国职业体育仍具有传统性。或者强调竞技体育节约化发展，提供一种新的后备人才培养模式；或者认为适应时代需要；提供认为一种可资满足人民群众观赏需求的体育娱乐产品，丰富了社会大众生活；或者在全球化进程中，认为别人如此我们也应该如此，而且这种模式可以带来较为可观的经济收益，顺应了中国经济社会发展的取向。

发展大潮瞬息万变，与之对应的发展战略（机遇）也顺应之变幻莫测。现实中我国职业体育没有形成与全球化（特别是全球职业体育价值链体系）相吻合的目标体系；在具体发展目标上至今仍未超出商业体育与专业体育之辨，加之诸如服务新时代体育强国建设、满足人民对美好生活中的高水平赛事观赏需求等目标过于宽泛，职业体育不同主体理解有别、目标有异，致使我国职业体育错失了跟随世界职业体育以产业链打造为中心的现代性改造以及融入世界职业体育发展潮流的参与式竞争实践。面对当前西方职业体育的有序发展与适时转型，作为后发者，我们需要准确把握全球战略定位和当前地位，摆脱类西方职业体育"零和博弈式"的强权意识，促进谋求世界职业体育共同发展的大国意识形成，在更好满足世界各族人民对赛事消费的需求实践中改写全球职业体育产业链，并在这一实践中形成与国家地位相匹配、具有中国特色的职业体育体系。

第六章 新时代中国特色职业体育建设：路径与机制

2. 反思发展模式，把握时代特质提升我国职业体育发展水平

后发的我国职业体育，由于产生方式、管理体制、发展周期等原因，仍处于寻求切合的发展模式阶段。现实中，举国体制与市场机制之间协同融合机理有待探解，政府、协会、联盟、俱乐部等相关主体之关系尚待进一步明晰；而过度关注与依赖政府，在一定程度上制约了我国职业体育对社会与市场变迁的灵动把控。更为关键的是，我们对职业体育全球体系的认识更多的是基于静态的判断，即认为职业体育是立足于传统的以球场为中心的运作方式，没有意识到新时代职业体育的一系列变迁，特别是数字经济、社交媒体的功用。同时，也没有意识到全球范围内职业体育是个大产业，存在明显的产业链体系，形成较为稳定的价值整合和增殖结构。打破这种全球范围内的产业闭环结构，需要突破口，而恰恰这是中国所拥有的，即我们有特别广阔的消费市场。于是把握时代消费需求变化特征，针对性进行调整优化成为应对全球化推进中国特色职业体育建设所需要关注的重要内容。

从发展方式上看，我国职业体育带有明显的西方借鉴色彩，没有形成根植于中国职业赛事需求实际的运作模式。在联赛层面，忽视具有中国特色的职业体育赛事营商环境打造；在俱乐部层面，则显示为运营工具性突出，俱乐部投资、俱乐部冠名、主场设置等更迭频繁，忽视职业体育无形资产打造，更没有把握当前信息时代的品牌运营的基本趋向。中外职业足球俱乐部疫情期间的社交媒体互动状况大体可以证明这一点（见表6-3）。扭转这一局面，需要顺应数字经济运营方式，把握全球化、数字时代职业体育运营规律，研究利用中国市场潜能和政策优势，依靠强势的赛事消费引导职业体育市场生产；同时，需要规范我国职业体育营商环境，并从商业和传播两个层面入手促进资源整合，型塑中国职业体育核心竞争力。

表6-3 疫情期间中外职业足球俱乐部新浪微博互动情况统计（2020年4月）

俱乐部	粉丝数（万人）	互动情况			
		互动总频次	动态分享	视频分享	交流互动
广州恒大	789	8	5	0	3
上海上港	84.8	8	7	0	1
北京国安	537	25	24	0	1

第六章 新时代中国特色职业体育建设：路径与机制

续表

俱乐部	粉丝数（万人）	互动情况			
		互动总频次	动态分享	视频分享	交流互动
江苏苏宁	200	77	36	1	40
巴塞罗那	790	175	90	43	42
利物浦	319	247	97	97	53
尤文图斯	267	202	66	67	69
拜仁慕尼黑	406	356	218	58	80
巴黎圣日耳曼	180	192	68	23	99

数据来源：相关俱乐部新浪微博数据，统计时间为 2020 年 5 月 3 日。

3. 反思发展重点，转换对外开放逻辑加强我国职业体育国际竞争力建设

职业体育是一个较为复杂的运行系统，运动竞赛、俱乐部联盟管理、商业运营及市场治理，涉及面广，运营复杂。我国职业体育从早期搭建竞赛体系，到推进产权和要素市场建设，再到运营管理体制建设，不同阶段发展重点不一，且取得了极其显耀的成绩。其间，积极融入国际市场，也取得了进步。如中超联赛的国际排名不断升高，众多国际球星效力中国联赛。当然，需要指出的是，当下我国职业体育领域的对外开放更多还是停留在国外生产要素与国内市场之间的结合上，引进高层次教练、球员无一不是如此。这种开放带有一定的"对内开放"色彩，而且其深度明显不足，后续如何深入推进显然关乎我国职业体育核心竞争力。

为此，一方面要进一步推进对内开放的力度，从单纯引进国外运动员（外援或者归化）向引进或共建运动员培养体系、训练基地等综合体系发展，并且鼓励海外资本投资中国职业体育俱乐部，参与运营中国职业体育联盟，借助海外资本的进入，学习国外职业体育运营经验与管理技术。另一方面，向外走出去，积极参与国际竞争，在竞争中锤炼本领，改进不足，实现与国际接轨，与国际同步。

4. 反思发展路径，转变思路主动融入数字时代全球职业体育价值链重塑实践

沿承传统改革路径，在取得成绩的同时必须认识到：制约我国职业体育发展的关键环节是无法通过借鉴西方模式或者遵循渐进式发展路径即可有效化解的。同时，要认识到我们引进国外职业体育产品，不仅是为了丰

第六章 新时代中国特色职业体育建设：路径与机制

富国内赛事资源，也不仅是为了培育赞助商、转播商及相关中介机构，培育和发展中国职业体育消费市场、创新与提升中国职业体育运营水平才是其根本目的。

为此，要把握数字时代职业体育品牌运营规律，主动融入全球化职业体育品牌价值链体系，积极发挥中国超大市场牵引作用，吸引高流量、高附加值的高端要素资源为我所用；同时要摆脱惯性思维，充分利用我国的制度优越性，积极解决诸如后备人才培养、职业体育市场盈利能力和治理能力提升等"卡脖子"问题，引领相关职业体育联盟（俱乐部）进行产品升级和市场升级，走出价值链的底部困境。

（三）强化营商环境建设，推进新时代职业体育对外开放深度

诚如前文所强调的，营商环境不佳是当前我国职业体育的重要社会现实。然而，它却与全球市场竞争关系密切，有无良好的营商环境，直接决定着我国职业体育市场开放的深度和效度，因为开放也是需要条件，基本要求就是规则一致。降低风险、缩减成本，与职业体育发展相适应的治理体系和治理能力，在全球市场中是以营商环境显现出来的。然而在法治中国、体育强国建设进程中，当前我国职业体育边发展边治理的同时还需应对全球化的影响；加之基础性构件建设不力，人财物信息等关系职业体育有序发展的"四梁八柱"面临着"地基不牢"的状况，这无形中增加了我国职业体育营商环境建设的复杂性，更加凸显了相关建设的必要性和紧迫性。而且职业体育营商环境建设关涉甚广，不仅涉及对多元主体的激励与约束，还涉及从组织、制度等多种机制，更为重要的是营商环境建设实践往往是一个复杂的推进过程，与职业体育其他相关改革有着极为密切的套嵌关系。这也意味着，我国职业体育营商环境建设，还需回到我国职业体育改革发展实践中，把握制约其有序发展的痛点、堵点，并基于此精准发力。

1. 把握服务面向，整体谋划推进职业体育营商环境建设

诚如前文所述，职业体育营商环境建设的目标导向上带有明显服务市场主体的规定性。发挥市场的决定性作用，服务市场主体、借力市场主体，助力职业体育高质量发展应成为职业体育营商环境建设的基本坚守。这就要求，推进职业体育营商环境建设中，要理清职业体育营商环境建设、职业体育改革、职业体育发展之间关系，明确改革为了建设、建设的目的则是发展这一基本逻辑。实践中，树立以市场主体力量是否有效发挥、职业体育是否

第六章　新时代中国特色职业体育建设：路径与机制

有效发展为建设成效的判断标准；相反，一切围绕职业体育营商环境打造的举措都不可以喧宾夺主，消解市场的力量，更不可以以影响职业体育长远发展及其相关主体利益。

鉴于我国职业体育营商环境建设的起点较差且带有复杂性的特质，宜沿承和遵循渐进式改革路径，"按照一定层次"科学谋划扎实推进。当然，这种层次序列不仅体现在要遵守先易后难的原则，更要结合我国职业体育发展问题和职业体育市场结构形成规律。宏观层面，首先应该继续强化职业体育市场氛围打造，将职业体育市场"做热""做大""做强"。只有职业体育这个"蛋糕"做好了，有了赚钱效应，后续改革才有依托，才有可能进行下去。这就要求职业体育相关管理、运营部门不能冒进，要把握好改革的时机和节奏，避免一个立意很好的改革政策（如足球俱乐部名称中性化改革）出台，却引致职业体育（俱乐部）投资者、赞助商等纷纷"离场"局面的出现。同时，要进一步加强外周软环境建设，择机再推进相关体制和机制改革。考虑到我国职业体育发展进入深水区，存在一定程度的既得利益干扰问题，当前搭乘法治中国建设的"快车"，进一步加强职业体育相关制度建设，并增强制度执行力可能是明智的。而中微观操作层面，宜在前期职业体育市场创建和俱乐部（联赛）所有制完善的基础上，分"两步走"推进职业体育市场及其支撑体系建设。第一步借力全面深化改革的"政府再造"实践推进职业体育关涉资源的价格机制搭建，着眼于解决包括运动员、体育场馆、安保服务等价格信号失真问题，让供需关系、成本收益成为决定职业体育资源配置的有效力量。必要时，可以进一步优化职业联赛准入制度，给职业体育联赛结构性"洗牌"创设条件。第二步则在健全的职业体育赛事市场和要素市场发育成熟基础上，围绕俱乐部和联盟构建职业体育利益共同体。而伴随我国职业体育统一开放、竞争有序的市场体系和宏观治理支撑体系的形成与完善，一个切合我国国情且有国际竞争力的职业体育营商环境也即基本成型。

2. 明确利益各方定位，科学谋划推进职业体育营商环境建设

旨在消解运行中不确定性的营商环境，关乎职业体育竞争力，其反映的是职业体育运营综合生态，关涉职业体育多主体的利益。这种公共产品属性，意味着需要职业体育相关利益主体共同努力、协作搭建。换句话说，职业体育营商环境建设不能仅仅依靠某单一主体的努力。事实上，当前阻碍我

第六章　新时代中国特色职业体育建设：路径与机制

国职业体育发展的关键因素在于政府与社会组织、市场组织之间的关系不清。也即，后续明确各方主体利益关系成为我国职业体育营商环境优化建设的关键，进一步讲，需要多策并举明晰政府、单项协会、职业体育联盟（俱乐部）之间权责利关系。当然，职业体育营商环境建设又不能仅依靠市场力量，需要政府首要责任的发挥和主动作为，同时，社会相关利益主体的有效参与具有重要意义。由是，基于激发各关涉主体效用，考虑到中国职业体育营商环境建设的特殊性和复杂性，宜坚持以政府主导推动、市场内生力量发挥及社会有效参与的建设策略。

对于政府主体来说，首先需进一步明确自身服务型角色定位。跳出单纯体育部门的片面思维，联系经济、法律等相关部门，积极为后发的我国职业体育市场主体出谋划策，解决其现实问题。比如推进税费改革，为职业体育赛事供给与消费正税减费；推进"放管服"改革为市场主体打造公平、高效的市场环境。其次，有效搭建"一项制度、两个清单（权力清单、责任清单）"的权责体系，同时强化法治引领作用，将公平竞争理念贯彻到职业体育赛事生产、运营和消费的全流程，加大对诸如球员转会、电视转播、赞助营销等职业体育重点领域的监管和执法力度，推动联合惩戒制度建设，完善职业体育仲裁制度和纠纷解决机制，形成"事前—事中—事后"一体化的法治防范与处置机制。此外，还应基于体育赛事和体育市场运营特点，并针对职业体育特色，从其相关市场主体角度出发，基于政府、单项协会、职业体育联盟、职业体育俱乐部等主体职责，积极研究制定落实《优化营商环境条例》实施方案，给出具体可行的推进方式和保障举措，形成路线图和时间表。对于市场主体来说，深刻把握职业体育市场运营规律，自觉将公平竞赛、平等竞争的理念运用于运营实践中，尤为重要。事实上，从学理上讲营商环境打造的内在动力源自职业体育市场主体，它们有迫切愿望打造良好的营商环境，消解运作中的成本问题和不确定性问题，实现投资职业体育的效益最大化。当然，鉴于我国职业体育的后发性以及转型发展特性，其建设的关键又在联盟。为此，要强化联盟建设，使得联盟真正成为代表俱乐部利益且有助于利益共同体形成的组织，并基于自身的能力提升开创我国职业体育有序运营、诚信自律、积极进取的格局。同时，要进一步明确联盟与俱乐部之间关系，增强联盟的代表性。在此基础上，联盟应制定职业体育运营中的"黑名单制度"，强化对职业体育运营秩序的维护，引导俱乐部根据职业体育

第六章 新时代中国特色职业体育建设：路径与机制

赛场和市场运营规律，破除和杜绝"涸泽而渔"、恶性竞争等不良倾向，真正成为事关职业体育长效发展的负责任俱乐部。而对于社会组织而言，在民商事关系体系中，当前极其重要的事情即是明确单项协会的定位问题，真正改变过去"二政府"的做法，消除隐性壁垒，放权于市场主体，相信并依靠市场力量实现中国职业体育的第二次改革。

3. 借力全面深化改革，系统谋划推进职业体育营商环境建设

我国职业体育营商环境建设，离不开其嵌入的社会背景。当前我国职业体育改革正处于一个特殊阶段，也即全面深化职业体育改革阶段。中超联赛、中职篮相继推行了管办分离改革，而中国足球协会、中国篮球协会等单项协会已完成了去行政化，协会与政府脱钩成为社会组织。诚然，全面深化改革是我国渐进式改革所必须经历的特殊阶段，标志着我国从经济改革、社会改革向着更加复杂化的政治改革及其联动的政治、经济、社会全面协调改革迈进。全面深化改革，以政治改革为切入点，更多强调政府职能转换，大力推进一系列相关改革举措。如"放管服"改革，也即"简政放权、放管结合、优化服务"，作为适应经济社会发展的重要举措，立足于消解长期存在的政社不分、政企不分以及市场活力不够和决定性作用发挥不力问题，站在完善政府、社会、市场关系的立场上推进服务型政府建设，并强调借助体制、机制改革，型塑适合市场主体的制度环境。也即，全面深化改革，实践主体落在政府上，强调政府的主动改革，放权让利的同时主动作为，主动消减不适合的制度障碍，打造透明高效的服务型政府，切实提升公共服务水平是其重要内容。进一步讲，以降低市场主体制度性交易成本为核心的全面深化改革，与营商环境优化存在逻辑上的一致性。

借力全面深化改革，科学谋划推进职业体育营商环境建设，首先要破除阻碍职业体育有序发展的体制机制因素，释放营商环境优化的内在动力，建设竞争有序的市场环境。策略上，首先要进一步深化行政改革，对政府进行必要的约束与激励，打造透明高效的政务环境，促进政府—市场—社会高效融合；同时，强化"放管服"改革后对社会组织（如单项协会等）、市场主体（职业体育联盟等）的必要监管与帮扶，激发市场内生力量，打造职业体育有效治理体系。其次，要保障政策推进的自主性。我国职业体育从其产生伊始就与政府及其相关政策密不可分，从职业俱乐部建立，到职业联赛成型，再到职业联盟打造，都是政府以一系列优惠政策诱导相关利益主体顺应

第六章 新时代中国特色职业体育建设：路径与机制

改革的结果。而作为政府顶层设计推进的改革，必须保证"政府的自主性"①，并以此消解利益集团的侵蚀与制约，避免改革成果落入既得利益者手中。由是，全面深化我国职业体育改革，推进营商环境优化宜遵循相似原则，注重行政主体的自主性，保障政策公平性和连贯性，避免管办分离改革后的协会、联盟落入利益集团的陷阱中，成为干扰营商环境的因素。策略上，以营造政策软环境为目标，推进政策干预向规划引领和制度约束激励转变，是基本趋向。此外，要加强职业体育领域诚信教育，形成从赛场到市场"一条龙"的诚信教育体系。重点把握与解决从被动遵法到主动守法的法治意识培养问题，因为法治水平可能不仅表现在法律制度体系的完备程度上，还体现在法律制度执行效力的高低方面。对于后者而言，自觉守法，诚信运营显然是经济的。但是，对于职业体育这样涉及面极广、利益相关主体复杂的运行体，如何进行有效的法治教育似乎本身就是问题——是有待宏观法治教育推进后衍生效应，还是需要逐次展开，甚至设置必要的准入制度，值得进一步研究。

三、以法治为重点助推新时代中国特色职业体育治理现代化

新时代中国特色职业体育必然是有秩序的，需要借助法治建设加以实现。事实上，随着职业化的深入，我国在职业体育市场法治化方面做了大量的工作，从早期的职业体育俱乐部实体化改革、到后来的职业体育领域"假赌黑"整治、再到职业体育市场运营规范（联赛准入条件、体育黑名单制度等）。可以说，职业体育市场运作混乱问题基本得到化解，一个维系职业体育有序运行的机制及其治理体系基本搭建完成。当然，需要指出的是，前期相关法治建设，不论是处置产权不清引发的利益冲突与纠纷，还是消解制度约束不力引发的恶性竞争问题，更多站在规范市场的立场，与职业体育治理现代化所需要的市场规范之间尚有很大距离。规范市场与市场规范，貌似相近，实质差异甚大，因为前者立足现实问题解决，多是通过利益协调平衡机制来实现的，带有明显的行政手段作用色彩；而后者则更贴近法治的本源，从保护合法权利的角度创设良好的市场环境，促进有序竞争的市场局面形成。当然，实践中市场规范的形成多是建立在规范市场（或者说市场问题解

---

① 刘坚. 改革思想录：《经济观察报》学者观点[M]. 北京：当代中国出版社，2013：173.

第六章 新时代中国特色职业体育建设：路径与机制

决）基础之上的，通过框定与保护各方权利，型塑与维护有序运行的市场秩序。从这个意义上讲，从规范市场到市场规范，以法治建设为抓手推进职业体育治理现代化优化还有很长的路要走。

（一）消解社会需求满足的不确定性：新时代中国特色职业体育法治建设逻辑

波兰尼在《巨变》中细致分析了工业革命前的经济社会运行特征，认为经济活动依存于社会、宗教和政治之中，"财物之有秩序的生产和分配是经由一般行为原则所控制之各式各样的动机而得到的。在这些动机中，图利并不是很突出。习俗与法律、巫术与宗教都互相配合来诱导个人去服膺一般的行动法则"，而经济活动是"依互惠、再分配或家计或三者之混合的原则组织起来的"①；情况的改变是19世纪的事情，市场的定价功能显性化深入并影响经济生活，新的社会逻辑就此产生。与此类似，职业体育的市场性表现历程也具有这一特征。早期俱乐部色彩的竞赛运动并非是为了赢钱或者是赚取利润，而更多的是为了实现社会区分的价值。此时，即便是出现了一些职业运动员，他们的聘用、收入也非遵循市场机制，而取决于俱乐部所依托的贵族阶层的经济实力、社会地位。同时，此时俱乐部之间的比赛也非单纯为了钱。后期，伴随社会需求的变迁，特别是城市化、市场化推动的体育消费兴起，市场逐级占据主导，资源要素随之货币化，新的逻辑产生，职业体育真正出现。而贯穿职业体育发展历程的根本即是社会需求的满足逻辑，是其变化催生了职业体育，并以组织治理、市场治理的方式保障需求的确定化。

孕育于举国体制之中的中国职业体育，从源头上就带有伴随国家或政府需求的变迁逻辑，遵循工具性思维，发展职业体育是为了服务于"奥运争光"、体育产业，乃至体育强国建设。后续的相关改革实践，也大多遵循这一逻辑，即便是近年的体制改革，也往往以更好办赛、更好运行、提升竞争力为出发点，关注的需求更多是投资人或政府的，而对社会大众观赏需求和生活方式引导的关注极少。如近年标志性的政策——《国务院关于加快发展体育产业促进体育消费的若干意见》（国发〔2014〕46号），也带有明显供给侧改革的色彩，在"推进职业体育改革"条款中无"社会大众""观赏""消

---

① ［英］卡尔·波兰尼. 巨变：当代政治与经济的起源［M］. 黄树民译. 北京：社会科学文献出版社，2013：126—127.

第六章　新时代中国特色职业体育建设：路径与机制

费"等字眼出现即是明证。这种以解决"如何生产""生产什么""如何进行生产优化的制度保障"为理念的实践，无形中割裂了供给与需求之间的关系，背离需求引领市场主体行为选择的一般规律，加之初创的中国职业体育市场主体自我把控能力不足，最终引致过度市场化与市场化不足同步存在、市场竞争与身份权利竞争夹杂共生局面的出现。

明晰了上述逻辑，接下来该如何做呢？事实上，2017年10月，党的十九大提出了新时代坚持和发展中国特色社会主义的基本方略，明确"新时代我国社会主要矛盾是人民日益增长的美好生活需要和不平衡不充分的发展之间的矛盾"，强调新时代中国特色社会主义建设应"坚持以人民为中心的发展思想""坚持全面深化改革""贯彻新发展理念""着力构建市场机制有效、微观主体有活力、宏观调控有度的经济体制""推进经济持续健康发展"，建设现代化强国。这无疑为中国职业体育市场治理优化指明了方向，顺应新时代要求回归人民需要，迎合社会大众对美好社会需要中的体育观赏消费需求和城市化进程中的生活方式转变需求，做优赛事，拉近与社会大众之间的距离、消解由此衍生出的不确定性是关键。于是，转换发展逻辑，从供给侧管理向需求侧管理转变，制定以满足社会大众观赏需求的职业体育改革方案，强化法治建设，出台规范职业体育有序发展刺激政策，是推进职业体育治理现代化实现中国特色职业体育建设目标需要重点考虑的问题。

（二）完善治理体系和治理能力：新时代中国特色职业体育法治建设核心

与其他社会领域一样，竞技体育的职业化、专业化发展实践必然伴生相关利益关系的复杂化，不仅要解决赛场内的体育问题，还要解决赛场外的市场问题。当然，更重要的是，两者一旦结合起来，则原来的单纯体育问题也变得复杂起来，往往无法通过体育规则完善、体育仲裁制度实践加以化解。这也意味着，区别于传统的竞技体育样式，职业体育的涉及面更广、问题也更复杂。对于现代社会而言，面对复杂化的利益关系，最有效的解决方式即是建立完备的法治体系。在全面深化改革推进中国特色社会主义建设新时代，我国先后出台了《中共中央关于全面推进依法治国若干重大问题的决定》《中共中央关于坚持和完善中国特色社会主义制度、推进国家治理体系和治理能力现代化若干重大问题的决定》，将"坚持和完善中国特色社会主义法治体系"作为"推进国家治理体系和治理能力现代化"的重大举措。在职业体育领域，虽然前序改革已取得较为显著的成效，但是由于历史传承、

第六章　新时代中国特色职业体育建设：路径与机制

时代背景等多元原因，依法治体、有效秩序格局并未完全形成，多元利益之间博弈时有发生，显示我国职业体育治理能力和治理体系建设存在尚待改善之处。推动我国职业体育高质量发展，构建中国特色职业体育需要强化法治建设，助推中国特色职业体育治理体系和治理能力建设。

1. 加快形成完备的职业体育法律规范体系

从法律层面看，由于我国竞技体育职业化不同阶段所面临的主要矛盾不同、所要解决的问题也不同，法律制度建设的侧重点有差异，从早期的职业化可行性、合法性，到组织规范、赛场内外秩序建构，再到资源效用调配的法律保障。进入新阶段后，以谋求高质量发展、建构中国特色职业体育为旨趣，职业体育法治体系建设的侧重点又主要体现在以依法治理为特征的管理体制优化、完整职业体育法权关系确立及法治运行体系建设上。遵循开放、包容、以人为本的理念，强化对依法运营形成平等的法律保护，以具有完整性的职业体育法治体系建设为导向，侧重于对职业体育主体规则平等的关照，促进职业体育资源配置效率提升和可持续发展。

另外，基于保护权利而非利益的立场，职业体育法治体系建设不仅要建构市场主体之间横向法律关系，还不限于纵向管理法律关系，而是要构筑一个纵横双向、民商交涉的嵌入式结构关系，形成中国特色的职业体育市场运行规范体系。而这样一个既能有效保障职业体育各方权益、又能充分释放各市场主体活力的职业体育法治体系，可以释放保障中国特色职业体育有序发展的力量。

2. 有序推进高效的职业体育法治实施体系

诚然，法治实施体系包括执法、司法和守法等诸多环节[1]。但是，其宗旨上是服务和保障人民根本权益，体现法的精神，维护社会公平正义。反映到职业体育具体实践中，具有明显市场属性的职业体育需要遵循市场经济的一般规律，重视法治服务市场运行的本质规定性。当然，后发的尚待完善的中国职业体育法治实施体系建设，还需树立服务于职业体育改革发展的理念，推进形成依法治体的正当法律程序。如此，高效的职业体育法治实施体系，体现在以职业体育治理能力和治理体系现代化建设为目标导向，强调以法律制度建设保障公平竞赛和公平贸易，维系职业体育自我生成系统的良性

---

[1] 周强. 形成高效的法治实施体系 [J]. 求是，2014（22）.

第六章 新时代中国特色职业体育建设：路径与机制

运作，可以有效促进职业体育的有序健康发展。

具体行动转向上，首先要强化透明职业体育组织建设，以走向体育协治为行动路向，落实"管办分离"和"放管服"改革成果，在法律框架内明确各相关利益主体职责，充分发挥协会功能和市场对资源的决定性作用。其次要借助信息化、大数据平台建设，突出职业体育运营、监管的公开透明性，更好满足各方对职业体育相关法律问题裁决、执行、实施的参与和监督。此外，对于职业体育法治实施而言，没有违法显然是经济的，或者是说职业体育相关主体都能自觉守法，诚信运营显然是经济的。当然，对于职业体育这样涉及面极广、利益相关主体复杂的运行体，如何进行有效的法治教育似乎本身就是问题——是有待宏观法治教育推进后衍生效应，还是需要逐次展开，甚至设置必要的准入制度，值得后续研究。

3. 着力搭建严密的职业体育法治监督体系

职业体育治理现代化的实现，仅仅有赖于完备的制度体系和高效廉价的实施体系，还是远远不够的。职业体育的运行，乃至法治化运行都离不开各类相关利益主体的参与，离不开体系内多元机制共同作用，以实现应有效果。如此，杜绝执法不严、执法不公等违背法治精神与原则出现，需要有一个严密的体系予以保障，这一体系即职业体育法治监督体系。

从监督客体角度看，该体系至少要解决两类主体的问题：一是市场主体；二是政府及其他服务主体。对于前者，借鉴体育领域推行的"黑名单"制度是必要的，也即建立职业体育的黑名单制度，用以规范市场运行行为。对于后者来说，则要形成依法行政、依法作为的政府履职法律规范体系，依法发挥政府作用，保障政府宏观调控、市场监管、市场秩序维系等方面的职责有效发挥，弥补市场不足，同时约束政府自利性，使其专注于促进职业体育高质量发展事务。

4. 积极建设有力的职业体育法治保障体系

现实中，推进我国职业体育市场规范发展，建设有力的职业体育法治保障体系，至少需要在两方面上下功夫：一是形成有效的职业体育权利保障体系，建构明晰的以公平为导向的产权保护制度和法律保障制度，加强对职业体育投资主体、市场运营主体及参与主体权利保障，同时清除有违竞赛公平、市场公平的法律法规及相关部门条款。二是具有完备的职业体育有序市场运营的法律保障体系，明确各相关利益主体责任，保障职业体育遵循以市

第六章 新时代中国特色职业体育建设：路径与机制

场竞争为核心、以市场契约、诚实守信为特征的市场运行规范，促进职业体育相关人、财、物、信息等资源要素平等使用、自由流动、公平交易。

（三）强化中国特色化治理：新时代中国特色职业体育法治建设重要议题

明晰了中国职业体育市场治理优化理念和机制依赖后，接下来就需要探讨如何进行优化的问题，其中完备的市场治理体系是首先需要重视的议题。中国职业体育作为一个后发的运行模式，处于发展与治理并存阶段，从逻辑上看，中国的问题首先是发展的问题。这决定在相对长的时间内，发展仍是中国职业体育的第一要务。站在谋求发展的思路上，基于当前中国职业体育市场治理困境，我国职业体育需要重点解决以下三个基础性建构。（1）职业体育市场支撑系统的结构重塑，涉及政府职能转变、社会氛围培育、电视转播等媒介通道建设以及青少年人才体系与国家队建设等，其目的是保障职业体育有存在的必要性、职业体育产品可以生产、交换和消费。（2）市场培育工程建设，其主要目的是设法为职业体育市场主体提供稳定的市场运行机制，以使得市场竞争得以可能以及市场竞争稳定化、常态化，内容上包含赛制建设、俱乐部建设、运行管理组织建设等。（3）稳定的社会制度建设，以保证其互动的正常化、去风险化，以使市场主体遇到的问题可以得到有效解决，其中不仅包括市场制度，还包括规定政府与社会关系的制度。当然，上述三个方面仅仅是纠正了我国职业体育建设中更多关注市场结构建设而忽视其深层次支撑体系建设的问题，本质上讲，还是在市场生成与演化范畴内进行的相关尝试，唯一不同的是使得市场更为饱满，市场内含的诸如声誉、市场规则可以更高效作用。而对于深层次问题，即我国职业体育存在市场竞争与身份权利竞争并存问题，需要进行顶层设计上的改革。因为，身份权利竞争无法在市场范畴内进行有效化解。

当然，如何看待中国职业体育领域的身份权利竞争的本体效用，是进行顶层设计首先需要加以明晰的，因为一旦身份权利竞争本体上存在问题则意味着需直接加以消除，而如果它还有一定的价值，则变为如何合理加以利用的问题。诚如前文所述，中国职业体育领域的身份权利竞争问题不是继发性问题，而是根植于历史传承实践的。竞技体育职业化改革前，中国体育建设已然取得了丰硕成绩，不仅显现在奥运会的成绩，还显示在完善的中国体育赛事结构上，从县区运动会、到市级运动会、省级运动会、再到全运会，形成了国内练兵、一致对外的竞赛格局，而团体项目的全国联赛，不论是足

第六章　新时代中国特色职业体育建设：路径与机制

球、篮球、排球，还是其他项目都有较为成熟的竞赛体系，唯一不同的是赛事更多的是在体制内，或者说是没有今天职业化时代明显的经济利益诉求的。此时，支撑赛事有序运行的是行政机制，或者说一种更加明确化的身份权利竞争机制。而职业化改革实践中，以市场经济为目标的发展取向，追求更多市场性，正是在此前提下，身份权利竞争的弊端才体现出来。从这个意义上讲，身份权利竞争本身是没有问题，现有的问题是因为它不适合我国职业体育未来发展取向。进一步讲，如何约束其弊端和消解其对职业体育市场化发展的抵消作用，可能是合理的。那么，接下来该如何做呢？

在制度经济学领域，往往以工具性为依托，将治理结构在三个层级上进行类分，即市场制、混合制和层级制，而且它们之间的适应性是有显著差异的，其中市场制在适应自发（autonomy）经济中具有优势，而层级制在适应协调（coordination）性质方面具有优势，混合制则介于两者之间，具有过渡性色彩[①]。换句话说，在不同的经济发展维度下，应差异化的选择有针对性的治理结构，以实现边际效用的最大化。在中国经济社会发展中，还有学者[②]即将其认定为一种混合经济模式，即由战略性的中央政府、竞争性的地方政府和竞争性的企业三者构成的三维结构体系。其中，竞争性的企业主体提供市场活力和发展动力，竞争性的地方政府提供和谋求创设有利于经济发展的社会保障和公共服务，而战略性的中央政府则把控市场竞争存在的盲目性及无序竞争问题。这样的一种经济制度安排，不仅有效化解市场经济发展中系统风险（如资本过分逐利性及其带来的两极分化和经济危机），还克服了政府行政机制的短处（如资源配置效率低下、行动呆板等），并保障了中国经济的迅猛发展和竞争力的不断彰显。更为笼统地讲，中国经济快速发展的模式选择中即是融合了市场竞争和身份权利竞争的，并分别由竞争性的企业主体和竞争性的地方政府提供，而其之所以成功的关键即在于身份权利竞争的目的性把控上，从资源争夺变为服务经济整体的有序发展，并依靠战略性的中央政府的高效把控实现。一方面符合中国国情民情，与中国经济改革、社会改革与政治改革有效切合，同时兼具开放性和与时俱进特征；另一

[①] [美] 奥利弗 E. 威廉姆森. 治理机制 [M]. 石烁译. 北京：机械工业出版社，2016：103—107.

[②] 史正富. 超常增长：1979—2049 年的中国经济 [M]. 上海：上海人民出版社，2013：35—36.

第六章 新时代中国特色职业体育建设：路径与机制

方面则有效约束了身份权利竞争的破坏性，转而将身份权利竞争的冲突保持在市场竞争秩序的范围内。这种基于中国现实的发展方式和治理模式，对中国职业体育市场治理具有明显的启示意义。

诚然，职业体育是具有明显的市场取向的运行体，市场竞争是支配其有序发展的基本法则，只要创设有利于基本决定律实践的空间，职业体育即可按照市场规律寻求不断地发展与成熟演化。进一步引申可以认为，基于中国现实，将身份权利竞争控制在市场竞争范畴内，进而形成中国特色的职业体育混合治理体系是明智之举。而一旦认同混合治理，则意味着未来治理操作层面的问题不再是给出政府与市场、社会组织之间的作用边界问题，而是强调各自的行为规则，或者说建立与完善制度化的合作体制、机制是关键。策略上，架构套嵌竞争体系，调适政府、社会和市场关系，激发和利用市场、社会力量消减身份权利竞争的利益获得，构建以融监管、决策、运营、保障为一体的治理机制，实现政府力量、社会力量和资本力量三者力量的平衡。如在 CBA 联赛中，可以进行扩军乃至引入升降级制，利用市场竞争约束当前俱乐部壳资源的价值，从而实现消减身份权利竞争负向作用的目的。同样，足球领域可以取消俱乐部数量（64 家）的总体控制，打通职业联赛与业余联赛之间的关系。

需要指出的是，任何治理模式都没有绝对的优势，其效用的显现是适合性的问题。这也说明，走中国特色发展道路的必要性。此外，在新时代以满足人民对美好生活的需求为出发点，则意味着有关职业体育发展问题已不能仅仅局限于生产环节——搞好联赛、搞活俱乐部等，而应重视消费等环节。因此，职业体育市场治理宜从职业体育生产组织领域向管理和综合环节演进。与此同时，落实善治的理念，有关政府定位也应跳出政府与市场关系的单纯范畴，转而强化政府服务和治理能力提升，以形成职业体育市场治理高效运作的支撑体系，为职业体育相关组织创设公平竞争的环境。如此，改革路径上则意味着首先要强化市场竞争，充分发挥市场在资源配置上的优势，在市场竞争实践中加强市场主体建设，促进市场主体的完善和规范化；其次，应进一步加强法治建设，完善相关制度体系，激发身份权利竞争的实践困境；最后，需要遵循先易后难的改革思路。

当然，我们可喜的看到我国宏观法治建设的不断强化。特别值得一提的是，2020 年 5 月 28 日，十三届全国人民代表大会第三次会议表决通过了

第六章　新时代中国特色职业体育建设：路径与机制

《中华人民共和国民法典》（以下简称《民法典》），自2021年1月1日起施行。《民法典》分为总则和分编，分编包括物权编、合同编、人格权编、婚姻家庭编、继承编、侵权责任编以及附则，每编下设章、节，节下有条、款、项，共1260条。我国《民法典》的颁布是落实《中共中央关于全面推进依法治国若干重大问题的决定》的重要举措，有效加强了市场经济法律制度建设，对完善社会主义市场经济法律制度体系具有重大意义。而随着我国竞技体育职业化的推进，职业体育作为一个市场运行样式的基本属性和特质越发明晰，按照市场竞争的样态来组织经营活动，不仅要建立与之配套的组织机构和运行机制，而且要建构相应的法规制度，用以引导和规范职业体育运营中的各类市场行为。而这些实践实质上都需要在《民法典》的关照下、遵循法典规定的民事、商事法律原则进行运作。同时，作为尚处改革建设中的职业体育，其后续改革更需遵循法典体现的基本理念规范展开。于是，贯彻落实《民法典》理念，在民事合一体系下推进职业体育法治化水平提升仍有许多问题值得进一步关注、值得进一步研究。

第七章

余论
——关于当前中国职业体育发展困局的思考

近年来我国在职业体育取得显著成绩，竞赛体系、组织框架、管理机制以及法治水平都有了较大幅度提升，同时盈利能力、后备人才培养也有向好倾向。但是，当下新冠肺炎疫情肆虐，世界各国职业体育都迎来了极其艰难的时刻，中国职业体育似乎更甚。从中超冠军球队江苏苏宁俱乐部退出，到广州恒大足球俱乐部退出，短短一两年的时间，红红火火的中国职业体育市场呈现了另一面，且可能越来越糟。而在另一层面，与北京奥运会极度相似，推迟的东京奥运会上中国军团再创辉煌，取得了海外征战最佳成绩，当然其中最不协调的便是中国职业化程度最高的"三大球"项目，无一令人满意。特别是中国男子足球的水平更是让人惊恐，在相关优惠政策陆续出台，特别是归化球员放开的情形下，与亚洲其他国家水平差距在不断拉大。此种状况下，中国职业体育似乎又迎来一个关键期。人们不禁要问：以"三大球"为代表的中国职业体育，为什么越改革问题会越多呢？我们又应该如何看待这一现象呢？

诚然任何的社会现象出现，都是多种因素复杂作用的结果，是各色条件交织叠加效应的显现。中国特定的经济社会因素"映射"，西方职业体育的全球化"侵蚀"，中国体育体制改革"牵连"，……这些"社会学想象"多少都有解释效果，但似乎又没有太多说服力，因为"放之四海而皆准"的解释力迷信，其脆弱性是显而易见的。在中国改革开放历史上，有一篇文章特别

第七章　余论——关于当前中国职业体育发展困局的思考

值得说道，那就是1978年5月11日《光明日报》A1版刊出的《实践是检验真理的唯一标准》。从社会意义上看，这篇文章冲破了"两个凡是"的束缚，引起了全党全国全社会关于真理标准的大讨论，为拨乱反正及随后的改革开放提供了有效的思想准备。从学术思想角度看，这篇文章基于真理本性和实践特征的认识思路，揭示了观察与评判事物发展的视角——一切从实际出发，实事求是，理论指导实践，这一思想对我们考察和总结中国职业体育实践探索经验也具有极其重要的价值。

在2008年前后，也有一个相似的争论。当时中国职业足球领域的假球、黑哨惊动了世界；同时，与中国竞技体育在北京奥运会上取得的辉煌成绩不匹配的是，中国职业体育不仅贡献度不高，还经常出问题。此时，人们开始对中国的职业体育体制进行反思——以足球为代表的中国职业体育到底怎么了以及我们到底该不该要职业化。有代表性的解答是，鲍明晓教授出版的《中国职业体育评述》中有一篇文章，名字即为《中国要不要发展职业体育》。在文章中，鲍教授给出了八个具体理由，梳理下来大概涉及以下几个方面：（1）职业体育是符合体育发展潮流的，是具有客观的历史基础，体现的是体育存在方式的现代化；同时，职业化背后关涉的是专业化，是有利于提高项目的竞技水平。（2）发展职业体育是符合我国体育现实需求的，是新形势下坚持和完善举国体制的必然要求，是体育大国向体育强国转变的客观要求，是应对发达国家职业体育全球扩张的实际需要；同时也是当前突破我国竞技体育发展"天花板"的必然选择，是做大做强项目产业，加快体育产业发展的需要。（3）职业体育本身没有问题，中国职业体育的问题根源是由于我们自身改革发展不到位、管理体制和机制没有理顺，没有找到符合职业体育内在规律又符合我国国情体情的发展道路①。总的来说，不论我国职业体育存在什么样的问题，但是职业化方向是毋容置疑的，这是鲍教授所坚持的观点。现实来看，2010年国务院办公厅《关于加快体育产业发展的指导意见》（国办2010〔22〕号）出台后，中国职业体育迎来快速发展时期。

事实上，心理学的常识提示：人类共性的特质是对于自己已经习惯的、擅长的东西往往会坚持而不轻易改变，同样人们对已经成熟东西的模仿或者

---

① 鲍明晓.中国职业体育评述［M］.北京：人民体育出版社，2010：5—12.

第七章 余论——关于当前中国职业体育发展困局的思考

有参照对象的学习与改进，往往也是容易的；相反，对于无参照的创见性探索由于缺乏理性认知的基础，往往是畏惧的、力不从心的，然而这恰恰是最重要的，因为它关乎自身特色，关乎核心竞争力。今天的中国特色职业体育建设，就属于后者。我们经常讲，职业体育基本上是以西方特别是英国和美国的经验为基础的，类似于通常意义上的工业化。但事实上，西方"工业化不仅是一个单一的过程，它是与资本主义、民族—国家等共同构建起来的一整套从制度到观念的东西"[①]。同样的道理，西方职业体育也不是一个单一的模式，它与西方的城镇化、市场化、法治化、消费文化等套嵌在一起，形成了一整套涉及观念、制度、机制等在内的复杂体系。于是，如果简单化地模仿一个模式，或者借鉴架构一个组织，或者学习制定一套制度，甚至引进一帮人员，往往都无法起到有效的效果。

比如职业体育产权制度，前期研究[②]已经揭示中国职业体育的模糊产权状况，公私嵌套性产权、妥协性产权、象征性产权乃至公有化的隐性产权等形式混杂存在于我国职业体育实践之中。那么，是否这就有问题呢？显然不能片面地看待。比如中国职业排球联赛（CVA），由于自身造血功能不够，在相当长的一段时间内选择将部分权利转让给其他有市场开发能力的合作单位（如中央电视台），带来的好处是，中国职业排球联赛的电视推广力度远远高于中超、CBA 等联赛，这种运行模式是有助于维系联赛的正常运作和有效发展的。从学理上讲，产权制度之所以重要，因为它是引领后续建设的基础。什么样的产权制度，需要与之配套什么样的治理结构和治理机制。在NBA，联盟投资者（会员）主导型的治理模式、分立化的管理模式、"设计＋生产＋销售型经营模式"、多元化的盈利模式这"四模式"是协同的共同融入了职业体育价值实现之中[③]。事实上，科尔奈的经典著作《后社会主义转轨的思考》已经用原东欧的转轨经验与教训为我们证明了这一点。那么，为何我们又往往认为它重要呢？从学者层面看，西方的产权制度和治理结构模式是特别易于察觉的，且与中国会形成鲜明的对比，加之西方经济学的经

---

① 黄平.误导与发展[M].北京：中国人民大学出版社，2006：114.
② 张兵.跳出西方经济学的束缚：关于我国职业体育产权问题的经济社会学分析[J].体育科学，2015，35（5）：3—9.
③ 张瑞林，张新英.NBA联盟价值管理对我国职业体育发展的启示——基于治理、管理、经营和盈利模式的视角[J].天津体育学院学报，2015，30（6）：461—466.

第七章 余论——关于当前中国职业体育发展困局的思考

典理论范式中无一不强调产权重要性，特别是对于我国这样的转型经济体来说制度经济学的范式极其重要，科斯、威廉姆斯等经典理论大为受用。从业实操者层面，从体制内转向体制外，产权是重要的，因为它关系到收益分配，在当心政府侵占的思维主导下，如何强调产权并指出产权问题都不为过。同样的情况，还出现在诸如组织结构上，篮球职业化的方向上模仿 NBA 就可能产生有效的效果。殊不知，NBA 等北美职业体育联盟的出现，受制于美国特定的经济传统，托拉斯主义盛行年代产生的职业体育很快就遇到了反垄断法案，为了规避《谢尔曼法》等法案的影响，联盟的模式是有效的。而在操作层面，职业体育联盟的收入分配、选秀、自由球员、纠纷解决等举措背后都有与之配套机理的。换句话说，联盟基于经济利益的最大化，对联盟内俱乐部进行财务经济、竞技条件、组织保障、商务开发等标准化控制是约定俗成的，是伴随联盟形成而定塑化的，只是现在已经成型了。而对于一个后发的联盟，经历一个短暂的博弈摩擦的历程应该是可以得到容忍的，我们不能因为没有观察到西方职业体育数十年前的艰难抉择，而忽视它的存在，更不能拿成熟的西方实践来反衬我们今天存在这样那样问题，不给正常的政策运行和机制形成以实践磨合的空间。

理性的做法应该是借鉴的学习，而且其中尤为关键的就是要理论联系实际。毛泽东同志在《在改造我们的学习》一文中批判了不注重调研现状、不注重研究历史、不注重应用的作风，"没有调查就没有发言权"今日依然振聋发聩。邓小平同志则指出，"过去的成功是我们的财富，过去的错误也是我们的财富"[①]，强调学习要全面客观。习近平同志强调要强化"问题意识、时代意识、战略意识，用深邃的历史眼光，宽广的国际视野把握事物发展的本质和内在联系，紧密跟踪亿万人民的创造性实践，借鉴吸收人类一切优秀文化成果，不断回答时代和实践给我们提出的新的重大课题。"[②] 秉持这一原则，意味着不仅要具体问题具体分析，还要善于平衡利弊，找寻更有效的改革方案，选择最优的实践路径。如对于职业体育联盟而言，集体劳资谈判是一重要机制，它符合西方经济学范式中的集体行动的逻辑，有助于节约成本。那么，是否中国也要推行劳资谈判呢？这就需要实事求是地进行相关分

---

① 邓小平. 邓小平文选（第3卷）[M]. 北京：中央文献出版社，1993：272.
② 习近平. 习近平谈治国理政（第三卷）[M]. 北京：外文出版社，2020：184.

第七章 余论——关于当前中国职业体育发展困局的思考

析。学理上，要想集体谈判就要有工会组织，而且工会组织在西方也是实存的。现实中，中国职业体育劳资问题也时有发生，球员工会建立呼声一段时间特别强烈。因为关于我国职业体育劳资问题，一个基本的观点认为，我国存在明显的劳资问题，而且其根源在于我们职业体育没有形成像西方一样的劳资谈判格局，缺少资方的代表职业体育联盟，同时也缺失代表球员利益的工会组织，于是劳资问题经常出现且调解纠纷的手段单一化，通常是协会（以前是管理中心）通过行政的或者单方的条款进行处理，容易产生程序合法性争议。事实上，这种认识似乎没有意识到对于一个转型和快速现代化国家而言，劳资争议问题一直是一个多发的社会问题，中国职业体育劳资问题相比农民工等其他行业应该更为正常，这是其一。其二是如果说西方的依赖联盟和工会的劳资谈判是切合西方社会运行特征，那么中国社会历来就有自身解决劳资问题的方式，审批的方式在过去多少年间为解决中国的劳资问题提供保障。当然，随着社会发展，社会法治化的进步，劳资问题的解决变得更加规范化，事前监管成为常用的手段。

此外，还有就是我们没有赋予工会组织像西方那样的权力结构体系。在美国的职业体育运行中，球员工会是一个极其特殊的创举，因为它不仅仅解决了球员作为劳工的个体弱势地位[①]，还使得劳资双方集体谈判作为解决美国垄断豁免的有效手段。同时，结成联盟在美国社会具有极其的社会传统和现实效用的。事实上，关于工会组织在美国的出现至少还包括如下因素：（1）美国大萧条后的罗斯福新政解决问题的切入点即是工人的生存问题，通过组织工会集体谈判的方式提高工人地位、改善其生存条件，这样的理念往往会为广大工人所追捧；加之，新政后工会作为组织被纳入社会经济组织运行体制中去，在一定程度上体现了对工人的认可和尊重。而这一实践，使得球员和球队老板之间的矛盾得以有效化解，在资本主义价值观指引下球员成为组织内的一员，成为有依靠、可发展、有保障的社会成员。（2）从法律层面上看，美国的《瓦格纳法》的出台，使得球员工会有了法律依托，也有了和球队老板谈判的法理依据、程序和保障。总体上看，美国工会组织的出现

---

① 这特别符合美国的所谓人人平等理念。进一步追溯，美国的劳工组织可以追溯至南北战争年度的劳工骑士，后续1886年成立的美国劳工联欢会，美国的平民主义运动与"劳工骑士"所代表的劳工运动一度结成联盟，为社会公众而斗争。参见资中筠.20世纪的美国（修订版）[M].北京：商务印书馆，2018：68-69.

第七章　余论——关于当前中国职业体育发展困局的思考

是美国经济社会大发展的结果，是美国劳资双方社会矛盾斗争博弈的中和产物，带有明显的经济社会嵌入性。当然，需要指出的是，一方面正是由于球员工会的出现，劳方也进行了相应的调整优化；另一方面一个组织阶层随即产生，这就是经理。职业经理的出现，对职业体育的后续改造发挥了极其重要的作用。基于以上分析可以看出，一个球员工会组织建设可能解决了一个问题，但是它可能还会带来另一个更为复杂的问题，这些新生的事物多是中国无经验的。当然，区别于美国，我们有自己的体系，比如依靠中国共产党等组织体系，在维系中国劳资问题方面就发挥了极其积极的作用，而且是具有西方任何国家所没有的优越性。

与此同时的校标问题，虽然为社会学研究所重视，但是我们不能本末倒置，忽视事物本身的问题所在。也即，我们需要回归常识，准确认识中国职业体育发展状况。诚如前文所述，关于职业体育是什么的解答，往往从体育行业性质入手的——认为体育运动应该从其他文化形式的依赖中逐渐觉醒过来，随着社会发展而展开的专业化、职业化，而这一实践在某种意义上带有体育运动自身解放的色彩，是体育作为独立职业样态摆脱对其他职业依附的表现。回溯体育运动发展历史，不论是体育运动产生于劳动，还是产生于游戏或兵操，体育作为独立的形式是没有显现出来的。比如中国早期的体育活动，斗鸡、蹴鞠等，首先应该被看为身体活动的游戏样态，身体只是游戏的载体，和棋类作为智力游戏载体具有某种对象性。抑或是西方的体育运动，战车争夺、比武击剑等，其目的也不似今日之体育，军事色彩、教育色彩、展示自身色彩更为浓厚。或许是由于体育运动的来源多元化，今日讲体育功能时往往将其无限扩大，与身体健康、与下一代教育、与社会舆论交往、与政治经济、与社会文化等都有密切关系，或者说都有重要作用。但这种多元功用又本质决定体育在社会发展中的可有可无，因为体育只是具有其他行业类属的性质，或者与健康卫生有关，或者与教育相关……但是，不论是卫健部门还是教育部门，或者其他部门都可以独立完成的事情，体育更多的是"锦上添花"的附加功效，于是可有可无是必然的。学理上，摆脱体育的窘境需要体育作为一种独立的样态存在，或者说作为独立的职业类分存在；只有此时，体育才能摆脱茶余饭后消遣娱乐、锻炼身体的属性，才能跳出作为旅游的延展、充当传媒的内容等束缚。事实上，前述关于体育运动的特征，都有一个显著的特征，即体育运动与每一个都有关系，因为每一身体活动都

第七章 余论——关于当前中国职业体育发展困局的思考

具有类似于体育的特征或者要素，此时体育是日常操作的，是每个人都会的，是无区分性的，这也决定体育无法跳出对其他职业类属的依附。而跳出这种束缚，则需要体育成为一部分人的事情，其他人是玩不来的，具有明显区分性。实现之，则需要体育运动从业余性中超脱出来，变为高精尖的事情，职业化也即解决该问题。现实中，随着社会类分的深入，休闲娱乐与健身遂成为人们所需，并需要借助别人的帮助，给自己带来快乐与满足。而提供上述帮助与服务的人，自身需要经过多年的努力积累和艰辛的劳动付出，并以此获得应得的劳动报酬。总体来讲，技术的变革所带来的社会需求是导致上述变迁与变化的基本因素，西方体育职业化即是在这一演化的结果。在另外一个层面上，如果将每个人都在从事体育活动作为业余运动，那么原有的我国专业队形式、美国的学校体育（奖学金），都具有明显的职业性，因为他们以参加体育训练和竞赛维持了自己的生存，或者赚取了报酬维持自我生计。不过，这种职业的来源是国家或社会组织，而非市场，在这个方面是区别于西方职业体育的以市场为主导的供给样态的。如此说来，我国竞技体育职业化更多是一种转型，并非完全意义上的职业化实践。因为就运动员来说，职业化前后都是以体育训赛活动为职业的。唯一不同的是，这一实践与我国当时的下岗和下海有点类似。职业滋养的来源发生了变化，从过去的依赖政府或集体，变为了依赖市场（组织）。资源依赖的变化是导致这一变化的本质特征，我国竞技体育职业化更多是这一方面。

  回到初始的问题上来，之所以当前社会各界非常困惑于中国职业体育改革问题，认为越改越坏，水平越改越差，可能还和职业体育改革成就相较于其他领域甚弱有关，是我们常规思维定式的反映。马克思的经典冲突论观点认为：阶级冲突是社会革命产生的根源，冲突情况越严重、反响越糟糕，发生革命的可能性越大；革命总是发生在敌人压迫最严重，防守最薄弱的地方，这是被历史证明的。而且日子越过越好，作为思维定式是所有人都乐于看到的，特别具有儒家传统的中国人更期望如此。面对现实问题，跳出传统的思维，托克维尔关于法国大革命与传统制度之间的关系分析很有启发意义。他证明了一个不一样的观点：革命时常发生在压迫相对较弱且有改革倾向的地方。也即"一个民族可以忍受最具有压迫性的法律却毫无怨言，好像

第七章 余论——关于当前中国职业体育发展困局的思考

感觉不到它们，当负担减轻时却反对法律"①。法国大革命发生了，原因在于法国是中世纪封建制度保留较少的地方，或者说封建势力较为薄弱的地方，也是阶层矛盾较为薄弱之处。也即托克维尔讲的"在它们的负担实际上最轻的地方，其束缚却似乎最不能忍受"②。通俗讲，如果旧制度是完整的存在，则压抑人们的思维，使得人们忙于生存而无法顾及其他，也就无法或者无力认识到危害，抑或即使认识到了也无能为力。因为旧（封建）制度完整存在不仅涉及对资源（土地等）的完全占有，还涉及对权力（管理支配权）的完全管制，甚至包含对社会伦理、人们思维方式的掌控③。相反，一旦出现了一些缺口，则矛盾更容易激发出来，也即"残余的制度更加令人生厌"④。总体来说，托克维尔在分析社会制度与大革命产生关系时，有效区分了先决条件、积累条件和触发条件。其中，先决条件是宏观的（最低也是中观层面的）；积累条件是中观为主，涉及一些微观的；而触发条件则是微观的且很可能是具体的。共同作用，在一个点上的累积产生了显性的效果，发生了质变。18世纪80年代的救济穷人行动激起了他们的反抗，产生了大革命，所以作者强调，"一个坏政府最危险的时刻通常是当它开始改革的时候"⑤。我们抛弃关于好坏政府的论调，回归理性的现实。托克维尔的分析启示我们：改革前即便是相关问题很多，但是社会矛盾一般不会被激发出来，可能就在于人们无法感受到其危害或者即便感知到也无能为力有关；而一旦改革启动了，则传统机构与社会个体之间能力变化迅猛，造成社会合力不足，社会问

---

① 阿勒克西·德·托克维尔.《旧制度与大革命》[M].胡勇，许雅译.长春：吉林出版社集团有限责任公司，2013：165.

② 阿勒克西·德·托克维尔.《旧制度与大革命》[M].胡勇，许雅译.长春：吉林出版社集团有限责任公司，2013：31.

③ 托克维尔对宗教与政治的关系论述很精辟："宗教通常只考虑人本身，而漠视一个特定国家的法律、习惯和传统唯人类的共同特性所增加的成分。它们的主要目标是，调整人与上帝之间的一般关系，一般性地说明人们同其他人相关的权利与义务，而不考虑社会的形式。宗教所规定的行为准则适合儿子、父亲、仆人、主人和邻居，而不适合特定国家或时代的人。因为宗教是如此根植于人的本性"个体判读：宗教关注的是个体层面的，少许涉及中观，不涉及宏观社会形态，而将后者留给了政治。换句话说，无关政治是宗教存活与发展延续的关键举措，必然佛家、基督教最初都是如此，而且正是如此它们才能被政治所包容、所吸纳。

④ 阿勒克西·德·托克维尔.旧制度与大革命[M].胡勇，许雅译.长春：吉林出版社集团有限责任公司，2013：39.

⑤ 阿勒克西·德·托克维尔.旧制度与大革命[M].胡勇，许雅译.长春：吉林出版社集团有限责任公司，2013：166.

第七章 余论——关于当前中国职业体育发展困局的思考

题频发成为常态。事实上，学术界往往将此称之为社会转型问题。

社会转型问题，归根到底是过程问题、阶段问题，更进一步讲是发展问题。客观来说，发展就是一个各方利益经过复杂博弈而逐渐走向相对均衡的状态，常态化的追求平衡，且通过平衡来维系。所谓秩序实质就是一个相对平衡的状态。回溯历程，我国职业体育改革发展大体解决了或正在推进以下两个平衡问题。(1) 职业体育内部结构与功能的平衡。如果将职业体育在经济上定位，类同于一般产业，资本需要一个统一的规则和市场，从内到外逐渐推进贯穿资本获利追逐过程之中，也是职业体育运作的关键。于是，按照资本运作规律，组织建构、制度建设、机制体制之间的均衡成为需要。西方国家，即是围绕资本需求与满足遵循（新）自由主义模式。我国职业体育沿用的改革顺序即基于我国职业体育市场生成逻辑展开的，其规定性即是结构与功能的平衡，以维系职业体育再生产和有序运营。(2) 职业体育经济性和社会性之间平衡。从宏观层面看，无论是政治制度还是经济制度的设计，都是为了建设社会，或者说，社会是政治和经济的终极目的。经济与社会之间的均衡是可持续发展的根本，也是改革取得成功的基本保障和基本要求。我国社会主义国家性质，要求中国职业体育的发展需遵循以人民为中心原则，强调职业体育的经济效益和社会效益统一，并将其贯穿于改革实践中。当下全面深化职业体育改革，即有一个关键的任务——要防止社会政策被应用到经济领域，同时要防止经济政策被贴附上社会政策元素。

上述思路贯穿我国职业体育改革实践，并集中体现在制度建设和社会分权实践之中。从一种体制转变为另一种体制，其核心即在于制度化。在政治学中，制度化对应人格化，是用制度的力量不断消除人格化政策制定与治理实践中自由裁量权过大，从而产生相对公平、稳定、可预期的政策效果和治理效益。首先，制度化即是去人格化，对决策者和执行者进行约束是题内之意，不可避免地经历"挣扎"。特别是伴随改革的深入，利益集团的出现，如何合理的收放循环，成为考验改革者决心的难题，如协会去行政化等即是这一类。其次，制度化就是价值内化的过程，需要共识形成，这涉及意识形态与文化特性调和、决策价值理念与社会利益诉求一致、应然取向与多元利益表达协同，必然是具有开拓性的。职业体育作为一种新的样式，从人才培养、竞赛组织，到运营规律、管理机制，都是区别于传统的，将其定型化，制度建设必不可少。此外，制度化还是组织和流程固化的过程。在法

第七章 余论——关于当前中国职业体育发展困局的思考

学相关研究及法治建设,更多的是在此层面展开的:一方面制度规定了权力分布,框划了各利益主体的权责利(此时组织作为权责利的代表性存在);另一方面,制度还明确了权力配置的方式和流程,如协会的性质及规程等。

总体上,回溯中国职业体育的改革发展历程,制度化的发展方向是稳定性、可预期,是与市场经济所期待的环境相一致的,因而备受关注。当然,诚如郑永年(2013)指出的,在制度分析框架内,中国宏观政策制定与治理落实具有如下特点:(1)中央与地方关系上,更倾向于集权治理模式;在地方基层倾向于郑永年描述的联邦主义。(2)在权力监管上,治官权与治民权分开,上下分治。(3)政策出台与落实过程中,存在与预算脱节的问题,变通共识多发,出现梗阻与扭曲现象,并进一步加剧对制度化的诉求,形成正向促进效应。内嵌于这一实践,中国职业体育改革也有许多需要进一步解决的问题,这也意味着职业体育制度化实践是一个长期的实践,甚至可以说是一个长久的追求目标。

如此来说,我们要客观地看待以中超为代表的当前中国职业体育发展困局,不恐慌、不悲观,也不轻视、不盲从,理清思路,找到出路。首先要坚信中国职业化改革的方向没有错,即便是中国足协的俱乐部名称中性化改革等触发当前困境因素,在出发点上也是好的,只不过时间选择不好,或者是对困难准备不足与辅助措施不力。老子讲"祸兮,福之所倚;福兮,祸之所伏。"我们要回归原点,借机好好总结过往改革发展的经验教训,充分利用好此次"洗牌"机会,化困境为机遇,扭转重"形"而轻"神"改革进路,大力推进中国特色职业体育建设,将中国体育改革的"试验田"变成"丰产田"。

当然,对于尚待完善与发展的中国职业体育而言,还有许多问题需要解决,值得进一步思考与探索。同时,新时代中国特色职业体育建设研究是一个宏大的议题,本书在经济社会学视角下的中国职业体育发展演化研究关注,更多的是顺应新时代要求对现实职业体育发展实践的学理总结与展望分析;研究重点集中于团体竞赛类职业体育发展问题,而很少涉及个人竞赛类职业体育发展问题。事实上,个体竞赛类职业体育,如网球、高尔夫、拳击等项目也有极大的市场和社会影响力。当然,其国际范式更为明晰——赛事组织上使用巡回赛制,具有完善的赛事分级体系,并以高排他性的参赛资格

第七章 余论——关于当前中国职业体育发展困局的思考

和差异化的奖金分配为支撑。客观来讲，我国在部分项目（如女子网球等）上取得一些突破，但是这类职业体育运营机制的固化程度相对更好，融入全球赛事体系是中短期中国职业体育力所能及的，而改写相关规则的难度较大。至于这类职业体育的中国特色建构问题，在后备人才培养和参赛组织方式等方面有文章可做，且相关研究还可以结合新型举国体制完善展开，值得后续关注。

参考文献

一、中文专著

[1] 阿勒克西·德·托克维尔. 旧制度与大革命[M]. 胡勇, 许雅译. 长春: 吉林出版社集团有限责任公司, 2013.

[2] [美] 奥利弗 E. 威廉姆森. 治理机制[M]. 石烁译. 北京: 机械工业出版社, 2016.

[3] 鲍明晓. 中国职业体育评述[M]. 北京: 人民体育出版社, 2010.

[4] [美] 彼得·F. 德鲁克. 管理的新角色: 社会生态学视野下的美国[M]. 北京: 华夏出版社, 2011.

[5] [美] 查尔斯·霍顿·库利. 社会过程[M]. 洪小良等译. 北京: 华夏出版社, 2000.

[6] [英] 戴维·赫尔德, [英] 安东尼·麦克格鲁. 全球化理论: 研究路径与理论论争[M]. 王生才译. 北京: 社会科学文献出版社, 2009.

[7] [英] 丹尼尔·菲尔德森德. 欧洲足球成功的秘密[M]. 高捷译. 重庆: 重庆大学出版社, 2018.

[8] [美] 道格拉斯·诺思. 理解经济变迁过程[M]. 钟正生, 邢华, 高东明等译. 北京: 中国人民大学出版社, 2013.

[9] 邓小平文选(第3卷)[M]. 北京: 中央文献出版社, 1993.

[10] 樊纲. 发展的道理[M]. 北京: 生活·读书·新知三联书

店，2004.

[11] 樊纲. 制度改变中国：制度变革与社会转型 [M]. 北京：中信出版社，2014.

[12] 高宣扬. 鲁曼社会系统理论与现代化 [M]. 北京：中国人民大学出版社，2010.

[13] [英] Geoffrey，[丹麦] Thorbjørn Kundsen. 达尔文猜想对社会与经济演化的一般原理 [M]. 王焕祥等译，北京：科学出版社，2013.

[14] 国家体委编. 中国体育年鉴：1949—1991精华本（下册）[M]. 北京：人民体育出版社，1993.

[15] 黄平. 误导与发展 [M]. 北京：中国人民大学出版社，2006.

[16] 黄威. 经济的逻辑 [M]. 武汉：武汉出版社，2010.

[17] [美] 赫伯特·马尔库塞. 单向度的人：发达工业社会的意识形态研究 [M]. 刘继译. 上海：上海译文出版社，2006.

[18] 何修猛. 现代广告学（第五版）[M]. 上海：复旦大学出版社，2004.

[19] [美] H.G.威尔士. 文明溪流 [M]. 袁杜译. 南京：江苏人民出版社，2010.

[20] [美] Holmes Rolston，Ⅲ. 基因、创世纪和上帝价值及其在自然史和人类史中的起源 [M]. 范岱年，陈养惠译. 长沙：湖南科学技术出版社，2003.

[21] 花建等. 文化产业竞争力 [M]. 广州：广东人民出版社，2005.

[22] 蒋梦麟. 西潮 [M]. 昆明：云南人民出版社，2016.

[23] [美] 杰·科克利著. 体育社会学议题与争议 [M]. 管兵等译. 北京：清华大学出版社，2003.

[24] [英] 杰西·洛佩兹，[英] 约翰·斯科特. 社会结构 [M]. 允春喜译. 长春：吉林人民出版社，2007.

[25] 金耀基. 中国文明的现代转型 [M]. 广州：广东人民出版社，2016.

[26] [德] 卡尔·雅斯贝斯. 历史的起源与目标 [M]. 李夏菲译. 桂林：漓江出版社，2019.

[27] [英] 卡尔·波兰尼. 巨变：当代政治与经济的起源 [M]. 黄树

民译.北京:社会科学文献出版社,2013.

[28][瑞士]卡米尔·博利亚特,[瑞士]拉法莱·波利.世界各国足球协会与职业联赛治理模式研究报告[M].刘驰译.天津:天津人民出版社,2017.

[29][瑞典]理查德·斯维德伯格.经济社会学原理[M].周长城等译.北京:中国人民大学出版社,2005.

[30]李大钊.史学要论[M].长春:时代文艺出版社,2009.

[31]刘汉民.企业理论、公司治理与制度分析[M].上海:上海三联书店、上海人民出版社,2007.

[32]刘坚.改革思想录:《经济观察报》学者观点[M].北京:当代中国出版社,2013.

[33]刘业进.经济演化:探索一般演化范式[M].北京:中国社会科学出版社,2015.

[34][奥]路德维希·冯·米塞斯.人的行动:关于经济学的论文[M].余晖译.上海:上海世纪出版社,2005.

[35][加]罗伯特·阿尔布里坦,[日]伊藤诚,[巴]李查德·威西特拉,等.资本主义的发展阶段:繁荣、危机和全球化[M].张余文译.北京:经济科学出版社,2003.

[36][美]迈克尔·波特.国家竞争优势[M].李明轩,邱如美译.北京:华夏出版社,2002.

[37][美]迈克尔·利兹,彼得·冯·阿尔门.体育经济学[M].杨玉明,蒋建平,王琳予译.北京:清华大学出版社,2003.

[38][美]尼尔·弗雷格斯坦.市场的结构:21世纪资本主义社会的经济社会学[M].甄志宏译.上海:上海人民出版社,2008.

[39][德]N.卢曼.社会的经济[M].余瑞先,郑伊倩译.北京:人民出版社,2008.

[40][美]皮埃尔·布迪厄.艺术的法则——文学场的生成和结构[M].刘晖译.北京:中央编译出版社,2001.

[41][美]乔治·里茨儿.虚无的全球化[M].王云桥,宋兴无译.上海:上海译文出版社,2006.

[42][法]乔治·维加雷洛.从古老的游戏到体育表演:体育神话是如

何炼成的［M］．乔咪加译．北京：中国人民大学出版社，2015．

［43］仇军，刘波，张兵等．体育强国建设：中国的实践与挑战［M］．南京：江苏人民出版社．2016．

［44］［美］让·博德里亚．消费社会［M］．刘成富，全志钢译．南京：南京大学出版社，2006．

［45］商晨．利益、权利与转型的实质［M］．北京：社会科学文献出版社，2007．

［46］史正富．超常增长：1979—2049年的中国经济［M］．上海：上海人民出版社，2013．

［47］苏国勋．社会理论与当代现实［M］．北京：北京大学出版社，2005．

［48］［美］托尼·柯林斯．体育简史［M］．王雪莉译．北京：清华大学出版社，2017．

［49］汪和建．经济社会学——迈向新综合［M］．北京：高等教育出版社，2006．

［50］汪玉凯．界定政府边界［M］．北京：中国友谊出版公司，2010．

［51］［日］尾关周二．共生的理想：现代交往与共生、共同的思想［M］．卞崇道等译．北京：中央编译出版社，1996．

［52］［德］西奥多·阿多诺．美学理论［M］．王柯平译．成都：四川人民出版社，1998．

［53］习近平．决胜全面建成小康社会夺取新时代中国特色社会主义伟大胜利——在中国共产党第十九次全国代表大会上的报告［M］．北京：人民出版社，2017．

［54］习近平谈治国理政（第三卷）［M］．北京：外文出版社，2020．

［55］杨年松．职业竞技体育经济分析与制度安排［M］．北京：经济管理出版社，2006．

［56］［美］约翰·D.多纳林，［美］理查德·J.泽克豪泽．合作：激变时代的合作治理［M］．徐维译．北京：中国政法大学出版社，2015．

［57］［澳大利亚］约翰·福斯特，［英］J.斯坦利·梅特卡夫．演化经济学前言：竞争、自组织与创新政策［M］．贾根良，刘刚译．［M］．北京：高等教育出版社，2005．

[58] 张兵. 西方职业体育市场秩序演化与中国实践研究 [M]. 北京：中国社会科学出版社，2017.

[59] 张维迎. 市场的逻辑 [M]. 上海：上海人民出版社，2010.

[60] 张五常. 中国的经济制度 [M]. 北京：中信出版集团，2017.

[61] 郑芳. 基于要素分析的职业体育治理结构研究 [M]. 杭州：浙江大学出版社，2010.

[62] 郑永年. 中国改革三步走 [M]. 上海：东方出版社，2012.

[63] 郑永年，莫道明，刘骥. 改革：困境与出路 [M]. 北京：东方出版社，2015.

[64] 郑志强. 职业体育的组织形态与制度安排 [M]. 北京：中国财政经济出版社，2009.

[65] 钟秉枢，梁林，于立贤，等. 职业体育——理论与实证 [M]. 北京：北京体育大学出版社，2005.

[66] 中共中央宣传部编. 习近平新时代中国特色社会主义思想学习纲要 [M]. 北京：学习出版社、人民出版社，2019.

[67] 中国足球协会科学技术委员会. 中国足球事业年鉴 [M]. 北京：新华出版社，2000.

[68] 中共中央马克思恩格斯著作编译局. 马克思恩格斯全集（第25卷）[M]. 北京：人民出版社，1975.

[69] 中共中央马克思恩格斯著作编译局. 马克思恩格斯全集（第30卷）[M]. 北京：人民出版社，1995.

[70] 周雪光，刘世定，折晓叶. 国家建设与政府行为 [M]. 北京：中国社会科学出版社，2012.

二、中文论文

[1] 安福秀，黄丽娟，宁猛. 中国体育电视媒体发展困境与出路 [J]. 成都体育学院学报，2014，40（11）：1—6.

[2] 安淑新. 促进经济高质量发展的路径研究：一个文献综述 [J]. 当代经济管理，2018，40（9）：11—17.

[3] 鲍明晓. "十四五"时期我国体育发展内外部环境分析与应对 [J]. 体育科学，2020，40（6）：3—8.

参考文献

[4] 蔡宝忠.业余性、职业性、必然性:谈奥林匹克的业余原则与职业化问题 [J].沈阳体育学院学报,1989:22-25.

[5] 陈宝祥.苏联竞技体育出现职业化趋势 [J].体育科研,1988 (1):54.

[6] 陈建霞,卢瑞瑞,何斌.职业体育联赛的竞争机制研究 [J].北京体育大学学报,2012,35 (3):141-145.

[7] 陈洪.国家体育治理体系和治理能力现代化探析 [J].北京体育大学学报,2014,37 (12):7-12.

[8] 陈伟.恒大足球俱乐部对中国职业足球发展的影响 [J].广州体育学院学报,2016,36 (1):34-36.

[9] 陈华荣.退出者的声音——从广东凤铝诉中国篮协案反思我国职业体育临时救济 [J].体育与科学,2009,30 (5):69-73.

[10] 陈元欣,黄昌瑞,王健.职业体育俱乐部参与体育场(馆)运营研究 [J].体育科学,2017,37 (8):12-20.

[11] 陈元欣,王健.我国职业体育俱乐部未来上市融资研究 [J].天津体育学院学报,2004,19 (4):24-26.

[12] 程云峰.对我国竞技体育职业化的有关思考 [J].西安体育学院学报,1990,7 (1):1-5.

[13] 丛湖平,郑芳.我国职业体育制度变迁的方式、路径及相关问题研究 [J].体育科学,2004,24 (3):1-4.

[14] 邓雪震,韩新君.中国职业体育俱乐部的法律治理及其核心理念建构 [J].西安体育学院学报,2014,31 (6):657-661.

[15] 董红刚.职业体育联赛治理模式:域外经验和中国思路 [J].上海体育学院学报,2015,39 (6):1-5.

[16] 杜丛新,褚翔,肖信武,石肖瑜,中国职业体育组织产权制度创新 [J].武汉体育学院学报,2009,43 (4):32-38.

[17] 杜利军.职业体育与现代奥运会 [J].中国体育科技,1993,29 (2):42-48.

[18] 杜辛欣.论职业体育"双结盟"法律关系——析马健诉上海东方篮球俱乐部案 [J].北京体育大学学报,2009,32 (5):5-7.

[19] 高升,王家宏.职业体育治理的制度逻辑、现实冲突与协调思路

研究 [J]．天津体育学院学报，2019，34（5）：417—424.

[20] 顾海勇．职业体育俱乐部市场化运作的品牌战略——以法国4大足球俱乐部为例 [J]．体育学刊，2012，19（5）：37—40.

[21] 何斌．中国职业体育联赛市场的赞助现状与影响因素研究 [J]．成都体育学院学报，2008，34（10）：14—18.

[22] 何斌，毕仲春．中国职业体育发展的文化审视 [J]．武汉体育学院学报，2010，44（6）：10—14.

[23] 何强，冉婷．关于全面深化体育改革几个基本问题的研究 [J]．天津体育学院学报，2014，29（2）：113—118.

[24] 胡利军，杨远波．中国职业体育发展研究 [J]．体育科学，2010，30（2）：28—40.

[25] 黄永良．试谈我国足球职业化 [J]．浙江体育科学，1993，15（5）：51—54.

[26] 黄璐．国家体育治理现代化的时代背景和广泛涵义 [J]．体育成人教育学刊，2015，31（1）：14—17.

[27] 贾文彤，毛璞．对美国职业体育反垄断豁免的再认识 [J]．北京体育大学学报，2005，28（7）：885—886.

[32] 江静．制度、营商环境与服务业发展——来自世界银行《全球营商环境报告》的证据 [J]．学海．2017（1）：176—183.

[31] 蒋锐．关于中国特色社会主义基本特征的思考 [J]．社会主义研究，2019，（2）：39—47.

[28] 姜熙，谭小勇．反垄断法视野下职业体育联盟的性质考察——基于《谢尔曼法》的司法实践 [J]．体育科学，2011，31（6）：20—26.

[29] 姜熙．反垄断法视角下我国职业体育联盟建构的理论研究 [J]．武汉体育学院学报，2016，50（3）：42—48.

[30] 江小涓．职业体育与经济增长：比赛、快乐与GDP [J]．体育科学，2018，38（6）：3—13.

[33] 江小涓．中国体育产业：发展趋势及支柱地位 [J]．管理世界，2018（5）：1—9.

[34] 金碚．产业国际竞争力研究 [J]．经济研究，1996（11）：39—44.

[35] 孔庆鹏，殷宝林．"潮头"思考——关于我国职业体育俱乐部制改

革的几点认识［J］．体育与科学，2000，21（1）：1－6．

［36］赖先进．哪些优化营商环境政策对经济增长影响更有效？［J］．中国行政管理，2020（4）：145－152．

［37］雷萍．伦理、政治和体育家精神：19世纪英国体育精神的伦理释疑［J］．中国体育科技，2015，51（3）：121－126．

［38］雷振．中国足球职业球员转会制度的变迁与法治化［J］．河北师范大学学报（哲学社会科学版），2013，36（6）：145－150．

［39］李江帆，张保华，蔡永茂．职业体育俱乐部体育竞争与经济收益关系研究［J］．体育科学，2010，30（4）：21－25．

［40］李荣日．职业体育俱乐部制度再造理论要素研究［J］．体育文化导刊，2013（4）：13－16．

［41］李守堂，卢格元，徐秀英．足球职业化当议［J］．山东体育科技，1992，4（9）．

［42］李元，王莉，沈政．基于知识图谱的国际职业体育研究前沿与理论演进分析［J］．北京体育大学学报，2013，36（7）：22－29．

［43］李燕领，王家宏．职业体育市场准入制度的经济学分析［J］．上海体育学院学报，2012，36（6）：96－100．

［44］李燕领，王家宏，陶玉流，谢正阳，张森．我国职业体育市场准入监管的理念建构与功能实现［J］．中国体育科技，2012，48（2）：3－9．

［45］李慎明．全球化与第三世界［J］．中国社会科学，2000（3）．

［46］梁伟．基于资本权力错配与重置的中国足球超级联赛股权管办分离研究［J］．体育科学，2013，33（1）：17－22．

［47］梁伟．中国足球职业联赛"政府产权"的界定及其边界约束研究——基于产权由物权关系向行为权利关系演化的理论视角［J］．体育科学，2015，35（7）：10－17．

［48］林宜善，卢先吾，林淑英．试论我国企业办运动队的发展道路［J］．体育科学，1986（1）：1－4．

［49］凌平，何正兵．美国职业体育管理体制初探［J］．体育与科学，2003，24（1）：5－7．

［50］刘畅．高端消费外流刍议：动因、影响及破解［J］．中国流通经济，2013（11）：96－100．

参考文献

[51] 刘小平. 美国职业体育劳资关系发展研究——球员工会、集体谈判及劳资争议处理 [J]. 武汉体育学院学报, 2012, 46 (2): 43—47.

[52] 刘智勇, 魏丽丽. 我国营商环境建设研究综述: 发展轨迹、主要成果与未来方向 [J]. 当代经济管理, 2020, 42 (2): 22—27.

[53] 娄成武, 张国勇. 治理视阈下的营商环境: 内在逻辑与构建思路 [J]. 辽宁大学学报(哲学社会科学版), 2018, 46 (2): 59—65.

[54] 卢文云. 我国职业体育有效供给的机制缺陷 [J]. 体育学刊, 2007, 14 (1): 27—30.

[55] 马启民. 国外中国特色社会主义理论研究评析 [J]. 当代世界与社会主义, 2008 (6): 53—57.

[56] 史丹, 赵剑波, 邓洲. 推动高质量发展的变革机制与政策措施 [J]. 财经问题研究, 2018 (9): 19—27.

[57] 石磊, 贾文彤. 影响欧美职业体育法制的相关因素研究 [J]. 成都体育学院学报, 2009, 35 (8): 9—12.

[58] 宋冰, 张廷安, 龚波. 职业体育俱乐部社会责任研究热点与展望 [J]. 沈阳体育学院学报, 2016, 35 (3): 47—52.

[59] 索志林, 金晔. "放管服" 改革视阈下营商环境优化及服务型政府建构的逻辑与推进路径 [J]. 东北农业大学学报(社会科学版), 2019, 17 (6): 21—26.

[60] 孙科. 认知·体系·方向——国家体育总局副局长杜兆才谈中国足球振兴 [J]. 体育学研究, 2018 (6): 88—94.

[61] 谭丽君, 秦椿林, 靳厚忠. 职业体育产业链的组织模式研究 [J]. 武汉体育学院学报, 2010, 44 (1): 46—50.

[62] 汤自军. 反垄断法视野下职业体育联盟的最优规模 [J]. 体育学刊, 2012, 19 (2): 59—62.

[63] 唐炎, 卢文云. 制约我国竞技体育职业化改革的相关问题探究 [J]. 北京体育大学学报, 2010, 33 (3): 20—22.

[64] 田思源, 林社棋. 我国职业体育腐败的法律规制建设 [J]. 体育学刊, 2013, 20 (5): 22—26.

[65] 王庆伟, 王庆锋. 西方职业体育制度变迁的比较研究 [J]. 体育与科学, 2006, 27 (1): 42—51.

参考文献

［66］王永荣，沈芝萍，沈建敏，叶婷．中国职业体育制度的形成及其运动员人力资本产权制度安排的合法性［J］．天津体育学院学报，2009，24（4）：353－357.

［67］武靖州．振兴东北应从优化营商环境做起［J］．经济纵横，2017（1）：31－35.

［68］武伟东，张兵．我国职业体育违约行为的根源挖掘及其化解对策探寻［J］．天津体育学院学报，2016，31（2）：119－124.

［69］习近平．关于中国特色社会主义理论体系的几点学习体会和认识［J］．求是，2008（7）：3－16.

［70］习近平．共同构建人类命运共同体［J］．求是，2021（1）：152.

［71］向会英．比较法视野下欧美国家职业体育赛事转播权研究［J］．成都体育学院学报，2019，45（1）：42－49.

［72］向会英，谭小勇，姜熙．反垄断法视野下职业体育电视转播权的营销［J］．天津体育学院学报，2011，26（1）：62－67.

［73］徐连军．我国职业体育俱乐部市场运行机制缺陷及其应对策略［J］．北京体育大学学报，2006，29（6）：764－765.

［74］姚洋．是否存在一个中国模式？［J］．绿叶，2008（6）.

［75］闫成栋，周爱光．职业体育俱乐部保障职业运动员劳动权利的法律义务［J］．体育学刊，2013，20（5）：27－30.

［76］杨年松．论职业体育俱乐部产权结构与制度安排［J］．成都体育学院学报，2003，29（1）：26－29.

［77］杨年松，黄剑．职业体育联盟垄断与竞争博弈分析［J］．上海体育学院学报，2008，32（4）：52－55.

［78］杨铄，冷唐蒀，郑芳．职业体育转播制度安排的国际比较研究［J］．体育科学，2016，36（4）：20－32.

［79］杨烁．冷唐蒀，郑芳．职业足球联赛外援配额制度研究［J］．体育科学，2016，36（12）：18－29.

［80］杨铄，郑芳，丛湖平．欧洲国家职业足球产业政策研究——以英国、德国、西班牙、意大利为例［J］．体育科学，2014，34（5）：75－88.

［81］杨涛．营商环境评价指标体系构建研究——基于鲁苏浙粤四省的比较分析［J］．商业经济研究，2015（13）：28－31.

参考文献

[82] 杨铁黎,张建华.职业体育市场运作模式的理论探讨——兼谈中国职业体育市场存在的问题[J].体育与科学,2000,21(3):6-12.

[83] 尹海立.我国建立职业体育联盟的可行性分析[J].上海体育学院学报,2005,29(4):45-48.

[84] 余斌.高质量发展的本质内涵是什么[J].决策,2018(6):35.

[85] 于金富."中国模式"与中国特色社会主义[J].当代世界与社会主义,2011(1):80-83.

[86] 于永慧.中国职业体育制度改革的动力与路径[J].体育与科学,2013,34(1):42-45.

[87] 郁静,李协荣,潘红军.韩国、日本、中国足球职业化发展的比较研究[J].北京体育大学学报,2000,23(4):547-549.

[88] 郁俊,周晶."黑哨"事件呼唤健全职业体育法律制度——兼谈中国足协新的听证会制度的几个法律问题[J].天津体育学院学报,2002,17(2):46-48.

[89] 袁春梅.我国职业体育利益相关者的利益冲突与协调[J].成都体育学院学报,2008,34(6):11-14.

[90] 张宝华,陈革新.试论世界职业体育俱乐部兴起的历史背景[J].北京体育大学学报,2000,23(1):5-7.

[91] 张保华,何文胜,方娅,赵灵峰.职业体育联盟的生产与经营行为分析[J].体育学刊,2009,16(11):28-31.

[92] 张兵.内源性结构转型:关于我国职业体育源起与发展实质的判断[J].天津体育学院学报,2013,28(1):65-69.

[93] 张兵.跳出西方经济学的束缚:关于我国职业体育产权问题的经济社会学分析[J].体育科学,2015,35(5):3-9.

[94] 张兵.转型经济学视角下中国特色职业体育建构理念分析[J].西安体育学院学报,2011,28(4):385-390.

[95] 张兵,仇军.经济社会学视域下中国职业体育市场生成逻辑及发展策略选择[J].体育科学,2017,37(7):10-16.

[96] 张兵,周学荣,沈克印.中国特色职业体育的内涵界定及其阶段特征构想[J].天津体育学院学报,2010,25(6):506-509.

[97] 张剑利,靳厚忠,秦椿林.论政府对职业体育组织的培育和支持

[J]．成都体育学院学报，2008，34（1）：11—13．

[98] 张林，戴健，陈融．我国职业体育俱乐部运行机制的主要缺陷[J]．上海体育学院学报，2001，25（2）：1—5．

[99] 张林，李明．国外职业体育俱乐部运行机制的特点[J]．上海体育学院学报，2001，25（1）：1—5．

[100] 张林，徐昌豹．现代职业体育俱乐部的本质与特征[J]．上海体育学院学报，2001，25（3）：1—6．

[101] 张明．论职业体育的历史发展[J]．华中师范大学学报（自然科学版），1990（3）：6．

[102] 张强．中国模式的框架和特征——以党的"十七大"报告为主要分析资源[J]．新疆社会科学，2008（3）：7—11．

[103] 张瑞林，李凌．"赛事链"溯源：职业体育赛事消费行为模式的影响效果[J]．上海体育学院学报，2018，42（2）：45—51．

[104] 张瑞林，张新英．NBA 联盟价值管理对我国职业体育发展的启示——基于治理、管理、经营和盈利模式的视角[J]．天津体育学院学报，2015，30（6）：461—466．

[105] 张森．我国职业体育俱乐部社会责任理论与实践研究[J]．体育科学，2013，33（8）：14—20．

[106] 张森，李明，洪叶．中美两国职业体育消费动机比较研究[J]．沈阳体育学院学报，2016，35（1）：29—35．

[107] 张森，王家宏．职业体育俱乐部的企业社会责任对消费者的长期影响[J]．北京体育大学学报，2018，41（10）：19—24．

[108] 张泰．积极为企业办高水平运动队铺平道路[J]．辽宁体育科技，1986（6）：1—4．

[109] 张文健．职业体育联盟的组织模式研究[J]．上海体育学院学报，2006，30（1）：56—58．

[110] 张文健．我国职业体育组织创新面临的挑战[J]．北京体育大学学报，2005，28（12）：1589—1591．

[111] 张翼．当前中国社会各阶层的消费倾向——从生存性消费到发展性消费[J]．社会学研，2016（4）：74—97．

[112] 张原耕．论奥运会职业化问题[J]．体育文史，1988（6）：73—76．

[113] 张子沙，冯德源．正确认识竞技体育职业化及其在我国实施的可能性 [J]．体育论坛，1989（2）：1—4．

[114] 张子沙，张外安，郑法霞．我国竞技体育群体对实施职业化体育的社会心理态势取向及影响因素调查 [J]．浙江体育科学，1989（2）：4—9．

[115] 赵长杰，李永红，金宗强．北美职业体育发展的经验及其启示 [J]．体育学刊，2009，16（8）：28—31．

[116] 赵长杰，王思月，李婷婷．北美职业体育发展的启示与我国职业体育可借鉴的经验——以北美职业棒球联赛为例 [J]．体育与科学，2010，31（4）：73—77．

[117] 赵广涛．职业体育俱乐部核心竞争力动力模型的构建 [J]．西安体育学院学报，2012，29（4）：439—443．

[118] 赵轶龙，郑和明．促进消费视角下我国职业体育联赛改革与发展的策略研究——以中超联赛与CBA为例，中国体育科技，2019，55（11）：52—61．

[119] 郑芳．美国职业体育制度的起源、演化和创新——对中国职业体育制度创新的启示 [J]．体育科学，2007，27（2）：79—85．

[120] 郑芳，丛湖平．职业体育俱乐部竞争实力均衡的基本假设及度量 [J]．体育科学，2009，29（7）：29—36．

[121] 郑芳，杜林颖．欧美职业体育联盟治理模式的比较研究 [J]．体育科学，2009，29（9）：36—41．

[122] 郑志强．交易成本理论视角下职业体育的专用性投资分析 [J]．北京体育大学学报，2007，31（11）：1464—1467．

[123] 郑志强．论职业体育的市场特征 [J]．西安体育学院学报，2008，25（6）：6—12．

[124] 郑志强．职业体育市场交易制度研究 [J]．西安体育学院学报，2010，27（1）：12—15．

[125] 郑志强．论职业体育俱乐部治理机制 [J]．北京体育大学学报，2010，33（6）：5—8．

[126] 跖禹．运动员职业化趋势 [J]．体育博览，1986（11）．

[127] 钟集均，杨国庆．对我国试行运动员职业化的一些思考 [J]．武汉体育学院学报，1988（6）：1—6．

[128] 周爱光，闫成栋. 职业体育俱乐部社会责任的特征与内容 [J]. 北京体育大学学报，2012，35（10）：6—9.

[129] 周进强. 我国职业体育俱乐部的法律资格、特征及其设立问题研究——职业体育俱乐部法律问题研究（一）[J]. 天津体育学院学报，2000，15（4）：11—14.

[130] 周进强. 我国职业体育俱乐部经营中的若干法律问题——职业体育俱乐部法律问题研究之二 [J]. 天津体育学院学报，2001，16（1）：29—33.

[131] 周平. 从产业组织理论角度探讨国外职业体育市场的主要特征 [J]. 体育与科学，2005，26（4）：45—48.

[132] 周强. 形成高效的法治实施体系 [J]. 求是，2014（22）.

[133] 周武. 美国职业体育产业政府规制体制探析 [J]. 中国体育科技，2008，44（3）：52—57.

[134] 朱亚坤. 基于 NBA 实践的职业体育运动员工资研究 [J]. 武汉体育学院学报，2012，46（6）：42—47.

三、英文文献

[1] Armen Alchian and Harold Demsetz, Production, Information Costs, and Economic Organization [J]. *The American Economic Review*, 62 (1972): 777—795.

[2] Callejo M B, Forcadell F J. Real Madrid football club: A new model of business organization for sports clubs in Spain [J]. *Global Business and Organizational Excellence*, 2006, 26 (1): 51—64.

[3] Edson Coutinho da Silva, Alexandre Luzzi Las Casas. Sport Fans as Consumers: An approach to sport marketing [J]. *British Journal of Marketing Studies*, 2017, 5 (4): 36—48.

[4] Giulianotti, R.. Sport Mega Events, Urban Football Carnivals and Securitised Commodification: The Case of the English Premier League [J]. *Urban Studies*, 2011, 48 (15): 3293—3310.

[5] James Quirk, Rodney D. Fort. *Pay Dirt: The Business of Professional Team Sports* [M]. Princeton, N.J.: Princeton University Press, 1992: 325—327.

参考文献

[6] Rodney Fort. European and North American Sports Differences [J]. *Scottish Journal of Political Economy*. 2000, 47 (4) 431—434.

[7] Rohde M, Breuer C.. The market for football club investors: a review of theory and empirical evidence from professional European football [J]. *European Sport Management Quarterly*, 2017, 17 (3): 265—289.

[8] Rottenberg, S.. The baseball players' labor market [J]. *Journal of Political Economy*, 1956, 64 (3): 242—258.

[9] Morrow S, Howieson B.. The new business of football: A study of current and aspirant football club managers [J]. *Journal of Sport Management*, 2014, 28 (5): 515—528.

[10] Marc Rohde, Christoph Breuer. Europe's Elite Football: Financial Growth, Sporting Success, Transfer Investment, and Private Majority Investors [J]. *International Journal of Financial Studies*. 2016, 4 (2): 2.

[11] Messaoud B, Teheni Z E G. Business Regulations and Economic Growth: What Can be Explained? [J]. *International Strategic Management Review*, vol. 2014, 2 (2): 69—78.

[12] Neale, W. C.. The peculiar economics of professional sports [J]. *The Quarterly Journal of Economics*, 1964, 78 (1): 1—14.

[13] Neil Carter. *The Football Manager: A History* [M]. New York: Routledge, 2006: 63—65.

[14] Parganas P, Anagnostopoulos C.. Social Media Strategy in Professional Football: The case of Liverpool FC [J]. *Choregia*, 2015, 11 (2): 61—75.

[15] Price, J., Farrington, L. & Hall, L.. Changing the game? The impact of Twitter on relationships between football clubs, supporters and the sports media [J]. *Soccer & Society*, 2013, 14 (4): 6—461.

[16] Rodney Fort. European and North American Sports Differences [J]. *Scottish Journal of Political Economy*. 2000, 47 (4): 431—434.

[17] Sloane, P J. Restriction of Competition in Professional Team Sports [J]. *Bulletin of Economic Research*, 1976, 28 (1): 3—22.

[18] Şenerı, Karapolatgil A A.. Rules of the game: Strategy in football industry [J]. *Procedia - Social and Behavioral Sciences*, 2015, 20 (7): 10-19.

[19] Terrien, M., Scelles, N., Morrow, S., et al.. The win/profit maximization debate: strategic adaptation as the answer? [J]. *Sport, Business and Management*, 2017, 7 (2): 121-140.

[20] Thrainn Eggertsson. The Economic of Institutions: Avoiding the Open-Field Syndrome and the Perils of Path Dependence [J]. *Acta Sociologica*, 1993 (36): 223-237.

[21] Vogiatzoglou, Klimis. Ease of Doing Business and FDI Inflows in ASEAN [J]. *Journal of Southeast Asian Economies*, 2016, 33 (3): 342-363.

四、其他

[1] 10年全力打造CBA 篮协推出"北极星计划"[EB/OL]. http://sports.sina.com.cn/s/2004-10-17/1057391371s.shtml, 2021-09-20.

[2] 曹祖耀. 职业足球场域的行动逻辑 [D]. 上海大学博士论文, 2011.

[3] 程恩富, 张杨. 深刻认识"三位一体"的中国特色社会主义本质内涵 [N]. 广西日报, 2019-8-22 (5).

[4] 德勤中超联赛商业价值报告2020 [R].

[5] 德勤中超联赛商业价值报告2019 [R].

[6] 马成顺. 我国体育竞赛产品市场竞争力研究 [D]. 北京体育大学博士学位论文, 2009.

[7] 全民健身潮兴起, 我国人均体育消费金额同比增三成 [EB/OL]. https://new.qq.com/omn/20210809/20210809A0CA9000.html. 2021-9-16.

[8] 唐天奕. 体育消费融入大众生活 [N]. 人民日报, 2019-11-16 (07).

[9] 童超. 职业足球俱乐部股权结构与财务绩效关系研究——基于全球22家职业足球俱乐部2013-2018赛季数据的实证分析 [D]. 上海体育学院硕士学位论文, 2019.

[10] 王轶辰. 稳健的政策才能培育健康的市场 [N]. 经济日报，2017—05—26 (009).

[11] 习近平. 在庆祝中国共产党成立100周年大会上的讲话 [N]. 人民日报，2021—07—01 (02).

[12] 习近平. 关于《中共中央关于全面深化改革若干重大问题的决定》的说明 [N]. 人民日报，2013—11—16 (1).

[13] 习近平. 在企业家座谈会上的讲话 [EB/OL]. http://www.qstheory.cn/yaowen/2020—07/21/c_1126267637.htm. 2020—07—21.

[14] 粤港澳大湾区研究院. 2018年中国城市营商环境评价 [EB/OL]. http://www.dawanqu.org/science/science/2021—07—20.

[15] 中共首提"人类命运共同体" 倡导和平发展共同发展 [EB/OL]. http://en.youth.cn/Inter_Channel/ads/201211/t20121112_2606611.htm, [2021—09—20].

[16] 中国篮球数据，观众量和参与者均列全国第四，参与率却足20% [EB/OL]. https://www.sohu.com/a/343887230_677975，2021—9—16.

[17] 中国球迷总数达1.87亿占总人口比例未进世界前20 [EB/OL]. https://sports.qq.com/a/20180719/043325.htm，2021—9—16.

[18] 中国特色社会主义道路、理论体系、制度统一于中国特色社会主义实践。人民网—理论频道. http://theory.people.com.cn/n/2012/1206/c352852—19816402.html，2021—10—6.

后 记

即便到了交稿前夜，我依然认为本书是一个极其有压力的研究，因为这本是国家社科基金项目的结项书稿，有结项的要求，自然无法轻松。同时，受疫情影响无法调研的苦楚，在研究推进过程中逐渐转化为负能量的东西萦绕心头，直至获悉结项通过那一刻方才有所释。更为重要的是，这是系列职业体育的中间一环，如何承得了上又启得出下，不仅关乎难度更涉及技巧。想来，从运动人体科学转型到体育人文社会学，以职业体育秩序为核心完成了博士论文（题为《走向秩序：我国职业体育发展研究》），然秩序问题的宽泛性意味着需要进行专门研究，随之也就有了关于职业体育市场秩序的专门研究，并产生了同为国家社科基金结项材料的《西方职业体育市场秩序演化与中国实践研究》（中国社会科学出版社，2017年）一书。现在犹记得该书完稿后的晚上辗转反侧，总感觉意犹未尽，于是伏案工作写到次日早晨5时，增加了第八章关于《中国特色职业体育研究前瞻与思考》的余论。事实上，始于20世纪90年代的中国职业体育策略性地选择了"跟随跑"战略，取得了应有成效。联赛体系、组织架构等基础性"设施"已基本完备；同时中超、CBA等已具备一定的影响力。2019年国务院办公厅下发《体育强国建设纲要》，站在中国民族伟大复兴的立场上，强调要推进包括职业体育在内的中国体育发展，积极探索中国特色发展道理，最终建成符合中国国情和中国实践、与中国国际地位相匹配的现代化体育强国，全面拉响了从"跟随跑"向"并跑领跑"进发的号角。可以说，中国职业体育改革发展也进入一

后 记

个新时代。这一阶段的核心工作也从模仿建设变为本土化、特色化再造——建设中国特色职业体育，以更好适应新时代发展需要，满足人民对美好生活需要和体育强国建设需求。另一层面，学术界对近30年中国职业体育改革发展的关注更多带有问题导向特征，而对发展过程中蕴含的中国特色、中国道路、中国经验总结不够、梳理不深入，远未达到讲好中国故事的期望与要求。此时，确实需要探讨中国特色职业体育建设问题，或者说至少在学理上我们需要明确这一目标，并对此有一个符合逻辑的认识与把握。这大体就是本书研究主题的由来。

在学生时代，老师往往会说：发现问题等于成功了一半，后来自己也常常会如此激励学生去发现问题、提出问题。但这一次却真正感受到了另一份景象，因为当前中国职业体育的显耀代表——中国职业足球陷入了窘境。此时，连生存都存在问题，谈特色显得是那么的不合时宜。加之，中国特色职业体育是个极其宏大的议题，用通俗的话讲就是谁都可以聊上几句但谁都难以说清楚，如此，寻找合理的分析切入点异常艰难。实事求是讲，各章副标题的两个词（共计10个词）就足足花了近半个月时间。另一个值得说道的便是相关数据资料的缺乏，特别是反映职业体育发展的经济数据有限，不得以唯有绕开以理论架构或其他数据加以替代。当然，相比10年前的职业体育研究，今天在相关数据获得上已经有了长足的进步，不过我们期望这种进步与其本体一样，更大一些、也更稳一些。我知道学术圈中的大多数从事职业体育研究的人，都是喜欢体育的，或者踢足球、或者看篮球、或者……正是这份热爱，才有了力图改善的动力，顺境困境都坚持不懈。在这个意义上，我更想强调遵循（新）经济社会学的经济社会嵌入性是研究和探解中国职业体育问题的基本立场，正如我们都嵌入其中一样。

回到本书，要特别感谢在完成过程中给予帮助的师长、学友，谢谢你们提供的热心帮助、问题咨询探讨、问卷调研支持以及成长发展期望。还有本书的少许内容，作为前期项目的阶段性成果在《体育科学》等杂志刊发，特此解释。感谢中国财政经济出版社刘五书博士，期待线下交流。

最后，必须强调文责自负。行路难，学术之路更难，犹如中国职业体育发展。当然，真切盼望中国职业体育的有序发展，期待那一刻："长风破浪会有时，直挂云帆济沧海"。

张兵
2022年5月28日